Als Karrierecoach hat Janine Berg-Peer schon viele Frauen und Männer aus den unterschiedlichsten Berufen dabei unterstützt, den passenden Job zu finden. Als Liebesberaterin von Töchtern und Freunden weiß sie außerdem, dass man auch ab Mitte 30, mit Größe 42 und ohne Job in der Medienbranche noch einen Partner finden kann – allein auf eine strategische Vorgehensweise kommt es an. In *Sieben Schritte zur neuen Liebe* entwickelt sie eine frische neue Methode, die die Regeln der Jobsuche auf die Partnersuche überträgt und zeigt: Mit einem klaren Ziel und einer gutdurchdachten Strategie kann man der Romantik effizient auf die Sprünge helfen.

Janine Berg-Peer lebt in Berlin und arbeitet seit fast zwanzig Jahren als Outplacement- und Karriereberaterin. Außerdem bietet sie Liebescoaching-Seminare an. Mehr Informationen finden Sie unter www.janineberg-peer.de.

JANINE BERG-PEER

Sieben Schritte zur neuen Liebe

Rowohlt Taschenbuch Verlag

Originalausgabe
Veröffentlicht im Rowohlt Taschenbuch Verlag,
Reinbek bei Hamburg, Dezember 2010
Copyright © 2010 by Rowohlt Verlag GmbH,
Reinbek bei Hamburg
Redaktion Julia Kaufhold
Umschlaggestaltung ZERO Werbeagentur, München
Satz Minion PostScript, InDesign,
bei Pinkuin Satz und Datentechnik, Berlin
Druck und Bindung Druckerei C. H. Beck, Nördlingen
Printed in Germany
ISBN 978 3 499 62676 0

INHALT

Kleine Leseanleitung	13
SCHRITT 1: Was kann ich sofort tun?	**18**
Das Liebesseminar beginnt	**19**
Einen Entschluss fassen	23
Was wünschen Sie sich?	24
Be prepared – sei vorbereitet!	30
Mit Glaubenssätzen aufräumen	31
Ihr Aussehen optimieren	38
Nicht verbissen nach der neuen Liebe suchen	40
Ihre Wohnung verschönern	41
Kontaktpflege erleichtern	41
Orte der Liebessuche aufsuchen	42
Ballast abwerfen	44
Sich mit unterstützenden Menschen umgeben	45
Den richtigen Zeitpunkt wählen	45
Projektmanagement Liebessuche	**46**
Das Zeitbudget	47
Das Finanzbudget	49
Das Unterstützungsnetzwerk	50
Was haben wir in Schritt 1 gelernt?	**53**
Hausaufgaben	53

55 SCHRITT 2: Wie gewinne ich Multiplikatoren?

56 Das zweite Treffen

60 Der offene und der verdeckte Liebesmarkt

65 Das Eisbergmodell

68 Die Kontaktnetzstrategie *oder* andere für sich suchen lassen

70 Das Image der Partnerlosigkeit

72 Das Wording – die Sprachregelung

77 Nicht zur Last fallen

77 ERSTENS: Mit guten Bekannten beginnen

83 ZWEITENS: Einem erweiterten Kreis vom Liebesprojekt erzählen

85 DRITTENS: Die Vorwandstrategie

93 Was haben wir in Schritt 2 gelernt?

93 Hausaufgaben

94 SCHRITT 3: Wie definiere ich mein Ziel?

95 Das dritte Treffen

105 Die ersten Schritte zum Ziel

109 Die SMART-Methode

111 Mein Ziel finden

114 ÜBUNG 1: Ein schöner Tag mit meiner neuen Liebe

116 ÜBUNG 2: Eigenschaften, die meine neue Liebe haben sollte

118 ÜBUNG 3: Dinge, die ich mit meiner neuen Liebe tun möchte

ÜBUNG 4: Dinge, die ich ohne meine 119
neue Liebe tun möchte

ÜBUNG 5: Wertvorstellungen, die mein 120
Partner teilen sollte

ÜBUNG 6: Was ich an berühmten 121
Menschen bewundere

Was haben wir in Schritt 3 gelernt? **123**

Hausaufgaben 123

SCHRITT 4: Wie erkenne ich meine Stärken und Schwächen? 124

Das vierte Treffen **124**

Was bringe ich in eine Beziehung ein? **136**

ÜBUNG 1: Was erwartet mein 138
Wunschpartner von mir?

ÜBUNG 2: Was bringe ich mit 140
in eine Liebesbeziehung?

ÜBUNG 3: Was ich aus meinen 143
Beziehungen gelernt habe

ÜBUNG 4: Fremdwahrnehmung – wie 145
andere mich sehen

ÜBUNG 5: Der heiße Stuhl 148

Was haben wir in Schritt 4 gelernt? **151**

Hausaufgaben 151

SCHRITT 5: Wie finde ich die richtige Strategie? 153

Das fünfte Treffen **154**

158 Suchstrategien auf dem offenen Liebesmarkt

158 1. Online-Partnerbörsen

171 Questions & Answers

175 2. Liebesanzeigen in Printmedien

186 3. Partneragenturen

189 Suchstrategien auf dem verdeckten Liebesmarkt

189 4. Kontaktnetz/Multiplikatoren

189 5. Liebesgesuch in den Printmedien

192 6. Direktbewerbung

201 Was haben wir in Schritt 5 gelernt?

201 Hausaufgaben

202 **SCHRITT 6: Wie präsentiere ich mich?**

202 **Das sechste Treffen**

211 **Das «Bewerbungsgespräch»**

212 Was mögen Personalleiter? Männer? Frauen?

214 Die innere Einstellung

216 Was ziehe ich an?

218 Wie trete ich auf?

219 Der Einstieg

220 Was erzähle ich über mich?

223 Warum der erste Eindruck immer nur der erste Eindruck ist

223 Kann ich gleich beim ersten Mal mit meinem Date ins Bett gehen?

224 Was sage ich, wenn es nicht passt?

Was, wenn ich nicht gefalle?	225
Nachbereitung des «Bewerbungsgesprächs»	**226**
Was haben wir in Schritt 6 gelernt?	**228**
Hausaufgaben	228

SCHRITT 7: Die ersten hundert Tage — 229

Der siebte Himmel — **230**

1. Diese Beziehung ist eine neue Beziehung — 231
2. Nicht jede Missfallensäußerung führt zu einer Trennung — 232
3. Ihre neue Beziehung braucht Zeit und Geduld — 232
4. Anpassung löst nicht jedes Beziehungsproblem — 233

Erwartungen klären und Vereinbarungen treffen — **233**

Zu ihr oder zu mir? — 235
Umgang mit Alltag — 236
Umgang mit Geld — 237
Sie sind nicht nur zu zweit in der Beziehung — 238

Das letzte Treffen mit meinen Seminarteilnehmern — **243**

Ein Jahr später ... — **250**

Dank — **252**

We fall in love by accident
A heavenly coincidence

ADAM GREENE: «Friends of mine»

Kleine Leseanleitung

Auf die Idee, Menschen bei der Liebessuche zu unterstützen, brachten mich meine Klienten und Klientinnen. Immer öfter saßen mir Frauen oder Männer gegenüber, die nicht nur einen Job suchten, sondern auch gern wieder in einer Beziehung leben wollten. Nur fanden sie keinen netten Mann. Oder keine nette Frau. Im Leben vieler Menschen fehlt offenbar nicht nur ein Job, sondern auch die Liebe. Sicher, viele haben Freunde, Hobbys, manche nette Kinder und viele ausreichende Liebeserfahrungen hinter sich. Und jetzt suchen sie einen Job, aber genauso wichtig – oder fast wichtiger? – wäre eine neue Liebe. Aber mit neuen Lieben ist es genauso wie mit Jobs: Man glaubt, es gibt keine Jobs (keine Männer oder Frauen); man denkt, man sei zu alt oder zu hässlich für einen Job (oder für die Liebe), und außerdem verfügt man nicht über die Qualifikationen, die auf dem Arbeitsmarkt (Liebesmarkt) gesucht werden. Aber haben nicht viele unmotivierte und wenig qualifizierte Menschen einen Arbeitsplatz? Und leben nicht viele alte, hässliche und wenig liebenswerte Menschen in einer Partnerschaft? Und: Trotz Arbeitsplatzmangel gibt es immer wieder Menschen, die einen Arbeitsplatz finden. Und trotz gefühltem Mangel an männlichen oder weiblichen Singles gibt es immer wieder Paare, die sich finden.

Sind unfreiwillige Singles nicht in einer ähnlichen Situation wie unfreiwillig Arbeitssuchende? Dann könnte man bei der Liebessuche doch ebenso vorgehen wie bei der Jobsuche, dachte ich mir.

Der letzte Auslöser für das Thema Liebes-Coaching war dann ein Besuch bei meinem Arzt. Dr. G. und ich unterhalten uns immer angeregt. Er erzählt mir nie von den für Ärzte betriebswirtschaftlich negativen Folgen der Gesundheitsreform, womit viele Ärzte das kleine Zeitkontingent, das dem Kassenpatienten zusteht, füllen. Wir haben das robuste Mandat in Afghanistan mit möglichem Waffeneinsatz gestreift und kamen dann – wie eigentlich? – auf die vielen weiblichen Patienten um die 40, die unter Partnermangel leiden. «Und», sagt Dr. G. mit sorgenvollem Gesicht, «die finden auch keinen mehr.» Dr. G. ist eigentlich ein heiterer Mensch. Er macht sich wirklich Sorgen um seine Patientinnen.

Nach Jahren der Beratung muss ich sagen, dass Frauen hier den falschen Weg einschlagen. Wenn Sie eine neue Liebe suchen, hat es wenig Sinn, das mit traurigem Gesicht Ihrem Arzt zu erzählen. Falls der Arzt erzählt hat, dass er Single ist und ebenfalls jemanden sucht, wäre das Erwähnen des unerwünschten Singledaseins durchaus sinnvoll. Aber nicht mit traurigem Gesicht! Wenn es wirken soll, dann muss der Arzt den Eindruck bekommen, dass vor ihm eine attraktive und zufriedene Frau sitzt, die ein bisschen bedauert, dass ihr zum wirklichen Glück noch ein netter Mann fehlt. Ein so netter Mann wie Dr. G. zum Beispiel.

Und Dr. G. ist wirklich nett, aber glücklich verheiratet, das hat er mir glaubhaft versichert. Dennoch könnte es sinnvoll sein, ihm vom Singledasein zu erzählen. Er kennt vermutlich viele nette Ärzte, die noch Singles sind, oder er hat passende Singles mit passenden Krankheiten in seiner Datenbank, was allerdings datenschutzrechtliche Probleme machen könnte. Aber können Sie sich vorstellen, dass er seinem unfreiwillig alleinlebenden Freund erzählt, dass in seiner Praxis eine depressive junge Frau war, die einen Mann sucht? Und selbst wenn, glauben Sie, dass dieser ihn dann um die Telefonnummer bittet?

Beide Erfahrungen brachten mich zu der Überzeugung, dass eine professionelle Beratung zur Liebesneuorientierung dringend geboten ist. In meiner Lieblingsbuchhandlung stelle ich fest, dass es unzählige Ratgeber zum Thema «Wie finde ich den Traumjob» gibt. Im Regal «Liebe» sieht die Situation anders aus: Es gibt zahlreiche Bücher, in denen es darum geht, wie man in einer bestehenden Beziehung Konflikte minimiert, schlechte Laune vermeidet, seine kindheitsbedingten negativen Beziehungsmuster überwindet, wieder zu Offenheit und Vertrauen findet oder die Sexualität ankurbelt. Das alles ist wichtig, wenn man bereits eine Beziehung hat. Aber wenn man noch auf der Suche ist, dann ist das so ähnlich, als ob man einem Arbeitssuchenden Ratschläge gibt, wie er sich seinem neuen Chef gegenüber verhalten sollte. Er braucht erst einmal einen neuen Chef. Ein zweiter Schwerpunkt der Liebesbücher beschäftigt sich mit Einzelfragen: «Wie verführe ich richtig?» oder «So kriegen Sie jeden rum.» Das sind ebenfalls wichtige Fragen. Unbeantwortet bleibt in den meisten Büchern aber die Frage «Wie finde ich jemanden, den ich verführen könnte?»

Wer hilft Menschen, fragte ich mich, die sich diesen brennenden Fragen noch gar nicht stellen können, weil es niemanden gibt, den sie verführen oder über dessen schlechte Laune sie sich ärgern könnten? Wie wird denjenigen geholfen, die noch auf der Suche sind? Oder nicht suchen, weil sie nicht mehr an den Erfolg glauben? Jahrelang habe ich als Outplacement-Beraterin Menschen dabei unterstützt, wieder einen neuen Job zu finden. Outplacement? Diese Beratungsform wurde in den USA entwickelt, um Menschen die Unterstützung zu geben, die sie bei der Suche nach einem neuen Job benötigen. Dabei geht es nicht um «Vermittlung», sondern die Klienten werden mit Suchstrategien vertraut gemacht und Schritt für Schritt bei der Arbeitssuche begleitet. Sollte die gleiche Vorgehensweise – Liebes-Outplacement? – nicht auch Menschen in die Lage versetzen, eine neue Liebe zu finden?

Wo bleibt die Romantik?
Natürlich wurde mir anfangs viel Skepsis entgegengebracht. Man kann doch eine Liebessuche nicht mit der Jobsuche vergleichen, wurde mir vorgehalten. Wo bleibt da die Romantik? Man kann doch nicht nach einem Mann (einer Frau) suchen, es muss doch eines Tages einfach *zufällig* der Richtige auftauchen. Aber haben Sie nicht bereits in Ihr Liebesschicksal eingegriffen, wenn Sie auf Liebesanzeigen antworten oder sich in Online-Partnerbörsen tummeln? Haben Sie doch nicht ganz auf den Zufall vertraut, sondern wollten etwas dafür tun, dass er eintritt? Genau das war ein richtiger Anfang. Auch Outplacement-Beratung tut nichts anderes, als Ihnen zu zeigen, wie der Zufall wahrscheinlicher wird.

Liebe kann man nicht erzwingen, war auch ein häufig gehörtes Argument. Sicher kann man Liebe nicht erzwingen, aber man kann die Voraussetzungen für Liebe schaffen. Und eine wesentliche Voraussetzung ist, dass man überhaupt Männer oder Frauen kennenlernt, unter denen man auswählen kann. Man kann zwar nicht voraussagen, ob sich dann Liebe einstellt, aber man kann genau voraussagen, wie sich auf keinen Fall Liebe entwickelt: wenn Sie mit der besten Freundin zu Hause auf dem Sofa sitzen und sich bei einer Pizza gegenseitig erzählen, wie schwierig es ist, Männer kennenzulernen. Es sei denn, man sucht einen minderjährigen, illegalen Pakistaner, der unterbezahlt auf einem Motorroller Pizza durch die Stadt fahren muss. Natürlich spricht nichts gegen pakistanische Pizzalieferanten oder Hausmeister, die vorbeischauen, um die Heizung zu entlüften, wenn diese Ihrer Zielgruppe entsprechen. Aber wenn das nicht der Fall ist, dann müssen Sie sich schon etwas anderes einfallen lassen.

Sie können mein Buch als Nachschlagewerk benutzen. Vieles ist Ihnen vielleicht bereits geläufig, manches leuchtet Ihnen nicht ein, zu anderem haben Sie einfach keine Lust. Lesen Sie aber bitte unbedingt *Schritt 1* und *Schritt 2*. Hier wird die Basis gelegt für Ihre Liebessuche. Und noch eins: Ich will niemanden davon überzeugen, dass ein Leben zu zweit besser ist. Ich will auch niemanden davon abbringen, ruhig abzuwarten, bis die oder der Richtige eines Tages vor ihm oder ihr steht und der Blitz einschlägt. Ich möchte denjenigen, die nicht glücklich damit sind, alleine zu leben, zeigen, dass sie diese Situation ändern können. Und wenn Sie meine Ratschläge nicht befolgen, sondern durch das Buch auf eigene Ideen kommen, die Sie Ihrem Liebesziel näherbringen – auch das würde mich freuen.

Und als Letztes: Auch ich bin eine Romantikerin. Auch ich wünsche mir, dass der «heavenly coincidence – der himmlische Zufall» eintritt und der Blitz einschlägt. Das ist mir auch schon mehrfach im Leben passiert. Und für die meisten von uns wird es auch mehrmals im Leben notwendig sein, den Blitz einschlagen zu lassen. Aber statt auf den Blitz zu warten, sollten Sie sich mit System, Kreativität und viel Spaß an die Liebessuche machen. Dann wird es sehr viel wahrscheinlicher, dass der Blitz einschlägt.

Ich fordere Sie also auf, vom Sofa aufzustehen und sich für eine aufregende und unterhaltsame Zeit auf die Liebessuche zu machen.

SCHRITT 1:
Was kann ich sofort tun?

Wenn Sie sich einen Ratgeber für die Liebessuche gekauft haben, wünschen Sie sich eine glückliche Beziehung. Sie waren beim Speed-Dating, Sie haben Erfahrungen mit Online-Partnerbörsen gemacht. Freunde haben versucht, Sie zu verkuppeln, oder Sie waren sogar so tapfer, einen gutaussehenden Mann in Ihrer Lieblingsbar anzusprechen. Noch wahrscheinlicher ist es, dass Sie viel Zeit damit verbracht haben, sich mit Freundinnen bei Prosecco und «Sex and the City» auf dem Sofa darüber auszutauschen, dass es keine netten Männer mehr gibt. Oder dass es total schwierig ist, jemanden kennenzulernen, weil Sie zu wenig Zeit haben, weil Sie zu alt oder zu dick sind, weil Sie bereits zwei Kinder haben oder weil Sie einfach überhaupt nicht wissen, wo man diese netten Männer finden könnte. Wenn Sie ein männlicher Single sind, dann teilen Sie Ihren Beziehungswunsch Ihrem Umfeld vermutlich nicht mit, sondern haben sich damit eingerichtet, dass Sie keine Chancen bei Frauen haben, weil Sie unattraktiv, zu klein, unsportlich oder arbeitslos sind und zu wenig verdienen. Und natürlich auch weder Zeit noch Gelegenheit haben.

Aber so ganz haben Sie den Glauben an eine Beziehung doch nicht aufgegeben, denn Sie haben diesen Ratgeber gekauft. Bitte vergessen Sie jetzt einmal alle Vorbehalte. Lassen Sie sich gemeinsam mit den sechs unfreiwilligen Singles, die wir bei ihrem Liebesseminar begleiten werden, auf das Projekt Liebessuche ein. Auch diesen Singles geht es nicht anders als Ihnen: Sie werden sich in ihren Wünschen und Ängsten wiedererkennen. Max, Thorsten und Helene suchen eine Frau, Jessica, Julie und Sascha suchen einen Mann. Das ist nicht einfach, wenn man nicht über alle anzeigenüblichen Vorzüge verfügt: jung, attraktiv, schlank, angesagter Beruf, möglichst im Medienbereich, kulturell interessiert und bewandert, sportlich und – wenn weiblich – anpassungsbereit.

In *Schritt 1* erfahren Sie, wie Sie beginnen können. Auch das Projekt Liebessuche will gut organisiert sein. Und Sie werden sehen, dass Sie Ihre Liebessuche zu einem heiteren und aufregenden Abenteuer machen können.

DAS LIEBESSEMINAR BEGINNT

März
«Es gibt einfach keine netten Männer», sagt Jessica und spielt mit ihrem mintgrünen Filzschreiber. Die 42-jährige Jessica Grunert ist ein äußerst angenehmer Anblick. Sie hat halblange blonde Haare und dunkelbraune Augen, trägt zu ihrer Jeans ein elegantes weißes Hemd, über das ein mintgrüner Pullover geknotet ist und das die Aussicht auf ein attraktives Dekolleté ermöglicht. Sie arbeitet als Physiotherapeutin in einem Klinikum, und man kann sich gut vorstellen, dass die männlichen Ärzte sich auf die Schichten freuen, in denen Jessica Dienst hat. «Suchen Sie denn intensiv?», frage ich.

«Wann soll ich denn suchen?» Sie guckt mich erstaunt an. «Ich habe doch gar keine Zeit. Tagsüber arbeite ich, und da gibt es nur Frauen, und der eine Mann ist verheiratet und auch noch unattraktiv. Außerdem ist das Klischee Arzt und Krankenschwester oder Physiotherapeutin wirklich zu blöd. Nachmittags muss ich mit meiner Tochter Schulaufgaben machen und sie zum Sport fahren. Außerdem sehe ich im Moment furchtbar aus. Ich habe drei Kilo zugenommen, und meine Haare sitzen überhaupt nicht. Na ja, und ich bin vielleicht auch manchmal zu emotional. Mein letzter Freund fand, dass ich dauernd hören will, ob er mich liebt. Das ging ihm auf die Nerven. Und außerdem liest man überall, dass Frauen über 40 niemals einen Mann finden werden, der nicht schwul oder vergeben ist. Und ich wüsste auch gar nicht, wo ich suchen sollte.»

«Nette schwule Männer gibt es auch keine. Und schon gar keine, die eine richtige Beziehung wollen. Immer nur Partys», sagt Sascha. «Und wenn man nach einem anstrengenden Tag abends nach Hause kommt und nicht mehr losziehen will, dann ist man langweilig.» Mit seinem eleganten Dreiteiler und der randlosen Designerbrille sieht Sascha von Meininghausen gar nicht langweilig aus. Ein bisschen frustriert, das schon. Sascha ist 32 und hat einen gutbezahlten Job in einer großen Wirtschaftsprüfungsgesellschaft. In *der* Wirtschaftsprüfungsgesellschaft, wie er uns später mitteilt.

Sascha und Jessica sind zwei von sechs Teilnehmern meines Seminars «Sieben Schritte zur neuen Liebe», das heute beginnt. Jessica greift in die Schüssel mit den Gummibärchen. «Das sind doch die zuckerfreien, oder? Ich muss jetzt unheimlich auf mein Gewicht aufpassen.»

Hat die Sorgen, denke ich. Die meisten Frauen würden sich glücklich schätzen, wenn sie das Aussehen und die Ausstrahlung von Jessica hätten. Außerdem können es nicht die paar Pfunde über dem Idealgewicht sein, die einer Beziehung im Wege stehen. Dazu muss man sich nur viele Paare ansehen. Die meisten haben keine Traummaße.

Sascha klappt sein MacBook Air auf. Sein iPhone legt er ordentlich daneben. Langsam kommen alle Teilnehmer an. Als Letzte stapft eine junge Frau mit bunten Strähnchen im Haar herein, lässt sich auf einen Stuhl fallen, streckt die Beine von sich und wickelt einen Kaugummi aus. Ich frage alle, wie sie auf mein Liebesseminar gekommen sind. Jessica, die ich schon bei der Jobsuche unterstützt hatte, hat ihren besten Freund Sascha und auch Julie mitgebracht, die sie in ihrer Lieblingskneipe kennengelernt hat. Julie kellnert, um sich ihr Studium zu finanzieren.

Sascha hat Helene motiviert zu kommen, und Thorsten hat das Liebesseminar auf meiner Website gefunden und noch Max angesprochen, den er vom Volleyball kennt. Alle wollen endlich wieder eine Liebesbeziehung. Jessicas bester Freund Sascha hatte nächtelang ins Telefon geschluchzt, dass er nicht mehr leben will. Sein Freund Patrick hat sich neu orientiert und wohnt jetzt zusammen mit dem Besitzer einer Krawattenboutique in einer total angesagten Remise. Der Krawattenboutiquebesitzer ist zwar finanziell schlechter gestellt als Sascha, hat aber einen im Fitnessclub gestählten Körper, mehr Haare auf dem Kopf und mehr Zeit für Patrick. So gut läuft die Boutique nicht. Sascha ist zwar erst 32 und hat einen Superjob, eine große Wohnung in einem unter Denkmalschutz stehenden, stilecht eingerichteten Haus aus den Fünfzigerjahren und fährt einen schwarzen Citroën DS aus dem Jahr 1972 mit Hydraulik. Aber körperlich ist er tatsächlich ein bisschen zart, man kann sich gut vorstellen, wie er über Exceltabellen brütet. Und sein Haar ist schon ein wenig schütter. Trotzdem sieht Sascha in seinem eleganten Dreiteiler sehr nett aus.

Bei Jessica und Sascha soll es schnell gehen. Möglichst noch vor dem Sommer, denn dann könnte Jessica mit ihrem Neuen schon in die Provence fahren, und Sascha könnte sich von seinem Neuen auf dem Agäistörn begleiten lassen, den er mit den Freunden aus dem Völklinger Kreis, dem Verband der schwulen Manager, geplant hat. Das wäre dann auch nicht so peinlich, wenn er als Einziger ohne Freund fahren müsste. Ja, also wenn das schnell klappen würde, dann wäre das super.

«Und warum sitzen Sie hier?», frage ich Thorsten und Helene. Thorsten ist noch etwas skeptisch. Er hat eine Ehescheidung hinter sich, die er als Rosenkrieg beschreibt, und glaubt eigentlich nicht daran, dass er jemals wieder einer Frau vertrauen kann. Aber dennoch hätte er gern wieder eine Beziehung. Er hat mein Liebesseminar im Internet gefunden, und jetzt ist er einfach mal da. Es schadet ja nichts. «Helene?» Ich gucke sie fragend an.

«Ich bin vor einem Monat 46 geworden und habe eine Entscheidung getroffen. Jetzt muss es ernst werden. Ich kann mich zwar nicht über mangelnde Möglichkeiten beklagen …» Helene guckt selbstbewusst. Das glaube ich ihr sofort. Groß, Modelfigur, Haare wie Penelope Cruz und ein etwas strenges Gesicht mit attraktiven Lachfältchen um die Augen. Diese Frau findet nichts Ernstes? «Ja, was ist dann das Problem?»

«Ich suche etwas Festes. Ich möchte jetzt endlich wieder mit einer Frau eine echte Beziehung haben. Nicht mehr diese Zufallsgeschichten, dieses Kurzfristige, wo man doch schnell merkt, dass es in keiner Weise passt. Sie wissen, was ich meine.»

Die anderen nicken, sie kennen das. Nur Thorsten sieht aus, als ob er sich mit Zufallsgeschichten nicht so gut auskennt.

«Aber ich muss zugeben, dass ich auch nicht ganz einfach bin.» Auch das glaube ich ihr sofort. «Und es ist mir sehr wichtig», sagt Helene, «dass diese Frau einen kreativen Beruf hat und mit mir in meiner Agentur arbeiten will.»

Aha. Helene hat ein genaues Ziel, was ihr zumindest den Beginn der Suche einfacher machen wird. Allerdings können sehr feste Vorstellungen auch die Suche langwieriger und schwieriger machen. Eine eher ergebnisoffene Herangehensweise verspricht ebenso wie bei der Jobsuche mehr Erfolg. Ich frage Julie und Max, warum sie hier sind.

«Mir geht es wie dir, Helene», sagt Julie. «Ich suche jetzt den richtigen Mann. Ich habe das alles genau geplant. Mit meinem Studium bin ich in einem Jahr fertig, und dann will ich auch meinen Mann gefunden haben. Dann will ich auch noch Kinder bekommen. Neben dem Studium habe ich wenig Zeit, und da fand ich die Idee klasse, dass man bei Ihnen lernt, wie man professionell einen Mann finden kann.»

Wir gucken Julie überrascht an. Erstaunlich, wie zielstrebig die junge Generation an ihre Lebensplanung geht.

«Ja, also bei mir ist das auch so, dass ich suche. Ich bin jetzt seit drei Jahren alleine. Vorher habe ich sechs Jahre mit Wiebke zusammengelebt, das war auch meistens schön, wir haben uns gut verstanden. Aber dann bekam sie einen Job in Oslo an so einem Forschungsinstitut, und wir haben uns auch weiterhin getroffen, ich bin öfter nach oben gefahren, aber dann hat sie wohl jemand anderes kennengelernt und war dann schwanger und, na ja … Das fand ich natürlich nicht so toll, vor allem hätte sie es mir früher sagen können. Dann war das eben zu Ende», sagt Max verlegen. «Und jetzt hätte ich gerne wieder eine Beziehung, und so ohne Hilfe klappt das wohl nicht.» Max rutscht verlegen auf seinem Stuhl hin und her. «Mal sehen, was sich hier so ergibt.»

Einen Entschluss fassen

Womit können Sie sofort anfangen? Treffen Sie heute und sofort die Entscheidung, sich auf das Projekt Liebessuche einzulassen. Überlegen Sie sich, was Sie investieren wollen, wenn Sie mir diesen hässlichen Begriff im Zusammenhang mit einer Liebessuche nachsehen. Und was Sie aufgeben können, denn Sie werden auch auf liebgewordene Gewohnheiten verzichten und bereit zu Kompromissen sein müssen.

Sind Sie bereit, sich auf die Suche zu machen? Jetzt können Sie noch aussteigen. Wollen Sie entspannte Samstagvormittage im Schlafanzug mit einer großen Tasse Milchkaffee und Ihrer Lieblingssendung im Fernsehen aufgeben? Sind Sie bereit, sich jeden Abend geduldig anzuhören, dass der Chef täglich falsche Entscheidungen trifft, die der Mann Ihres Herzens deutlich besser treffen könnte? Wollen Sie bei einem spannenden Telefongespräch mit Ihrer besten Freundin gestört werden, weil er nach nur zwei Stunden den Kopf durch die Tür steckt und fragt: «Telefonierst du immer noch? Ich habe Hunger!» Wollen Sie Weihnachten immer zu Ihren Eltern fahren und den Karpfen in Biersoße essen, den Ihre Mutter nach einem Rezept zubereitet, das die Familie aus dem Erzgebirge mitgebracht hat und das Ihrer Meinung nach auch im Erzgebirge hätte bleiben sollen? Wollen Sie mit der Frage genervt werden, warum Sie denn ein weiteres Paar Sandalen gekauft haben, wo doch bereits sieben Paar im Schrank stehen? Wollen Sie sich Vorwürfe machen lassen, weil Sie gemütlich ein paar Stündchen vor dem Computer sitzen oder weil Ihre Partnerin sich bei ihrem Dauertelefonat von dem Gebrüll gestört fühlt, wenn der VfB Stuttgart ein Tor geschossen hat? Wollen Sie einem vorwurfsvollen Blick ausgesetzt sein, wenn Sie spät nach Hause kommen und doch nur gefragt haben, was es zu essen gibt? Wollen Sie Samstag sehr früh geweckt werden, um schnell einzukaufen, weil man dann den ganzen Samstag noch vor sich hat? Das wollen Sie alles? Sie sind bereit zu verzichten? Gut, dann sind Sie so weit. Dann beginnen wir heute.

Was wünschen Sie sich?

Wir beginnen mit einer Vorstellungsrunde. «Haben Sie den Wunsch, mit einem Mann zusammenzuleben? Und wie sollte das aussehen?», frage ich Jessica.

«Natürlich», sagt Jessica. «Es wäre so schön, wenn ich abends nicht alleine in der Wohnung säße, wenn meine Tochter im Bett ist. Ich suche jemanden, der mich wirklich liebt. Und mit dem ich mich gut unterhalten kann, der ähnliche Interessen und eine interessante Arbeit hat. In den letzten Jahren habe ich zwar ein paar Männer kennengelernt, aber das waren alles Idioten. Ich bin übrigens 42 Jahre alt, Physiotherapeutin und leite ein kleines Team im Waldklinikum. Ich war mehrere Jahre mit einem Oberarzt zusammen, und der war verheiratet, das kennt man ja.» Jessica guckt traurig. «Letztes Jahr habe ich einen anderen Mann kennengelernt, mit dem war es richtig schön, aber der wollte noch eigene Kinder haben. Mir reicht meine Tochter Carolina. Die meisten Männer finden eine 10-jährige Tochter lästig. Mir ist es aber total wichtig, dass ein Mann sich auch mit ihr versteht. Und es soll jemand sein, der nicht so langweilig ist, nicht so ein Beamtentyp. Sondern der sollte nochmal etwas ganz Neues starten wollen. Und dann», fügt sie strahlend hinzu, «möchte ich natürlich auch einen, der lustig und sportlich ist, gut aussieht und toll im Bett ist.»

Thorsten hüstelt und ordnet konzentriert seine Unterlagen. Max' Gesicht bekommt eine rötliche Färbung. Julie strahlt und nickt. «Thorsten, wollen Sie?», frage ich.

«Natürlich. Ich bin Dr. Thorsten Berger und unterrichte Mathematik und Physik an einem naturwissenschaftlichen Gymnasium. Nachmittags leite ich noch die Computer-AG. Ich bin 54 Jahre alt und geschieden. Meine Frau hat mich nach fünfzehn Jahren Ehe verlassen und ist mit einem jüngeren Mann nach Costa Rica gegangen. Sie hat unsere kleine Tochter mitgenommen. Ich bin sehr enttäuscht von Frauen. Auch in der nächsten Beziehung habe ich gemerkt, dass sie heute nicht mehr bereit sind, Verantwortung für die Familie zu übernehmen. Ihnen geht es vor allem um Selbstverwirklichung. Daher habe ich auch nicht sehr viel Hoffnung, jemanden zu finden. Aber Sie haben ja auf Ihrer Website geschrieben, dass es funktionieren soll. Ich warte also jetzt auf Ihre Vorschläge.»

Ich betrachte nachdenklich Thorstens struppige Frisur, die er sicher selbst schneidet, seine verknitterte Tweedjacke, die zu kurze Cordhose und das Kassenbrillengestell, das er aus den Siebzigerjahren herübergerettet hat. Vielleicht ging es seiner Frau doch nicht nur um Selbstverwirklichung, als sie sich etwas anderes gesucht hat? «Ich sehe, dass Sie schwierige Erfahrungen hinter sich haben. Dazu kommen wir später noch ausführlicher. Können Sie vielleicht kurz beschreiben, was Sie jetzt suchen?»

Oberstudienrat Dr. Bergers Blick zeigt, dass er nicht gerne unterbrochen wird. «Ich suche eine Frau, etwa fünfzehn Jahre jünger, mit der ich noch einmal eine Familie gründen möchte.

Natürlich muss sie Akademikerin sein, der intellektuelle Austausch gehört für mich zu einer Beziehung. Aber da ich noch Kinder möchte, sollte sie bereit sein, dann auch ihre Rolle als Mutter zu übernehmen. Wie gesagt, Verantwortung ist für mich ein hoher Wert. Und ...», er errötet, «gut aussehen sollte sie auch. Obwohl das natürlich nicht die Hauptsache in einer Beziehung ist.» Die drei Frauen betrachten Thorsten angewidert.

Ich bitte Helene Hartung darum, weiterzumachen. Helene hat ihre eigene Küchenagentur *cucina viva* und berät finanziell gutausgestattete Kunden, wie sie ihre Küche vom rein Funktionalen hin zum Lebensraum umgestalten können. Bei ihr steht nicht das Praktische im Vordergrund – was man sofort glaubt, wenn man sie sieht –, sondern die Emotion, die eine Küche auslöst. Küche als Ort der Lebensmittelverarbeitung sei ein veraltetes Konzept, teilt sie uns mit. Auch die Farbgestaltung spielt dabei eine große Rolle. Helene kreiert monochrome Küchen in Grau. Auch ihr eleganter Hosenanzug ist grau. Bestimmt Toni Gard. Oder vielleicht Jil Sander. «Grau ist eine Farbe, die eine unendliche Vielfalt von Farbnuancen ermöglicht und sich ideal den jeweiligen Stimmungen anpasst.»

Ich würde Helene gerne daran erinnern, dass hier im Moment niemand eine Küche kaufen möchte. «Vielleicht auch noch etwas dazu, was Sie suchen?», frage ich.

«Ich sagte ja schon, dass ich jetzt eine feste Beziehung suche. Eine Künstlerin mit ähnlichen Interessen. Und ...» Helene zögert. «Also, ich möchte auch ein Kind. Und deshalb muss es eine jüngere Frau sein, die auch diesen Wunsch hat. Daher suche ich nicht nur eine Frau, sondern auch einen Mann.»

Max kichert verlegen, und Thorsten sieht entsetzt aus. Ich leite zu Julie über. «Julie, wollen Sie erzählen?»

«Klar.» Julie nimmt ihren Kaugummi aus dem Mund und guckt sich suchend um. Max gibt ihr ein Tempotaschentuch. Julie ist klein und etwas rundlich, wobei alles gut verteilt ist.

Ihre langen blonden Haare sind mit tomatenroten und grünen Strähnchen verziert und in einem struppigen Knoten mit Schnürsenkeln zusammengebunden. Sie trägt mehrere T-Shirts übereinander, die zwei Nummern zu klein sind, weshalb auch ihr Bauch unbedeckt bleibt. Auch die Hose ist ein wenig eng. Dafür ist sie unten so lang, dass die zerrissenen Ränder der Hose auf ihren grünen Doc Martens hängen.

«Ich hatte eine Beziehung mit einem Typ, der auch ganz nett war, und das mit dem Sex, das war super, aber sonst kriegte der nichts in seinem Leben geregelt», erklärt Julie munter. «Ich habe Schluss gemacht. Der hat sein Studium total hängenlassen und engagiert sich bei *Free Tibet*. Das bringt doch nichts. Man muss doch ein Ziel im Leben haben. Ich will mein Studium so schnell wie möglich mit guten Noten durchziehen. Darauf achten die Personalleiter am meisten. Und so soll mein Mann auch sein. Toll wäre, wenn er ein bisschen älter wäre und auch schon einen Job hat und gut verdient. BWL wäre gut, Jura auch, vielleicht noch Medizin. Aber Ärzte verdienen ja heute auch nichts mehr, bis auf die Radiologen oder Schönheitschirurgen, das bringt es richtig. Ich will auch unbedingt heiraten, eine ganz tolle Hochzeit soll es werden. Habt ihr das Hochzeitskleid von Victoria gesehen? Und diese Schleppe?»

Jessica und Sascha nicken und strahlen. Max fragt Thorsten leise, wer denn Victoria sei. Die schwedische Kronprinzessin, klärt Thorsten ihn auf. Max guckt erstaunt. Helene zieht die Augenbrauen hoch.

«Und dann ist es mir absolut wichtig, dass mein Mann mehr verdient als ich. Nach der Heirat möchte ich erst mal arbeiten, aber nach dem ersten Kind bleibe ich zu Hause. Ich finde es gut, wenn die Frau sich um Kinder und Haus und Garten kümmert. Das ist genauso ein Job wie Berufsarbeit. Meine Mutter ist Unternehmensberaterin und hatte nie Zeit für uns, das fand ich total blöd. Ich hab auch keine Lust auf so einen Karrierestress. Und es ist auch besser für die Kinder.» Julie guckt munter in die Runde. «Ach ja, ich bin 23, studiere BWL im fünften Semester, stehe auf House, gehe gerne shoppen und ins Kino oder hänge mit Freundinnen ab. Ich mag Tiere und Kinder. Und ich mache natürlich total gerne Party.»

Julie lehnt sich entspannt zurück. Jessica nickt. Helene guckt kritisch. Auch Max macht den Eindruck, als ob Frauen, die von Hochzeitskleidern träumen und Schnürsenkel im Haar tragen, nicht sein Typ sind. Aber er ist auch nicht Julies Zielgruppe. Thorsten guckt interessiert. Ich fürchte nur, dass ein Oberstudienratgehalt für Julies Wünsche nicht ausreichen wird. Für Julie freue ich mich, dass sie schon so ein klares Ziel hat. Das Wort Liebe ist bei ihr gar nicht vorgekommen. Bei den anderen übrigens auch nicht – bis auf Jessica, fällt mir auf.

Wir gucken alle auf Max. Max Holbein ist 38, Ingenieur und arbeitet als Referatsleiter Abwasser in einer Behörde. Er ist groß, mager und durchtrainiert, trägt ausgewaschene Feincordhosen und ein grau-schwarzes kanadisches Holzfällerhemd. An den Füßen Wanderschuhe. Ein richtiger Mann eben. Gleich nach seinem Studium hat er bei der Behörde angefangen und möchte jetzt gerne etwas Neues machen. Etwas mit Brunnenbau in Entwicklungsländern oder auch Deichbau oder Wasseraufbereitung in Afghanistan. Oder Botswana, da war er mal im Urlaub, das war interessant.

«Ich suche eine unternehmungslustige Frau, die so etwas mitmachen würde. Und konservativ sollte sie auch nicht sein.» Er wirft einen Blick auf Julie. «Und lustig sollte sie sein. Mir ist egal, wie alt sie ist und wie sie aussieht. Na ja, Aussehen ist nicht ganz egal, aber mir kommt es mehr darauf an, dass sie Lust hat, mit mir etwas Neues anzufangen. Ich finde es toll, dass deine Frau nach Costa Rica ausgewandert ist. Wo genau ist sie da jetzt?», fragt er Thorsten, der aber nur säuerlich guckt. «Die Frauen, die ich im Amt kennenlerne, die sind alle langweilig und reden nur über Riesterrenten, Diäten und DRV-Kuren. Also, deshalb sitze ich hier. Aber ich weiß natürlich, dass es schwierig ist. Und ich bin auch nicht so der Frauentyp. Ich bin wahrscheinlich ein bisschen langweilig.» Max betrachtet verlegen den Fußboden. «Ja, und ich mache total gerne Sport, da bin ich ehrgeizig. Ich bin Marathon gelaufen, trainiere aber jetzt für den nächsten Ironman auf Hawaii.» Sascha und Jessica gucken bewundernd.

Max will nochmal ein neues Leben anfangen und sucht die passende Frau dafür. Von Liebe war übrigens auch nicht die Rede. Auch er hat schon mal ein grobes Ziel.

«Dann schließe ich das Thema mal ab», sagt Sascha und rückt seine Designerbrille gerade. «Ich hatte schon einige Beziehungen, die aber nicht gehalten haben. Jessica weiß, dass Patrick, also mein letzter Mann, mich verlassen hat, weil ich zu wenig Zeit für ihn hatte. Ich arbeite in der weltweit größten Wirtschaftsprüfungsgesellschaft, bin dort Projektleiter und habe extrem viel zu tun. Eine 60- bis 70-Stunden-Woche gehört zum Alltag. Und da kann ich abends nicht in Bars sitzen und spät nach Hause kommen. Ich suche einen Mann, der eher häuslich ist, sich für Kunst interessiert und gerne gut kocht und liebevoll ist. Einen, der immer Party will oder der selbst beruflich stark engagiert ist, das ginge nicht. Ja, und ich bin 32, sammle Kunst ab 1980 und liebe asiatisches Essen. Und ich muss noch dazu sagen, dass ich viel von Ihnen erwarte, denn ich habe nicht allzu viel Zeit für die Liebessuche.»

Sascha hat nicht viel Zeit. Da wird er umdenken müssen, denn Liebessuche dauert. Stellen Sie sich auf ein Jahr ein. Vielleicht kommt Ihnen das lang vor, aber wenn Sie bedenken, wie lange Sie vielleicht bereits ohne Beziehung leben, dann ist doch die Aussicht, am Ende eines Jahres wieder in einer glücklichen Beziehung zu leben, eine gute Aussicht. Vielleicht geht es schneller, aber in jedem Fall gilt die Regel: Je mehr Zeit Sie investieren, desto eher können Sie Erfolg haben. Und umgekehrt.

Sascha sollte sich also auf einen Ägäistörn ohne neuen Freund einstellen.

Es gibt viele Faktoren, von denen die Dauer einer Liebessuche abhängt. Vielleicht haben Sie schon vieles für sich geklärt. Sie sind nicht mehr zwanzig und werden sicher schon einmal über sich nachgedacht haben. Aber gerade die Tatsache, dass Sie nicht mehr zwanzig sind, macht die Partnersuche schwieriger. Nicht, weil Sie zu alt sind, zu viele Falten haben, nicht mehr Größe 34 tragen oder Ihr Haaransatz sich schon etwas nach hinten verschoben hat. Sondern weil Ihre Persönlichkeit deutlich verfestigter ist, als sie es mit zwanzig war. Sie haben Vorlieben, Abneigungen, Einstellungen und Wertvorstellungen, an denen Sie hängen – es hat lange gedauert und war schwierig genug, sie sich anzueignen. Sie haben sich in einem Leben eingerichtet, das auch seine schönen Seiten hat. Es ist mit fortgeschrittenem Alter – und das kann schon mit dreißig beginnen – nicht mehr so einfach, «gemeinsam zu wachsen».

Bitte bringen Sie Geduld mit. Folgen Sie mir in den sieben Schritten und entdecken Sie, dass auch der Weg das Ziel ist. Liebessuche kann Spaß machen.

Be prepared – sei vorbereitet!

Be prepared – so lautet der amerikanische Pfadfindergruß. Genau so müssen Sie die Liebessuche ab heute angehen. Wie beginnen Sie mit dem Projekt? In *Schritt 1* bereiten Sie sich und Ihre unmittelbare Umgebung auf die Liebessuche vor. Sie schaffen Bedingungen, in denen Sie jederzeit für die Traumfrau oder den Traummann vorbereitet sind. Dabei müssen Sie einerseits an Ihrer Einstellung arbeiten und andererseits ganz praktische Dinge vorbereiten.

Mit Glaubenssätzen aufräumen

Ich habe schon in der Einleitung darauf hingewiesen, dass unsere Gedanken und Überzeugungen uns bei der Erreichung unserer Ziele behindern können. Wenn ich glaube, dass ich nicht attraktiv bin und daher niemals einen netten Mann finden werde, dann strahle ich das auch aus. Und wenn sich dann doch erstaunlicherweise mal ein Mann nähert, dann gefällt er uns nicht, denn wer will schon einen Mann, der eine so unattraktive Frau wie mich will? Es gibt noch viele andere Glaubenssätze, die wir ablegen müssen, wenn die Liebessuche erfolgreich sein soll. Sie können Ihre Lieblingsglaubenssätze ja umgehend, wenn Sie glücklich mit Ihrem Traummann zusammenleben, wieder aufnehmen. Aber vielleicht merken Sie auch, dass es sich ohne diese beschränkenden Glaubenssätze viel vergnüglicher lebt.

GLAUBENSSATZ 1: Es ist (zu) schwierig

Und weil es schwierig ist, bringt es auch gar nichts, zu suchen. Sie haben doch schon alles getan, was man tun könnte, um einen Partner zu finden. Sie haben fünf Kilo abgenommen, sich einen schicken Kurzhaarschnitt in einer angesagten Haarboutique machen lassen, haben die Gebühr der Online-Partneragentur inklusive Persönlichkeitsprofil bezahlt und waren neulich bei einem Speed-Dating. Alles hat nichts gebracht. Die zwei Typen, mit denen Sie sich getroffen haben, waren Idioten. Die Frauen waren völlig langweilig, eine interessierte sich für Schamanismus! Was sollen Sie denn jetzt noch tun? Es gibt zu wenige Männer (oder Frauen), auf jeden Fall keine passenden, Sie selbst sind zu alt, und außerdem haben Sie keine Zeit.

«Es ist aber auch wirklich schwierig», sagt Jessica. Die anderen nicken. «Wo soll man suchen? Vor allem, wenn man so wenig Zeit hat? Und wenn man eingeladen ist, dann sind überall nur Pärchen.»

Schwierig? Das Argument lasse ich nicht gelten. Nur, weil es schwierig ist, fangen Sie erst gar nicht an? Stellen Sie sich doch bitte einmal vor, Sie suchen eine neue Wohnung. Sie wollen unbedingt eine neue Wohnung, denn Sie halten es keinen Tag länger mit Ihrer Mitbewohnerin aus. Oder Ihr bisheriger Vermieter macht eine Luxussanierung. Sie können die Wohnung natürlich kaufen oder eine heftige Mieterhöhung in Kauf nehmen. Für beides haben Sie kein Geld. Oder Sie haben die Nase voll vom Szeneleben in Ihrem Viertel und sehnen sich nach einer Wohnung an einem Park, möglichst mit See, oder noch besser mit einem kleinen Garten mit Seezugang. Oder, ganz schlimm, Ihr Vermieter hat Ihnen wegen Eigenbedarf gekündigt. Sie wollen also unbedingt umziehen in eine neue Wohnung. Sie wollen es wirklich. Allerdings haben Sie wenig Zeit, und auch finanziell muss es passen. Sie erzählen Ihren besten Freunden von Ihren Sorgen und Plänen, und was werden Sie hören? *Das wird schwierig,* sagen Ihre besten Freunde. Der Wohnungsmarkt in Berlin (oder Frankfurt oder München) hat enorm angezogen. Ja, vor fünf Jahren, da wäre das noch kein Problem gewesen, aber jetzt? Keine Chance, sagen Ihre besten Freunde. Und dann folgen Geschichten von Freunden, die über ein Jahr gesucht haben und dann nicht einmal das gefunden haben, was sie wollten, sondern in einer spießigen Wohnung aus den Sechzigerjahren wohnen, die auch noch überteuert ist. Und dann die hohe Maklergebühr. Und außerdem eine alleinstehende Frau mit 8-jährigem Kind, das ist Vermietern sofort suspekt. Und du als Freiberufler, das wird ganz, ganz schwierig, sagen Ihre besten Freunde. Was machen Sie jetzt? Hören Sie auf zu suchen? Arrangieren Sie sich mit der Mitbewohnerin, obwohl Sie schon schlecht gelaunt sind und Ihr Abend gelaufen ist, wenn Sie nach einem Stresstag nach Hause kommen und sehen, dass die ihre schmutzigen Laufschuhe wieder in den Flur geworfen hat? Verschulden Sie sich ohne Ende, um den übertreuten Preis für die luxussanierte Wohnung zu bezahlen? Bleiben Sie im Szenekiez und wachen jeden Morgen um 4 Uhr auf, wenn der Kneipenbesitzer unten in Ihrem Haus die Eisenkette durch seine Stühle auf dem Bürgersteig zieht, bevor er schließt? Begraben Sie Ihren Traum von der Wohnung mit Gärtchen, nur weil es schwierig ist?

Nein? Sie wollen sich nicht abfinden? Sie nehmen es in Kauf, dass es schwierig ist? Sie lassen sich von den Horrorgeschichten bei der Wohnungssuche nicht entmutigen, sondern Ihnen fallen plötzlich Menschen ein, die nach gar nicht so langer Zeit eine wunderschöne und bezahlbare Wohnung gefunden haben. Obwohl es bei denen auch anfangs schlecht aussah. Sie suchen die Telefonnummer von diesen Menschen heraus, weil Sie mal fragen wollen, wie die das gemacht haben. Gut, das genau ist der Anfang. So können die ersten Schritte aussehen. Natürlich ist es schwierig, aber wenn der Vermieter Sie aus der Wohnung wirft, hören Sie auf zu suchen? Nur, weil es schwierig ist? Das glaube ich nicht. Sie werden nicht nachlassen, bis Sie eine Wohnung gefunden haben, mit der Sie glücklich sind. Vielleicht wird sie keinen exklusiven Seezugang haben, und die Dachterrasse wird auch etwas kleiner sein, als Sie es sich gewünscht haben. Aber es wird eine schöne Wohnung sein.

Oder nehmen wir ein anderes Beispiel. Sie haben Ihrem Sohn versprochen, zu seinem 10. Geburtstag eine einwöchige Reise nach Paris zu machen und mit ihm ins Disneyland zu gehen. Das wünscht er sich seit zwei Jahren. Sie gehen ins Reisebüro und fragen nach Flügen, nach Hotels und günstigen Karten für Disneyland. Ahnen Sie, was die Reisebürofachkraft sagen wird? Das wird *schwierig*, sagt sie. Gerade im Sommer ist es *schwierig*. Und in Paris haben die Hotelpreise extrem angezogen. Und ob noch bezahlbare Flüge zu haben sein werden, weiß sie auch nicht. Das wird ganz, ganz *schwierig*. Was machen Sie? Sie gehen zu Ihrem Sohn und sagen ihm, dass es *zu schwierig* ist, seinen größten Wunsch zu erfüllen? Sie sagen ihm, dass Sie es sich zu Hause mit seinen Freunden bei Spaghetti mit Miracolisoße und einer DVD auch schön machen können und dass man im nächsten Jahr nochmal gucken könne? Und wenn er in Tränen ausbricht und gegen Ihre weiße Schleiflackkommode tritt und schluchzt, dass er nie, aber auch wirklich nie das bekommt, was er sich als Einziges wünscht und dass er sie hasst und viel lieber bei Papa wohnen möchte – dann erklären Sie ihm noch einmal, dass es eben *schwierig* sei und dass er das verstehen müsse?

Ich weiß, dass Sie das nicht tun werden. Sie werden in fünf weitere Reisebüros gehen. Sie werden im Internet nach Reisemöglichkeiten recherchieren. Sie werden Freunde fragen, ob sie einen Tipp haben. Sie werden sich nach günstigen Zug- oder Busreisen nach Paris erkundigen. Sie werden sogar den Vater Ihres Sohnes anrufen und ihn um Rat und Unterstützung bitten, obwohl Sie sich geschworen haben, mit diesem scheußlichen Menschen nie wieder ein Wort zu reden. Und Sie werden eine Möglichkeit finden. Sie werden mit Ihrem Sohn zu seinem 10. Geburtstag nach Paris fliegen und sich mit ihm vor einer großen Minnie-Maus fotografieren lassen.

«Das ist doch etwas ganz anderes», sagt Sascha. «Zum einen ist es nicht so eine emotionale Frage, und zum anderen ist es mit der Wohnung existenzieller: Ich brauche unbedingt eine Wohnung, aber ich könnte auch ohne Mann leben.»

«Warum sitzt du dann hier?», fragt Jessica. «Neulich warst du noch todunglücklich wegen Patrick. Und außerdem ist meine Wohnung für mich auch etwas ganz Emotionales.»

«Ich finde den Vergleich durchaus passend. Ich habe schon verstanden, was Sie sagen wollen.» Thorsten guckt nachdenklich. «Wir sollen nicht aufgeben, auch wenn es schwierig erscheint. Bei anderen Themen sind wir auch beharrlicher. Aber nach einer Wohnung fragen ist auch kein Problem, aber nach einer Partnerin …, nach einer Frau?» Thorsten guckt skeptisch. «Das wäre mir schon sehr peinlich.»

«Total peinlich», sagt Max. Sascha nickt.

Das sind die beiden wichtigen Themen. Wir dürfen nicht aufgeben, weil es schwierig ist, und wir müssen herausfinden, wie wir ebenso unverkrampft nach einem Partner fragen können wie nach einer schönen Wohnung. Ich sage Ihnen nicht, dass es einfach ist, sondern ich ermutige Sie, es zu versuchen, obwohl es schwierig ist. Lassen Sie sich nicht entmutigen von Statistiken über Frauen- oder Männerüberhang, nicht von guten Freunden und schon gar nicht von sich selbst. Könnten Sie mir zustimmen, dass der Glaubenssatz «Es ist schwierig» Sie daran hindert zu suchen? Weil dieser Satz eigentlich heißt: «Es ist schwierig und deshalb hat es keinen Zweck, dass ich suche.» Ich möchte Sie dazu bringen, ab jetzt zu sagen: «Es ist schwierig, aber ich versuche es trotzdem. Ich habe schließlich schon andere schwierige Dinge bewältigt.»

GLAUBENSSATZ 2: Es ist peinlich

Sascha und Max ist es peinlich, sich mit ihrem Wunsch nach einer Beziehung zu «outen». Warum? Würden Sie jemanden auslachen, der Ihnen offenbart, dass er oder sie sich auf die Suche nach einem Liebespartner macht? Wäre er oder sie für Sie ein Versager? Oder wären Sie nicht eher neugierig, wie er oder sie das anstellen möchte? Würden Sie nicht gerne Tipps austauschen? Würden Sie nicht eher Hilfe anbieten? Wenn es Ihnen peinlich ist, dann könnte das zeigen, dass Sie sich selbst für einen Versager halten, weil Sie ohne Beziehung leben. Seitdem ich Liebescoaching anbiete, und erst recht, seitdem ich dieses Buch schreibe, bin ich auf jeder Party der Mittelpunkt, weil alle mich fragen, wie man es denn anstellen muss. Natürlich suchen sie nicht selbst, sondern fragen für ihre beste Freundin oder für seinen Bruder ...

Auch hier meine Bitte: Für die Zeit der Liebessuche legen Sie auch den Glaubenssatz «Es ist peinlich» zur Seite. Und von mir erhalten Sie wirksame Hinweise, wie Sie Ihre Liebessuche veröffentlichen, ohne dass es in irgendeiner Weise peinlich wird.

GLAUBENSSATZ 3: Liebe ergibt sich nur durch Zufall

Es ist ein weitverbreiteter Glaubenssatz, dass Liebe sich nur ergibt, wenn man nicht danach sucht. Sicher kann sich Liebe zufällig ergeben, und das ist dann auch wunderschön – wenn es passiert. Aber dass der Liebeszufall sich nur ergibt, wenn man nicht nach der Liebe sucht, halte ich für einen Mythos. Gibt es verlässliche Untersuchungen, die das belegen? Und selbst wenn sich Liebe «zufällig» ergibt, kann man dann nichts dafür tun, dass dieser Zufall eintritt? Wenn Sie an diesem Glaubenssatz festhalten wollen und folgerichtig auch nichts tun, dann kann das mit dem Zufall ganz schön lange dauern, oder – wie das mit dem Zufall so ist – er kann auch vollständig ausbleiben. Vielleicht sollten Sie sich auch – wenigstens zeitweise – von diesem Glaubenssatz verabschieden. Ich verspreche Ihnen, dass Sie bei mir lernen, wie Sie den Zufall wahrscheinlich machen. Den Zufall herbeizuführen, wird Ihre Kernaktivität in den kommenden Monaten sein.

GLAUBENSSATZ 4: Es gibt keine Männer (und auch keine Frauen)

Hier halten sich Frauen an die witzige Erkenntnis – selbstverständlich von amerikanischen Forschern herausgefunden –, dass eine Frau ab Mitte dreißig eher Gefahr läuft, von einem herunterfallenden Ziegelstein getroffen zu werden, als einen Mann zu finden. Und Männer *wissen* – von evolutionsbiologischen Erkenntnissen beeinflusst –, dass Frauen nur Männer suchen, die über genetisch vielversprechendes Material verfügen, das sich in hohem Wuchs, einer gestählten Figur, geistiger Beweglichkeit und beruflichem Erfolg zeigt. Wer sind eigentlich all die Menschen, die den Online-Partnerbörsen diese hohen Zuwachsraten verschaffen? Warum kenne ich so viele weibliche und männliche Singles? Gibt es keine, oder haben Sie noch nicht die richtige Suchstrategie entwickelt? Hier nur der kleine Hinweis: Zu Hause vor dem Fernseher sind die netten Männer und Frauen natürlich nicht.

GLAUBENSSATZ 5: Alle Männer sind verheiratet oder schwul oder Idioten

Ein Wort an die Frauen: Sie werden mir sofort zustimmen, dass – rein statistisch gesehen – dieser Glaubenssatz nicht stimmen kann. Wenn Sie aber daran festhalten wollen, dann würde ich an Ihrer Stelle auch nicht suchen. Denn einen verheirateten Mann (falls ich eine Vollzeitbeziehung suche) oder einen Schwulen (falls ich heterosexuell und eine Frau bin) oder einen Idioten (falls ich Idioten langweilig finde) würde ich auch nicht wollen. Wenn Sie allerdings auch diesen Glaubenssatz zeitweilig aufgeben könnten, dann kann sich eine aktive Suche durchaus lohnen.

GLAUBENSSATZ 6: Meine Ansprüche sind zu hoch

Sicher, an denen sollten Sie auch unbedingt festhalten. Wenn es nicht die perfekte Sie oder der perfekte Er ist, dann würden sie ja auch gar nicht zu Ihrem perfekten Ich passen! Lernen Sie zu unterscheiden, ob jemand tatsächlich nicht über die Eigenschaften oder Lebenswünsche verfügt, die für Sie wichtig sind, oder ob Ihnen einfach niemand perfekt genug ist, weil er sich als Mensch mit Stärken und Schwächen entpuppt. Wenn Sie sich entschließen könnten, potenziellen Partnern gute und weniger gute Eigenschaften zuzugestehen, und darauf hoffen, dass er oder sie das bei Ihnen genauso tut, dann steht Ihnen der Weg zu einer erfolgreichen Liebessuche offen.

GLAUBENSSATZ 7: Ich bin zu langweilig, zu klein, zu dick, zu alt, zu dumm, habe zu große Füße ...

Denken Sie auch gerne über Ihre Defizite nach, statt festzuhalten, was Sie zu einer attraktiven und liebenswerten Person macht? Beginnen wir auch hier wieder mit der Statistik: Sind alle in Beziehungen Lebenden amüsant, schlank, attraktiv, jung, intelligent und haben kleine Füße? Sie wissen, dass das nicht zutrifft. Vielleicht sind Sie langweilig, klein, dick, alt oder auch ungebildet –

dann suchen Sie sich doch einfach einen Mann oder eine Frau, die langweilige, dicke, kleine und alte Männer oder Frauen erotisierend finden. Eine Alternative wäre es, wenn Sie damit aufhören könnten, sich langweilig, dick, unattraktiv und ungebildet zu finden, und sich stattdessen auf Ihre liebenswerten, vertrauensbildenden, interessanten und ungewöhnlichen Eigenschaften zu besinnen. Glauben Sie mir, Sie werden sie finden.

Wann immer Ihnen in der nächsten Zeit Gedanken kommen, die Sie daran hindern, Ihre Liebeskampagne durchzuhalten, überlegen Sie doch bitte, welcher Glaubenssatz hier wieder durchbricht. Wenn Sie es schaffen, Ihre Glaubenssätze wenigstens für eine Weile beiseitezulegen, und Sie bereit für die Suche sind, dann wenden wir uns weiteren wichtigen Vorbereitungen zu.

Ihr Aussehen optimieren

Ich muss Sie nicht davon überzeugen, dass sich gutes Aussehen förderlich auf das Finden eines Liebespartners auswirken kann. Bitte denken Sie dabei nicht sofort an Abnehmen und Bilder von Filmschönheiten. Auch bei denen ist gutes Aussehen harte Arbeit. Sie müssen nicht abnehmen, eine Farb- und Stilberatung oder eine Schönheits-OP hinter sich bringen, um gut auszusehen. Sie sehen gut aus, wenn Sie auf sich achten und es Ihnen gutgeht. Wenn Sie bei einem Blick in den Spiegel feststellen, dass Sie sich heute gefallen. Wenn Sie selbstbewusst und beschwingt durch die Straßen gehen und merken, dass Ihnen interessierte Blicke folgen. Und all das passiert nicht, wenn Sie sich seit drei Tagen die Haare nicht mehr gewaschen haben oder für den kurzen Weg zur Post oder zum Discounter ungeschminkt in der alten Jogginghose und Adiletten losziehen. Ich weiß, Jennifer Aniston sieht total süß aus, wenn sie in Jogginghosen und ärmellosem T-Shirt fotografiert wird. Aber glauben Sie mir, dass ist keine *alte*

Jogginghose, sondern die gute Jennifer hat sich lange und sorgfältig für diesen Lockerlook gestylt. Wir sehen in solchen Hosen meistens nicht ganz so gut aus.

Denken Sie bitte daran, dass ab jetzt jeder und wirklich jeder Ort außerhalb Ihrer Wohnung ein Ort ist, an dem es passieren kann: Sie stehen Ihrem Traummann oder Ihrer Traumfrau gegenüber. In der Schlange bei der Post, vor dem Tiefkühlgemüseregal, in der kleinen Pizzeria an der Ecke, der Apotheke oder wenn Sie Ihre Tochter vor der Schule abholen. Also müssen Sie vorbereitet sein. Und wie können Sie sich auf das gute Aussehen vorbereiten? Indem Sie Ihre innere Haltung ändern. Steigen Sie vergnügt und voller Vorfreude in das Projekt Liebessuche ein. Sehen Sie nicht ein langes quälendes Jahr mit vielen Misserfolgen vor sich, sondern ein aufregendes Abenteuer, bei dem Sie viele neue Menschen kennenlernen und neue Verhaltensweisen ausprobieren. Das ist nicht leicht in einer Situation, in der man eine neue Liebe sucht und sich defizitär fühlt, weil man *immer noch keine* gefunden hat. Wenn Sie unglücklich darüber sind, dass Sie keinen Partner haben, und um sich herum nur Menschen sehen, die glücklich in Beziehungen leben, dann sind Sie vielleicht von Ihrer Attraktivität nicht so überzeugt, wie es für die neue Beziehung gut wäre. Hören Sie ab jetzt auf, mit sich unzufrieden zu sein. Tun Sie etwas, das Sie in gute Laune versetzt. Kaufen Sie sich ein schickes Hemd oder neue Stilettos, kochen Sie sich Ihr Lieblingsessen, gehen Sie zum Friseur.

Gut auszusehen hat viel mit Selbstbewusstsein und Lebensfreude zu tun. Wie können Sie Ihr Selbstbewusstsein steigern? Vor allem hören Sie auf damit, sich zu sagen, dass Ihr Leben erst wirklich schön wird, wenn Sie Ihren Partner gefunden haben. Tun Sie etwas dafür, dass es ab heute schon schön ist. Tun Sie etwas Gutes für sich. Richten Sie sich Ihr Leben auch schon ohne Partner «schön» ein. Sie werden sich besser fühlen und damit auch attraktiver wirken. Gehen Sie einmal die Woche zum Sport, wenn Ihnen das Spaß macht, oder melden Sie sich bei einem Salsakurs an. Besuchen Sie Ausstellungen oder gehen Sie zu einem asiatischen Filmfestival. Sorgen Sie dafür, dass Sie sich gerne in Ihrer Wohnung aufhalten. Kaufen Sie sich eine Kartäuserkatze, streichen Sie Ihr Schlafzimmer hellgrün oder melden Sie sich bei einem Karatekurs an. Verschieben Sie nicht das Schöne auf die Zeit, wenn der Partner gefunden ist.

Natürlich kann es nicht schaden, das eigene Aussehen kritisch zu überprüfen. Wenn Sie unsicher sind und nicht wissen, wie Sie Ihr Aussehen optimieren können, dann fragen Sie Ihre gutwilligen Freunde und Freundinnen. Und noch ein paar sehr praktische Hinweise: Graue, ausgeleierte Socken und verfärbte Unterwäsche gehören nun der Vergangenheit an. Wenn Sie stets vorbereitet sein wollen, dann gehört attraktive Unterwäsche absolut dazu. Auch bei Männern kann eine optische Überholung nicht schaden. Wenn das Ihr Selbstbewusstsein hebt, dann ist es gut. Aber es liegt weder an Ihrer Frisur noch an der Farbe Ihres Pullovers, wenn Sie zurzeit alleine leben. Sorgen Sie dafür, dass Sie vergnügt sind. In einer Zeit, in der man sich nicht so wohlfühlt, neigt man dazu, sich auch äußerlich zu vernachlässigen. In der Zeit der Liebessuche ist das nicht hilfreich. Das teilt sich mit.

Nicht verbissen nach der neuen Liebe suchen

Es ist leicht, sich vorzustellen, dass eine *verbissene* Suche nicht funktionieren wird. Nehmen Sie eine innere Haltung ein, in der Sie sich auf die auf- und anregende Zeit der Liebessuche freuen. Sie werden in dieser Zeit viele neue Menschen kennenlernen und interessante Erlebnisse haben. Nein, nicht alle werden Liebespartner werden, oder zumindest nicht dauerhaft, aber davon brauchen Sie ja auch nur einen. Und kleine befristete Abenteuer während der Suche können auch Freude machen. Sehen Sie es nicht als Misserfolg an, dass nichts «Richtiges» daraus geworden ist – es hält Sie im Training. Auch gemütlich mit Freundinnen zusammenzusitzen und über die Erlebnisse zu berichten, kann viel Spaß machen. Aber Sie müssen etwas *tun*, worüber Sie dann erzählen können.

Ihre Wohnung verschönern

Sie wollen attraktiv aussehen, und das gilt auch für Ihre Umgebung. Ihre Wohnung sollte immer empfangsbereit sein, was heißt, dass sie aufgeräumt und dezent dekoriert ist. Und das Bett sollte frisch bezogen sein. Sie wollen doch nicht einen Traumpartner verlieren, nur weil Sie sich nicht trauen, ihn in Ihre Wohnung einzuladen wegen des desolaten Zustands. Und Sie wollen auch nicht riskieren, dass Ihnen zwar die Wohnung völlig normal vorkommt, aber die potenzielle Traumpartnerin unmittelbar nach einem Blick auf Ihre Wohnung beschließt, dass Sie nicht ihr Traumpartner sein werden, ganz unabhängig davon, wie sexy Sie nach drei Gläsern Pinot Grigio auch gewirkt haben mögen.

Kontaktpflege erleichtern

Sie müssen es potenziellen Traumpartnern einfach machen, Kontakt mit Ihnen aufzunehmen. Daher ist eine Visitenkarte ein absolutes Muss. Wenn Sie über keine berufliche Visitenkarte verfügen, dann lassen Sie sich umgehend eine private anfertigen. Das muss nicht teuer sein, es geht nicht um die letzten designerischen Feinheiten. Es geht nur darum, dass Sie schnell und unproblematisch einem Interessenten etwas in die Hand drücken können, das ihm eine erneute Kontaktaufnahme unkompliziert ermöglicht. Sicher kann man eine Telefonnummer auch ins Handy einprogrammieren. Aber ist es nicht weniger aufdringlich, wenn man seine Visitenkarte herüberreicht, als wenn man sagen muss, dass man mal die Handynummer des Gegenübers speichern möchte? Eine Visitenkarte kommt Ihnen übertrieben vor? Kennen Sie nicht die Situationen, in denen man im Restaurant, beim Stehempfang oder in der Museumsschlange verzweifelt nach einem Stückchen Papier sucht und dann noch nach einem Stift, um die eigene oder fremde Adresse aufzuschreiben? Und wissen Sie am nächsten Tag noch, wer Thomas plus Handnummer war, der auf einem ausgerissenen Stückchen Ausstellungsflyer steht, oder Sabine plus Festnetz undeutlich auf einer Papierserviette?

Orte der Liebessuche aufsuchen

Noch etwas können Sie umgehend tun: Denken Sie ab jetzt sorgfältig über die Orte nach, an denen Sie einkaufen, Espresso trinken oder sich weiterbilden. Wo könnten sich nette Frauen oder attraktive Männer aufhalten? Und wo sind Orte der Muße, an denen man bekanntlich eher locker und spontan ins Gespräch kommt? Weichen Sie von Ihren gewohnten Routinen ab. Kaufen Sie Ihre Alltagsnotwendigkeiten weiterhin beim Discounter ein – allerdings auch da gut und strahlend aussehend –, aber besuchen Sie am Samstag gegen Mittag den angesagten Markt in Ihrer Gegend, auf dem es die überteuerten handgeschöpften Teigwaren und die ausgewählten Käsesorten gibt, die man als Normalverdiener nur in Unzen erstehen kann. Macht nichts. Sie haben alles Notwendige zu Hause. Auf dem angesagten Markt kaufen Sie drei Ravioli mit Ricotta-Spinatfüllung. Schon in der Warteschlange kann man die gutaussehende Frau vor sich anstrahlen mit einem: «Sind die nicht einfach toll? Ich könnte gar keine anderen Ravioli mehr essen.» Leicht ergibt sich daraus ein nettes Gespräch über die Vorzüge italienischer Küche oder darüber, dass die Ravioli nur auf diesem Markt an diesem Stand wirklich so vorzüglich ..., und dass man es wirklich schon überall sonst probiert hätte, aber ... Alles Weitere ergibt sich dann. Und wenn sich kein Gespräch ergibt, dann kaufen Sie hinterher noch eine Rose von denen, die man auch nur auf diesem Markt in dieser Qualität bekommt, und setzen sich mit Ravioli und Rose, beides sichtbar, in das marktangrenzende Café und trinken Ihren Espresso. Der gute Espresso oder die herrlichen Blumen können ein ebenso guter Anknüpfungspunkt sein wie eine Zeitung oder ein Buch. Beides sollte sorgfältig dem Umfeld angepasst werden. Titel der SPIEGEL-Bestsellerliste passen überall. Im intellektuelleren Umfeld lohnt auch eine Empfehlung von Reich-Ranicki als Gesprächsstimulus: «Finden Sie das Buch auch so gut (wahlweise: überschätzt)?» Im Marktcafé kommt man leicht ins Gespräch. Das haben Sie noch nie erlebt? Lesen Sie *Schritt 6: Wie präsentiere ich mich?* Dort gibt es Tipps, wie Sie unkompliziert mit Menschen ins Gespräch kommen. Glauben Sie mir, das lohnt sich nicht nur für die Liebessuche.

Auch die gemütliche Hähnchenbraterei an der Ecke kann ein Ort sein, an dem man jemanden kennenlernt. Oder der Joggingpfad oder die Bank im Volkspark. Überlegen Sie, ob Sie nicht Ihre Einkaufsgewohnheiten etwas variieren. Mittags kaufen Hausfrauen und Rentner ein, abends kurz vor Ladenschluss eher berufstätige Frauen und Männer. Hausfrauen sind sicher dankbar für Ansprache, Rentner haben viel Zeit. Wen suchen Sie? Richten Sie Ihr Einkaufsverhalten danach. Und achten Sie auf kleine Zeichen: Wenn er Haushaltspackungen mit Windeln und Crunchies im Wagen hat, dann vergessen Sie ihn. Dagegen können Frauen mit großen Haushaltspackungen durchaus zu haben sein. Alleinerziehende Männer sind immer noch nicht in der Mehrzahl. Männer und Frauen, die kleine Packungen auswählen, kommen eher in Frage. Sie merken, Sie müssen ein detektivisches Gespür dafür entwickeln, wo potenzielle Partnerinnen oder Partner zu finden sind. Wenn Sie eine Frau suchen, dann sollten Sie nicht ausschließlich in Bruce-Willis-Filme gehen, sondern auch mal in «Mädchenfilme», also Liebesfilme, oder Filme, in denen ein bislang unentdeckter Indiostamm gegen die Ausbeutung durch die United Fruit Company kämpft. So etwas sehen Frauen gerne. Wenn Sie einen Mann suchen, dann gehen Sie nicht in die Ausstellung «25 Jahre feministische Fotografie», sondern suchen sich eine Ausstellung, die ein gemischtes Publikum anspricht.

Werden Sie aktiver: Haben Sie in der letzten Zeit oft Einladungen abgelehnt, weil Sie keine Lust hatten, an den nächsten Morgen dachten oder nicht mitten in der Nacht nach einem Parkplatz suchen wollten? In der Phase der Liebessuche sollten Sie dieses Verhalten ablegen. Gehen Sie zu Geburtstagen oder Vernissagen, zum Grillen oder zum Sommerfest des Taubenzüchtervereins – nehmen Sie jede Einladung an. All das sind Orte, an denen es passieren kann.

Ballast abwerfen

Falls Sie nicht eine Doppelbesetzung wollen, sollten Sie sich von alten Lieben verabschieden. Sie werden innerlich nicht frei sein, wenn Sie jeden Mann oder jede Frau mit der verflossenen Liebe vergleichen. Dabei ist es einerlei, ob Sie voller Wut und Enttäuschung oder voller zärtlicher Sehnsucht an die Verflossenen denken. In jedem Fall hängen Sie emotional und gedanklich noch in der früheren Beziehung und geben sich und dem Neuen keine Chance. Auch gefährlich ist die Tendenz, sich noch einmal mit der Verflossenen zu treffen, wenn es gerade besonders trist aussieht im eigenen Leben. Man ist so vertraut, und die Verflossene versteht einen so gut. Aber diese Vertrautheit ist nur eine Nachwehe der verflossenen Beziehung. Sie hält nicht. Es gab ja Gründe, warum man ihn verlassen hat oder warum sie sich von einem getrennt hat. Auf diese Weise bleiben Sie mit einem elastischen Band mit dem Verflossenen verbunden. Das behindert die Suche nach der neuen Liebe. In Weltschmerzsituationen sind gute Freundinnen oder Freunde die deutlich bessere Wahl. Oder weinen Sie einfach einsam in Ihr Glas Chardonnay – ein bisschen gepflegt traurig sein, kann manchmal sehr entlastend sein.

Sich mit unterstützenden Menschen umgeben

Meiden Sie in der Zeit der Liebessuche negative Menschen. Menschen, die es albern finden, dass Sie gezielt suchen, oder Menschen, die Sie daran erinnern, dass Sie doch mit Klaus oder Gerda auch nicht glücklich waren. Ganz demotivierend sind Bekannte, die Ihnen mit Weisheiten kommen, dass Sie nur sich selbst lieben sollten und sich dann alles andere ergäbe. Sicher, es ist immer gut, sich selbst zu lieben, aber auch dann läuft es nicht von alleine. Hinweise auf schlechtlaufende Beziehungen brauchen Sie zu diesem Zeitpunkt auch nicht. Suchen Sie sich Freunde und Bekannte, die vergnügt zusammenleben, verliebt sind oder auch gern suchen möchten und sich über Ihre Ratschläge freuen. Missgünstige und negative Menschen entziehen Ihnen Energie. Wenn Sie jemand im Gespräch von Ihrem Ziel abbringen möchte mit einer Menge Einwände, dann bedanken Sie sich für die guten Ratschläge und streichen diese Menschen – zumindest für die Zeit der Liebessuche – aus Ihrem Leben. Suchen Sie sich Menschen, die Sie bestärken.

Den richtigen Zeitpunkt wählen

Wichtig ist noch der Zeitpunkt, an dem Sie mit Ihrer Liebeskampagne beginnen. Es ist wenig sinnvoll zu beginnen, wenn gerade eine größere Kiefer-Operation ansteht, Sie eine lange Reise durch die Wüste Gobi geplant haben oder eine neue Wohnung suchen. Ihre Liebeskampagne braucht Ihre ganze Aufmerksamkeit. Wenn Sie arbeitslos und gesund sind, ausreichend Geld auf der Bank haben, Ihre Zähne und auch andere Körperteile sich in einem vorbildlichen Zustand befinden, Ihre Wohnung exakt Ihre Wunschwohnung ist, dann können Sie umgehend beginnen und täglich acht Stunden einrechnen. Wenn bei Ihnen aber Beruf, Kinder oder Hobbys bereits viel Zeit verschlingen, müssen Sie mit einer längeren Liebessuche rechnen.

Überprüfen Sie Ihre persönliche Situation und legen Sie dann fest, wann Sie starten.

PROJEKTMANAGEMENT LIEBESSUCHE

Nun kommt es darauf an, dass Sie Ihr «Projekt Liebessuche» sorgfältig planen. Sie haben gehört, wie viel es schon jetzt gleich zu tun gibt. Es gibt zwei Gründe, warum ein Projektmanagement wichtig ist: Zum einen haben Sie als Berufstätige nicht unbegrenzt Zeit und sollten Ihre Zeitressourcen sorgfältig planen. Zum anderen werden Sie nach kurzer Zeit den Überblick verlieren. Wie viel Zeit benötigen Sie für das morgendliche Joggen, den neuen Anstrich Ihrer Wohnung, die Antworten auf die vielen Zuschriften im Internet und die vielen Dates, die Sie bald haben werden? Was müssen Sie wann tun, wann was abholen, wann jemandem ein nettes Briefchen schicken? War es Waltraud oder Gisela, mit der Sie sich übermorgen treffen? Hatten Sie Wolfgang oder Herbert zugesagt, ihm den Link mit den wunderbaren Stauden zu schicken?

Sie werden schon bei Ihren ersten Versuchen auf dem Liebesmarkt Erfolge haben und sollten daher sorgfältig festhalten, was Sie wann vorhaben und erreicht haben. Ein Ordner, eine Excel-Tabelle, Ihr Filofax oder auch Saschas iPhone tun hier gute Dienste. Halten Sie Ihre Termine schriftlich fest und planen Sie schon vierzehn Tage im Voraus. Dazu gehören nicht nur Verabredungen, sondern Recherchen am Rechner, Telefonate mit Unterstützern, die Vorbereitung von eigenen Events, Schönheitspflege und die Treffen mit dem Unterstützungsteam und der besten Freundin, die zur Liebesmentorin Ihres Projektes wird. Achten Sie darauf, dass Sie wirklich die Anzahl von Stunden für Ihr Projekt aufwenden, die Sie sich vorgenommen haben. Mehr können Sie natürlich immer tun. Vielleicht sollten Sie auch Ihren Terminkalender durchforsten und einige Aktivitäten für die Zeit der Liebessuche streichen. Sie werden die Zeit brauchen.

Das Zeitbudget

Lassen Sie uns ganz pragmatisch herangehen und zunächst das Zeitbudget festlegen. «Wie viel Zeit haben Sie täglich oder in der Woche für Ihre Liebessuche, Max? Einen Tag, fünf Stunden, zwei Stunden in der Woche?»

«Wenn ich die Zeit, die ich für den Sport aufwende, dazurechne, dann habe ich täglich vielleicht nur noch ein oder zwei Stunden», sagt Max. «Und am Wochenende noch einen ganzen Tag, also insgesamt achtzehn Stunden. Meinen Sie, das reicht?»

Achtzehn Stunden pro Woche sind schon sehr viel. Seien Sie realistisch, es hat wenig Sinn, sich eine bestimmte Zeit pro Tag oder pro Woche vorzunehmen, wenn Sie das extrem unter Druck setzt. Sie kennen das von Ihrem Vorsatz, täglich eine Stunde zu joggen oder vor dem Fernseher zwanzig Minuten alle Übungen von dieser tollen Pilates-DVD zu machen. Oft können Sie das nicht durchhalten, und dann haben Sie ein dermaßen schlechtes Gewissen, dass Sie es ganz aufgeben. Und das sollte nicht eintreten. Sie brauchen kein schlechtes Gewissen zu haben, Sie sollen alles, was Sie sich vornehmen, mit Vergnügen tun.

«Wie viel Zeit haben Sie, Helene?»

«Ich betrachte die Liebessuche jetzt als oberste Priorität», sagt Helene. «Ich nehme mir einen Tag die Woche frei und habe dann noch das Wochenende. Also auch mindestens vierundzwanzig Stunden und vielleicht auch noch ein paar Stunden in der Woche, wenn ich abends zu irgendwelchen Treffen gehe.»

«Ich weiß nicht, ob ich so viel Zeit habe», sagt Sascha bedrückt. «Mein Job ist ziemlich arbeitsintensiv, also vielleicht drei Stunden.»

«Ja, das Wochenende hätte ich auch, aber auch bestimmt in der Woche noch mehrere Stunden», sagt Julie munter. «Ich kann ja schon während des Studiums und in Arbeitsgruppen flirten und beim Kellnern auch. Also, ich schätze auch so vierundzwanzig Stunden in der Woche.»

«Ich habe überlegt, dass ich auch mindestens fünfundzwanzig Stunden pro Woche investieren kann. Mir ist dieses Thema jetzt auch ganz wichtig», sagt Thorsten. «Und du, Jessica?»

«Ich habe schon gerade gerechnet, ich muss mich ja auch noch um Carolina kümmern. Bei mir sieht das zeitlich nicht so gut aus. Aber ich könnte den Stammtisch mit meinen Freundinnen am Freitag aufgeben. Mal sehen. Ich denke, dass ich auch zehn Stunden pro Woche einsetzen kann.»

Gehen Sie vor wie unsere Seminarteilnehmer. Prüfen Sie, wie viel Zeit Sie pro Woche für die Liebessuche reservieren können. Es ist wichtig, eine feste Zeitspanne festzulegen – möglichst auch einen festen Zeitpunkt, an den man sich halten kann. Von der Zeitmenge wird es abhängen, wann Sie die neue Liebesbeziehung eingehen können. Aber die festen Zeitvorgaben haben auch eine andere Funktion: Sie werden Sie disziplinieren. Wenn Sie fünfzehn Stunden festgelegt haben, dann sollten Sie das auch einhalten. Und wenn Sie vorher sorgfältig geplant haben, was Sie in dieser Zeit erreicht haben wollen, dann verschaffen Sie sich auch Erfolgserlebnisse. Sie können auf Ihrer Checkliste die Visitenkarten abhaken? Ein kleiner Erfolg. Sie haben sich beim Salsakurs angemeldet? Wieder ein Häkchen. Sie haben Ihre beste Freundin als Liebesmentorin gewonnen? Häkchen. Später werden andere Aktivitäten hinzukommen, und bei jedem Häkchen werden Sie erfreut feststellen, dass Sie Ihrem Ziel wieder ein bisschen näher gekommen sind. Darin unterscheidet sich die Liebessuche übrigens von keiner anderen Projektplanung.

Um noch einmal auf die notwendige Zeit zurückzukommen: Sascha möchte noch vor dem Sommerurlaub jemanden gefunden haben – da würden drei Stunden die Woche nicht ausreichen. Er hat jetzt die Wahl: entweder ein größeres Zeitkontingent ansetzen oder den Zeitpunkt verschieben. Sascha guckt nachdenklich und tippt in sein MacBook.

Das Finanzbudget

Sie haben Ihr Zeitkontingent festgelegt. Nun kommen wir zu den finanziellen Ressourcen. «Jessica, wenn Sie zu Hause vor dem Fernseher Prosecco trinken, dann brauchen Sie wenig Geld.» Jessica nickt. Vielleicht trifft man den Traumpartner bei Lidl vor dem Prosecco-Regal, aber zu Hause vor dem Fernseher ist die Wahrscheinlichkeit relativ gering. Wenn Sie potenziell ertragreichere Orte der Liebessuche aufsuchen, in Kneipen gehen, in Ausstellungen, ins Kino oder Theater, auf öffentliche Partys, zum Friseur, dann brauchen Sie nicht nur Zeit, sondern auch Geld. Wein, Bier, Kleidung, Kosmetik, Eintrittskarten, alles kostet. Natürlich sind die Kosten für Getränke oder Eintrittskarten nicht das Einzige. Sie sollten auch nicht in Ihrem ältesten angegrauten T-Shirt losziehen oder in Birkenstocks.

«Wieso?», wundert sich Max. «Die sind doch sehr bequem.» Das findet Thorsten auch. Die trägt er im Sommer immer. Helene betrachtet angewidert die Füße von Max.

«Sie haben recht», besänftige ich die beiden. «Wenn Sie sich im Ökomilieu bewegen wollen, dann ist Bequemlichkeit bei der Kleidung oberste Priorität, aber das gilt nicht für alle sozialen Milieus.» Sie müssen sich auf das spezifische Milieu vorbereiten, in dem Sie Ihren Traumpartner vermuten. Lackstilettos und enge Goldgürtel sind sowohl in einem Hiphop-Club als auch beim FDP-Ortsverein suboptimal. In Bars, die von Dieter Bohlen aufgesucht werden, liegen Sie damit genau richtig. Ich betrachte Julies zerrissene Jeans, die T-Shirt-Schichten und das enge kurze, giftgrüne Shirt, auf dem in schwarzen Buchstaben «Hands off!» steht. Wenn sie einen Ehemann aus dem Juristen-Mediziner-BWLer-Milieu sucht, dann sind das nicht die richtigen Signale.

«Aber es kommt doch bei einer Liebesbeziehung nicht nur auf das Äußere an», sagt Thorsten verärgert. «Wichtig ist doch, was es für ein Mensch ist, also welche inneren Werte er hat.» Nicht nur, Thorsten, denke ich. Die anderen Teilnehmer betrachten Thorsten und sein Outfit nachdenklich. Klar, dass das von ihm kommt. Ich gebe ihm vom Grundsatz her recht. Aber was, wenn niemals jemand dazu kommt, Thorstens innere Werte zu erschließen, einfach, weil seine Verpackung unattraktiv ist und niemand hinguckt?

Sie müssen also auch ein Budget für Ihre Liebessuche festlegen. Liebessuche kostet. Es reicht ein kleines Budget, das Ihren Möglichkeiten entspricht, vielleicht verzichten Sie in dieser Zeit auch auf anderes. In die Liebessuche muss man investieren. Wie schon gesagt: Kleidung, Friseurbesuche, Kosmetik (auch für Männer), geputzte Schuhe, neue Sandalen, ein schicker Einkaufsbeutel – oder finden Sie es cool, wenn jemand eine verknitterte Alditüte aus dem Rucksack zieht, um die neun Cent zu sparen? Was lässt so jemand für die Zukunft erwarten?

Thorsten schiebt seinen verwaschenen Einkaufsbeutel verstohlen mit den Füßen unter den Stuhl.

Das Unterstützungsnetzwerk

Gegenseitige Unterstützung ist für den Erfolg Ihrer Suche in diesem Jahr ganz wichtig. Suchen Sie sich in Ihrem Bekanntenkreis einen «hauptamtlichen» Unterstützer oder eine Liebesmentorin. Wenn Ihre beste Freundin regelmäßig nach Ihren Fortschritten fragt, mit Ihnen neue Strategien entwickelt oder Sie tröstet, wenn es nicht so läuft und dieser unheimlich gutaussehende, kluge und sensible Mann nach dem ersten Treffen oder der ersten Nacht nicht wieder angerufen hat, dann ist das genau die Unterstützung, die Sie brauchen. Sie können auch ein Liebes-Erfolgsteam gründen, mit dem Sie Erfolge und Aktivitäten besprechen.

Zurück zum Seminar. Ich bitte die Teilnehmer, sich untereinander einen Unterstützungspartner auszusuchen, der sie in der nächsten Zeit wöchentlich anruft, um zu überprüfen, ob sie ihre Vorhaben umgesetzt haben oder ob sie Hilfe brauchen. Die Unterstützungspartner sollten nach jedem Seminartreffen wechseln, weil es hilfreich ist, unterschiedliche Sichtweisen auf die eigene Vorgehensweise zu erleben.

Thorsten nickt Sascha zu, der ihm seine Visitenkarte reicht und sein iPhone zückt, um die Telefonnummer einzuspeichern, weil Thorsten natürlich keine Visitenkarte besitzt. «Also, Sascha, das ist doch okay, dass ich dich duze?» Sascha nickt. «Ich habe mal so über meine Kleidung nachgedacht, und weil du so gut angezogen bist, vielleicht könntest du mal mit mir …?»

«Sicher, gerne, dann sollten wir gleich einen Termin …, also lass mich mal schauen, am Donnerstag, da hätte ich noch ein Zeitfenster von 13 bis 17 Uhr, passt das bei dir?»

«Auf jeden Fall, und danke, also bis Donnerstag!» Thorsten hängt seinen Stoffbeutel über die Schulter und geht. Sascha wirft einen nachdenklichen Blick auf den Stoffbeutel und steckt sein iPhone in die Tasche.

Julie will unbedingt Jessica als Unterstützungspartnerin haben. «Klar, gerne», sagt Jessica, und schon verschwinden die beiden vergnügt im Flur.

Max und Helene gucken sich reserviert an. «Ja, dann sollten wir uns wohl anrufen, oder?», sagt Helene nach einer Weile zögernd. «Genau», sagt Max. «Hier ist meine Visitenkarte, da steht auch meine Privathandynummer drauf.»

«Gut, hier ist meine.» Sie nicken sich kurz zu und verlassen den Seminarraum.

WAS HABEN WIR IN SCHRITT 1 GELERNT?

Wie jedes andere Projekt muss auch das Projekt Liebessuche sorgfältig geplant und organisiert werden. Und Sie müssen an den Erfolg des Projektes glauben. Arbeiten Sie an Ihrer Haltung, legen Sie Ihre destruktiven Glaubenssätze zur Seite. Schaffen Sie ein Umfeld, in dem ein potenzieller Partner jederzeit willkommen wäre. Sorgen Sie dafür, dass Sie vergnügt und selbstbewusst durchs Leben gehen. Tun Sie sich etwas Gutes – das Leben beginnt nicht erst schön zu werden, wenn die neue Liebe gefunden ist. Und organisieren Sie Ihr Projekt mit Disziplin. Legen Sie Ihre finanziellen und zeitlichen Ressourcen fest und halten Sie sich an den festgelegten Zeitplan. Vor Ihnen liegt ein aufregendes und vergnügliches Jahr.

Hausaufgaben

- Überlegen Sie, wer Sie unterstützen kann, wer Ihr Liebesmentor sein könnte.

- Planen Sie Ihr Zeitbudget und erarbeiten Sie einen Stundenplan für die kommenden Wochen.

- Legen Sie Ihr Finanzbudget fest. Machen Sie eine Kalkulation, was Sie für die Optimierung Ihres Äußeren und Ihrer Umgebung sowie für relevante Aktivitäten finanziell benötigen: Frisur, Kleidung, Wohnung, Ausgehen etc.

- Beginnen Sie mit der Optimierung der oben genannten Punkte.

- Überlegen Sie, welche Ihrer bisherigen Aktivitäten Sie in der nächsten Zeit streichen könnten.

- Überdenken Sie Ihre Glaubenssätze.

- Gehen Sie in Ruhe die Orte durch, an denen Sie Ihre Alltagsversorgung organisieren. Gibt es alternative Orte, die Sie Ihrem Ziel näher bringen?

CHECKLISTE

Erarbeiten Sie sich eine individuelle Checkliste, und halten Sie fest, was Sie zu tun haben, wann es erledigt sein muss und was Sie dazu benötigen. Die Checkliste richtet sich nach Ihrer individuellen Situation. Seien Sie differenziert: Schreiben Sie nicht «optisch verbessern», weil nicht klar ist, wann die optische Verbesserung eingetreten ist. Schreiben Sie «neue Hosen kaufen» oder «zur Kosmetik gehen» oder «Friseur», dann haben Sie auch schneller ein Häkchen und damit ein Erfolgserlebnis.

SCHRITT 2:
Wie gewinne ich Multiplikatoren?

In *Schritt 1* haben Sie erfahren, wie Sie sich und Ihre Umgebung auf die Liebessuche vorbereiten können. Jetzt gehen wir einen Schritt weiter.

Sie werden mit der Suchstrategie auf dem Liebesmarkt vertraut gemacht, die den meisten Erfolg verspricht: der *Kontaktnetzstrategie* oder dem *Networking*. Auch, wenn Sie Ihr Ziel noch nicht festgelegt und Ihre Stärken und Schwächen noch nicht analysiert haben, können Sie bereits jetzt der Welt mitteilen, dass Sie auf der Suche nach einem neuen Liebespartner oder einer Liebespartnerin sind. Wer einen Traumpartner oder eine Traumpartnerin sucht, muss nicht nur in entsprechende Inserate schauen, sondern diesen Wunsch auch im Bekanntenkreis, bei Kollegen, beim Zahnarzt und der Reinigung bekannt machen. Das ist nicht anders, als wenn man eine Wohnung sucht. Den Glaubenssatz «Es ist peinlich» haben Sie hoffentlich schon ablegen können.

Unsere Seminarteilnehmer haben die gleichen Vorbehalte und Ängste, die auch Sie bislang von einer aktiven Suche abgehalten haben. Sie stellen die gleichen Fragen, die auch Ihnen durch den Kopf gehen. Sie werden beobachten können, wie viel Kreativität freigesetzt wird, wenn das Prinzip verstanden wurde. Sie werden erstaunt sein, über welche Ideen und Potenziale die Teilnehmer verfügen und wie schnell sich trotz anfänglicher Zweifel erste Erfolge einstellen.

DAS ZWEITE TREFFEN

April

Heute wirken die Teilnehmer und Teilnehmerinnen deutlich gelöster als beim ersten Treffen. Wir beginnen mit dem Erfahrungsbericht der letzten Wochen. Alle müssen erzählen, was sie sofort für sich getan haben.

«Thorsten hat eine neue Frisur!», ruft Julie. «Das war auch wirklich nötig. Ist total super, du siehst viel jünger aus.»

Alle nicken, sogar Helene findet es besser so. Wie es denn dazu kam, will Jessica wissen. Es war Saschas Idee. Letzte Woche war Sascha Thorstens Unterstützungspartner, weil Thorsten den Wunsch hatte, sich optisch etwas zu verbessern. Das wollte er schon lange, aber er wusste nicht wie. In der Schule konnte er niemanden fragen, weil es peinlich ist und weil die anderen Lehrer auch nicht anders aussehen. Sascha hatte sofort gute Ideen und ging mit Thorsten zu seinem Freund Kai, der eine Haarboutique betreibt. Sascha hatte Kai über den Grund für Thorstens äußerliche Optimierung informiert und dass er, Sascha, auch suche. Sofort hatte Kai Ideen, wie Sascha einen Mann finden könne. Ob er schon mal bei einem Seminar im Waldschlösschen gewesen sei?

«Was ist denn das Waldschlösschen?», fragt Max.

«Die Akademie Waldschlösschen ist eine Bildungseinrichtung für Schwule und Lesben bei Göttingen», klärt uns Sascha auf. «Da gibt es interessante Seminare und Tagungen. Ein Freund von ihm habe dort seinen Lebensgefährten bei einem Aids-Seminar kennengelernt, erzählte Kai. Aids sei ja inzwischen ziemlich out, es gäbe aber auch tolle Seminare zur Spiritualität für Schwule. Da könne man immer jemanden kennenlernen. Es kann also wirklich sinnvoll sein, die eigene Partnersuche öffentlich zu machen. Kai hat aber auch gesagt, dass Thorsten öfter kommen solle, denn hier wären immer Frauen, und er, Kai, wüsste von allen, ob sie zurzeit einen Mann hätten oder auf der Suche seien. Das hat sich richtig gelohnt.»

Thorsten erzählt weiter: Die Frau, der Kai gerade honigblonde Strähnchen färbte, hatte sich dann eingemischt. Sie habe mehrere Freundinnen, die auch einen Mann suchten, und ob man da nicht mal was zusammen machen könne? Thorsten und sie tauschten Telefonnummern aus. Inzwischen waren alle im Friseursalon näher zusammengerückt. Was Sascha denn so mache? Investmentbanking? Ob er nicht mal ein Seminar für Schwule anbieten könne zur Einführung in diese Geldsachen, die ja kein Mensch verstehe?

«Oder Geldanlagen für Schwule», rief Azubi Matthias vom Handwaschbecken. Alle tauschten Telefonnummern und E-Mail-Adressen aus. Thorsten versprach, dass er die Strähnchenfrau anruft und sie zusammen ein Singletreffen organisieren. Sascha will über ein Seminar nachdenken und sie dann alle anschreiben.

Sascha ist sehr zufrieden mit diesem ersten Schritt und hat sich inzwischen im Waldschlösschen zu einem Seminar «Leben in Beziehung – Beziehung neu leben» angemeldet. Vielleicht kann er da etwas lernen. Und vielleicht jemanden kennenlernen. Die anderen Seminarteilnehmer sind beeindruckt und klatschen. Thorsten und Sascha gucken stolz. Auch ich bin begeistert. Thorsten berichtet noch, dass er sich mit der neuen Frisur viel wohler fühle. Und nächste Woche wird das alte Kassengestell gegen eine neue Brille ausgetauscht.

Bei der Erzählung von Sascha und Thorsten können Sie sehen, wie hilfreich es sein kann, wenn man seinen Beziehungswunsch öffentlich macht. Die beiden haben es richtig gemacht: einen unverfänglichen Vorwand ausgewählt – einen neuen Haarschnitt für Thorsten – und einen Gesprächspartner, der so vertraut ist, dass es nicht peinlich werden kann – Saschas Freund Kai. Sie bekamen zusätzliche Ideen geliefert und sogar weitere Interessentinnen, die wieder zu neuen Treffen und Aktivitäten führen können. Diese spontan von den beiden gewählte Vorgehensweise muss jetzt nur noch systematisch angegangen werden.

«Kann ich jetzt erzählen?», ruft Julie. «Ich habe mir mit Jennifer mal mein Zimmer in der WG angeguckt. Sie meinte als Erstes, ich solle mal aufräumen. Dann haben wir die Poster aus meiner Heavy-Metal-Phase von der Wand genommen und gleich beschlossen, die Wände neu zu streichen. Ich wollte Lila, aber Jennifer hat mich an den gepflegten Jurastudenten erinnert, und deshalb haben wir ein helles Sonnengelb ausgesucht. Und es stimmt, ich finde mein Zimmer jetzt so auch schöner. Was noch? Ja, ich habe Jasmin und Sofie gesagt, dass ich mich erst einmal nicht mehr mit ihnen treffen will, weil sie immer so auf Männer schimpfen und mir das im Moment nicht guttut. Was meint ihr, muss ich noch was an meinem Äußeren ändern?»

Sascha guckt verlegen, Jessica schweigt, Max und Thorsten betrachten Julie sehr zufrieden.

«Julie, ich denke, dass du für den Mann, den du suchst, einen etwas anderen Kleidungsstil bevorzugen solltest», sagt Helene bestimmt. «Du bist ein sehr hübsches Mädchen und könntest noch deutlich besser aussehen. Also, das finde zumindest ich.» Helene guckt die anderen an.

«Finde ich auch», sagen Sascha und Jessica erleichtert. «Vielleicht gehen wir mal zusammen einkaufen?» Julie strahlt.

«Das ist eine gute Idee», bestätige ich.

Und was haben Jessica, Max und Helene seit dem letzten Treffen unternommen?

«Bei mir ist nicht viel zu erzählen», sagt Max. «Ich habe mir meine Wohnung mal angesehen und wüsste gar nicht, was ich da ändern sollte. Das ist alles ganz praktisch, und manches habe ich so übernommen von dem Typ, der vorher in der Wohnung gewohnt hat, und dann sind noch Sachen von Wiebke da. Und Freunde, die mich demotivieren, habe ich keine, es weiß ja niemand von meiner Suche. Das mit dem Geld habe ich mal durchgerechnet, das passt schon. Und das mit der Zeit, also der Ironman ist ja noch eine Weile hin, da könnte ich schon ein bisschen weniger trainieren. Und von der Kleidung her ...» Max guckt auf seine Schuhe. «Ich wüsste auch nicht, was ich da machen sollte. Aber ich habe eine Liste von den Leuten gemacht, die ich mal ansprechen könnte, und mir überlegt, wie viel Zeit ich die Woche habe. Ich könnte gleich loslegen.» Max ist froh, dass er fertig ist.

«Vielen Dank, Max, das ist doch schon ein Schritt. Und Jessica, was haben Sie unternommen?»

«Julie und ich haben uns gleich getroffen, wir fanden das besser, als zu telefonieren. Also, ich finde meinen Kleidungsstil eigentlich gut, und meine Wohnung sieht auch schön aus. Ich habe mir überlegt, dass mein Problem die wenige Zeit ist. Ich muss mir Zeit freinehmen für die Liebessuche. Und vor allem nicht mit den Freundinnen rumhängen und jammern. Ich habe denen erzählt von unserem Seminar, und die sind auch schon gespannt. Also, ich habe jetzt erst mal einen Zeitplan. Und ich will nie mehr etwas mit einem Arzt anfangen.» Jessica wird rot. «Ich habe damals voll das Klischee bedient. Ich hatte ein Verhältnis mit dem verheirateten Oberarzt aus der Orthopädie und war schrecklich verliebt. Er wohl auch, aber eben nicht genug, um sich von seiner Frau zu trennen ... Und seither hatte ich irgendwie keine Lust mehr auf Männer, obwohl ich mir natürlich immer jemanden gewünscht habe, mit dem ich zusammenleben kann. Und ich hatte auch schon erzählt, dass Carolina für Männer immer ein Problem ist. Aber mich kriegt man nur zu zweit.» Jessica seufzt. «Aber ich habe noch einen Vorschlag: Warum treffen wir uns nicht alle jede Woche und besprechen unsere Aktivitäten? Dann haben wir doch gleich unser Unterstützungsteam. Außerdem macht das Spaß.»

Alle sind einverstanden. Sogar Helene.

«Dann mache ich mal weiter, aber ich habe noch nicht sehr viel unternommen.» Sie holt eine graue Mappe aus ihrer Tasche. «Ich bin auch noch skeptisch, ob das alles für mich nützlich sein wird. Bei uns Lesben ist das alles anders. Aber ich habe mir doch eine Liste von Freunden und Freundinnen gemacht, die mich unterstützen könnten, und auch von Menschen, die ich in der nächsten Zeit nicht sehen werde. Dann habe ich einen Zeitplan erarbeitet und jede Woche anderthalb Tage für die Liebessuche vorgesehen. Unabhängig von den Abendaktivitäten, die sicher folgen werden. Ich habe überlegt, mit welchen Freundinnen ich reden kann, und auch schon Termine gemacht. Das mit dem Geld passt. Und mit Katharina treffe ich mich sowieso nicht mehr, die hat ja jetzt auch ein Kind und lebt in Münster.» Helene legt den grauen Ordner parallel zur Tischkante vor sich hin und schweigt.

Wie sieht es mit Ihren bisherigen Aktivitäten aus? Haben Sie auch schon mit den Aktivitäten aus *Schritt 1* begonnen? Haben Sie etwas an sich oder Ihrer Umgebung optimiert? Konnten Sie schon ein Häkchen machen? Mit Glaubenssätzen aufräumen? Haben Sie einen Liebesmentor gewonnen? Oder ein Unterstützungsteam gegründet? Und vor allem: Haben Sie sich einen Zeit- und Finanzplan gemacht? Oder haben Sie noch Bedenken?

Bei Jessica, Julie, Thorsten und Sascha können Sie sehen, wie hilfreich gegenseitige Unterstützung sein kann und wie viele neue Ideen entstehen, wenn mehrere Menschen über ein Problem nachdenken.

DER OFFENE UND DER VERDECKTE LIEBESMARKT

Sie konnten feststellen, dass Sascha und Thorsten bereits erste Multiplikatoren gewonnen haben: Friseur Kai und die Kundin mit den honigblonden Strähnchen werden von Thorstens und Saschas Suche anderen Personen erzählen, sei es, weil sie es lustig fanden, oder weil sie auch suchen oder anderen, die suchen, davon erzählen, um denen Mut zu machen. Und das ist die Aufgabe der Multiplikatoren: Sie suchen für uns. Vielleicht wollen sie Thorsten keinen Gefallen tun – sie kennen ihn ja kaum. Aber vielleicht wollen sie einer Freundin einen Gefallen tun, weil sie schon lange ein trauriger unfreiwilliger Single ist und weil sie aus der Sicht der Strähnchenfrau ganz gut zu Thorsten passen könnte. Mit dieser Netzwerkstrategie finden Sie Multiplikatoren, über die Sie an den *verdeckten Liebesmarkt* kommen.

Um zu verstehen, welche Strategien wirksam sind, um Liebespartner kennenzulernen, bitte ich unsere Seminarteilnehmer, sich noch einmal vor Augen zu halten, wie sie an ihre letzte Liebesbeziehung gekommen sind. Wie hat es angefangen? Wo haben sie sich kennengelernt? «Helene, wo haben Sie Ihre letzte Partnerin kennengelernt?» Ich stelle mich ans Flipchart.

«Das war in meinem Lieblingsbuchladen. Ich habe mir gerade die neuen Bücher über Kambodscha und Laos angesehen, und da kam die Besitzerin Tina auf mich zu, wir kennen uns schon lange, und zog eine Frau hinter sich her. ‹Helene, kannst du mal ein bisschen helfen? Diese Kundin sucht Literatur über Asienreisen, die aber so ein bisschen etwas Besonderes sind. Du kennst dich doch gut aus, kannst du ihr ein paar Tipps geben?› Also, so war das. Wir kamen dann ins Gespräch und … Das war dann Katharina, mit der ich fünf Jahre zusammen war.» Helene guckt traurig.

«Danke, Helene, sind Sie einverstanden, wenn wir sagen, Sie haben die letzte Partnerin über Ihr Kontaktnetz gefunden? Dann mache ich hier einen Strich bei Kontaktnetz.» Helene nickt.

«Thorsten, wie war das bei Ihnen?»

«Ich habe vor ein paar Wochen eine Frau kennengelernt. Zählt es auch, wenn es nicht funktioniert hat?» Ich nicke. «Mein

Freund Wolfgang, Geschichte und Deutsch, hat für den Geburtstag seiner Freundin zehn Leute zum Essen eingeladen, und da saß ich neben dieser Frau, und wir kamen ins Gespräch, weil sie auch eine Laktoseallergie hat. Sie wollte mir dann einen Artikel über Lebensmittelunverträglichkeiten schicken und hat nach meiner Mail-Adresse gefragt. Ja, so war das.» Thorsten ist verlegen.

«Also auch hier Kontaktnetz?» Alle nicken. Ich mache einen zweiten Strich bei Kontaktnetz.

«Jessica, bei Ihnen?» Jessica wird rot. «Den Letzten habe ich über Parship kennengelernt.»

«Was ist denn Parship?», fragt Max.

«Kennst du das nicht? Das ist eine Online-Partnerbörse, bei der man erst einen Persönlichkeitstest macht und dann Partnervorschläge bekommt.»

Max notiert sich die Webadresse.

«Also können wir das unter der Überschrift Partnervermittlung festhalten? Dann mache ich hier mal einen Strich. Und, Julie, wie haben Sie Ihren Letzten kennengelernt?»

«Klar, Kontaktnetz. Meine Freundin wollte mich verkuppeln, und sie kannte diesen Supertypen in der Kneipe, wo wir jobben, von der Uni. Der sitzt da immer mit einem tollen MacBook. Sie hat ihn einfach angesprochen, ob er mich beraten könne, weil ich auch gerade ein MacBook kaufen wolle ... Na, und so weiter. Das hat super geklappt, aber der war dann total langweilig, der schreibt wirklich den ganzen Tag auf seinem MacBook und sagt kein Wort.»

«Danke, Julie, dazu kommen wir noch. Das gehört zum Thema ‹Klare Parameter bei der Partnerwahl›.» Ich mache noch einen Strich bei Kontaktnetz. «Jetzt noch Sascha und Max. Wie war es bei Ihnen?»

Sascha räuspert sich. «Ich habe Patrick beim Sport kennengelernt. Freunde hatten mich mitgenommen, weil sie meinten, dass meine Muskeln ein bisschen Kräftigung vertragen könnten.»

Sascha guckt verlegen. «Und dann haben sie mich mit Patrick bekannt gemacht, weil der sehr sportlich ist und mir helfen sollte. Ja, also wieder Kontaktnetz.»

Ich mache meinen vierten Strich bei Kontaktnetz.

«Bei mir war das ganz anders.» Max guckt selbstbewusst. «Ich wollte ins Kino gehen, und als ich mit der Schlange vorgerückt war, da war es ausverkauft. Wir waren alle sauer, und ich kam ins Gespräch mit der hübschen Frau hinter mir, und da habe ich sie gefragt, ob wir noch etwas trinken gehen … Ja, also, das war Wiebke.»

«Schön, Max. Das war dann offensichtlich der erste Fall von Direktansprache.» Ich mache einen Strich. Und um das Bild abzurunden, erzähle ich, dass auch ich meinen letzten Partner über das Kontaktnetz kennengelernt habe.

«Wie viel Striche haben wir bei Kontaktnetz? Bei sieben Personen mit mir gibt es fünfmal Kontaktnetz, das bedeutet, dass 72 Prozent von uns über ihr Kontaktnetz einen neuen Partner kennengelernt haben. 14 Prozent haben einen Partner durch eine Partnervermittlung gefunden und 14 Prozent über Direktansprache.»

	Helene	Thorsten	Max	Julie	Jessica	Sascha	Janine	
Kontaktnetz	■	■		■		■	■	72%
Direktansprache			■					14%
Liebesanzeige								0%
Liebesgesuch								0%
Partnerbörse Internet					■			14%
Partneragentur								
Total								100%

SCHRITT 2

Alle gucken nachdenklich. «Und wo suchen Sie als Erstes, wenn Sie einen neuen Partner suchen?»

«Bei den Suchanzeigen und Kontaktanzeigen in der Zeitung oder im Netz.» Max und Sascha lachen.

Wenn Sie unsere kleine Umfrage für repräsentativ halten – und ich versichere Ihnen, dass es bei jeder Umfrage so ist –, dann sollten Sie dem Instrument «Kontaktnetz» mehr Aufmerksamkeit widmen.

Aber das ist doch alles Zufall, werden Sie sagen. Das kann man doch nicht planen. Julie konnte nicht wissen, dass dieser Typ da saß, oder Helene konnte nicht planen, dass Katharina in der Buchhandlung war. Und Sie haben recht, es ist Zufall. Aber vielleicht kann man etwas dafür tun, dass Zufälle eintreten? Überlegen Sie, wie diese «Zufälle» bei unseren Teilnehmern zustande gekommen sind. Machen Sie einen Test in Ihrem persönlichen Umfeld: Wo wurden die Liebespartner und Liebespartnerinnen kennengelernt? Ich bin überzeugt davon, dass auch Sie herausfinden, dass die meisten über ihr Kontaktnetz erfolgreich waren. Sie waren bei Freunden, sie saßen eng gedrängt in einem Umfeld, das zur Kommunikation einlud, sie waren in einem Laden, in dem sie bereits Menschen kannten, bei der Arbeit, in einer Ausstellung, im SPD-Ortsverein, im Baumarkt oder bei einer Podiumsdiskussion zu Fragen der sozialen Sicherungssysteme.

Mit Sicherheit saßen sie nicht mit einer Freundin oder alleine zu Hause vor dem Fernseher oder bei einem guten Buch und Chopinetüden. Sicher, man kann auch im Jogginganzug ungeschminkt nachts zu Hause vor dem Rechner sitzen und online einen Treffer landen. Vielleicht ist das auch genau die Strategie, die zu Ihnen passt. Aber ich möchte, dass Sie aus einer Reihe von Strategien diejenige aussuchen, die für Sie den größten Erfolg verspricht.

Das Eisbergmodell

Warum funktioniert die Liebessuche besser in sozialen Zusammenhängen? Und warum ist die Ansprache Ihres Kontaktnetzes erfolgsträchtiger als die Suche im Internet oder in den Printmedien? Lassen Sie mich Ihnen das Eisbergmodell des offenen und des verdeckten Liebesmarktes vorstellen.

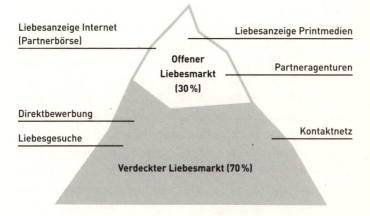

Der offene und der verdeckte Liebesmarkt (das Eisbergmodell)

Die oberen 30 Prozent des Eisbergs stellen den *offenen Liebesmarkt* dar, der für alle Menschen gleichermaßen zugänglich ist. Die unteren 70 Prozent des Eisbergs bezeichnen wir als den *verdeckten Liebesmarkt*.

Jedes Liebesmarktsegment hat Vor- und Nachteile für die Suche. Der Vorteil des offenen Liebesmarktes liegt in den niedrigen Kosten der Informationsgewinnung, um es einmal ökonomisch auszudrücken. Sie müssen nur in einige Zeitungen investieren oder sich bei einer Online-Partnerbörse anmelden. Der Nachteil allerdings ist, dass Sie genau aus diesem Grund mit einer großen Konkurrenz rechnen müssen: Für alle Menschen ist der Zugang zum offenen Liebesmarkt einfach. Und je größer die Auswahl für die «Abnehmer» ist, desto wichtiger wird es, über anzeigenübliche Vorzüge zu verfügen. Ansonsten werden Sie frühzeitig aussortiert. Das bedeutet, dass junge, ungebundene Frauen in der Online-Partnerbörse mehr Chancen bei Männern haben als etwas ältere Frauen, die bereits ein Kind haben. Oder dass braungebrannte Männer mit Segelboot und einem Haus in der Toskana mehr Chancen haben als Männer mit Oberstudienratgehalt und einer Mietwohnung in Bad Münstereifel.

Nun werden Sie vielleicht sagen, dass nicht jeder alle Anzeigen z. B. in der ZEIT liest. Nein, nicht jeder, aber alle, die sich für die auch von Ihnen bevorzugte Zielgruppe interessieren. Die kulturell Interessierten inserieren in der ZEIT, und eine andere Gruppe loggt sich in eine Partnerbörse ein, in der Kandidaten Schnuckibär heißen. Alles findet Abnehmer und Abnehmerinnen. Und wenn die Konkurrenz groß ist, dann haben Sie rein statistisch einfach weniger Chancen, einen Treffer zu landen. Ich sage nicht, dass Sie auf diese Suchstrategien nicht zugreifen sollten. Aber Sie sollten sich die Vor- und Nachteile der unterschiedlichen Suchstrategien vor Augen führen.

Kommen wir zu den unteren 70 Prozent des Eisbergs: zum verdeckten Liebesmarkt. Der offensichtliche Nachteil des verdeckten Liebesmarktes liegt in den hohen Kosten der Informationsgewinnung: Sie müssen viel Zeit und vielleicht auch Geld investieren. Anrufe, Cappuccinoeinladungen, Party- und Ausstellungsbesuche, Gespräche mit Informationsgebern, Recherche, Öffentlichmachung Ihrer Suche etc. Es ist nicht einfach, an die «verdeckten Liebeskandidaten» zu kommen. Aber die Vorteile des verdeckten Liebesmarktes sind höher als dessen Nachteile: Die Konkurrenz ist deutlich kleiner. Sie sind zumeist die einzige Person, die sich einem auf diese Weise gefundenen potenziellen Liebespartner präsentiert. Ein weiterer Vorteil liegt darin, dass Sie diesem potenziellen Traumpartner nicht virtuell, sondern real vor die Augen treten. Glauben Sie mir, das ist für das Entstehen einer Liebesbeziehung deutlich günstiger. Wir kommen noch darauf zurück.

Nun könnten Sie einwenden, dass die Menschen, die suchen, doch ohnehin auch in Online-Partnerbörsen zu finden sind oder Anzeigen in Zeitungen geschaltet haben. Aber genau das ist nicht der Fall. Nicht alle Menschen, die gerne einen Partner hätten, inserieren. Kennen Sie nicht auch Menschen, die in einer Partnerbörse angemeldet sind, aber die nicht regelmäßig ihre Angebote durchsuchen? Wie viele Menschen gibt es, die laut Parship bereits seit drei Monaten inaktiv sind? Und wie ist es bei Ihnen? Sind Sie zurzeit in einer Partnerbörse zu finden? Nein? Und wenn doch, warum lesen Sie zusätzlich noch dieses Buch? War die Suche auf dem offenen Liebesmarkt doch nicht ertragreich?

Welche Menschen finden wir auf dem verdeckten Liebesmarkt? Menschen, die unbefriedigende Erfahrungen mit Online-Partnerbörsen gemacht haben. Menschen, die gar nicht suchen, weil sie längst aufgegeben haben, an eine Liebesbeziehung zu glauben. Menschen, die sich nicht trauen, ihren Wunsch nach einer Beziehung auszusprechen, weil es ihnen peinlich ist. Menschen, die durch das Gespräch über Partnersuche erst wieder auf die Idee kommen, dass es nett wäre, eine Partnerin zu haben. Oder die noch dem Glaubenssatz anhängen: «Liebe muss sich ergeben» oder «In meinem Alter finde ich sowieso niemanden» oder «Es gibt keine netten Männer oder Frauen». Oder auch Menschen, die sich sehr wohlfühlen in ihrem Singledasein, aber plötzlich bei dem von Ihnen organisierten nicht-perfekten Dinner mit Ihnen gemeinsam Mousse au Chocolat zubereiten und danach wissen, dass ein Leben ohne Sie kein lebenswertes Leben ist. Betriebswirtschaftlich würde man sagen, Sie können über Aktivitäten auf dem verdeckten Liebesmarkt nicht nur einen Bedarf, sondern auch eine Nachfrage wecken.

DIE KONTAKTNETZSTRATEGIE *ODER* ANDERE FÜR SICH SUCHEN LASSEN

Noch einmal: Wie beim verdeckten Arbeitsmarkt und der Jobsuche haben wir auf dem verdeckten Liebesmarkt – wenn Sie mir diese unromantische Analogie nachsehen – die Möglichkeit, auf Männer oder Frauen zu treffen, die sich (noch) nicht auf den offenen Liebesmarkt begeben haben. Oder die sich nach den von Ihnen eingegebenen Kriterien im Netz gar nicht für Sie interessiert hätten – die aber bei einer persönlichen Unterhaltung von Ihnen bezaubert sein könnten. Oder andersherum: Menschen, für die Sie sich aufgrund Ihrer Kriterien nicht interessiert hätten, die Ihnen aber bei einem persönlichen Treffen gut gefallen könnten.

Der Zugang zum verdeckten Liebesmarkt gelingt vor allem über die Kontaktnetzstrategie, und damit können Sie sofort beginnen. Heute noch können Sie eine Liste zusammenstellen mit Freunden und Bekannten, die Sie ansprechen wollen. Diese Liste könnte z. B. so aussehen (siehe S. 69). In die To-do-Spalte tragen Sie ein, was Sie anschließend tun wollen, was Sie mit Ihren potenziellen Multiplikatoren vereinbart haben: Sie rufen Dr. Weber nächsten Donnerstag nochmal an, wenn er sich etwas überlegt hat. Sie treffen sich mit Elke und Annika gemütlich in Ihrer Küche zum Spaghettiessen und bereden alle Möglichkeiten.

Diese Strategie besagt nichts anderes, als dass Sie Ihren Bekanntenkreis nutzen, um Ihren Partnerwunsch öffentlich zu machen. Sie erinnern sich an die Wohnungssuche? Wen Sie alles angesprochen haben, um Ihr Ziel zu erreichen? Genauso gehen Sie bei Ihrer Liebessuche vor. Sie sagen einer Person, dass Sie suchen, in der Hoffnung, dass dieser Person andere Menschen einfallen, die ebenfalls suchen könnten oder die wieder jemanden kennen, der jemanden kennen könnte … Zufällig haben Sie jemanden getroffen, der jemanden kannte oder der oder die gar

Wer?	Wann?	Wie?	Beziehung	To-do
Annika	heute Abend	telefonisch	beste Freundin	
Horst	heute Abend	beim Wein in der Eckkneipe	netter Nachbar	
Joachim	nächsten Montag	nach der Abteilungsleitersitzung	guter Freund und Kollege	
Elke	morgen Abend	beim Aerobic-Kurs	Kursleiterin und Freundin	
Nathalie	nächsten Mittwoch	beim Frauenstammtisch	Freundin und Beraterin	
Fr. Becker	Freitag	nach der Blutabnahme	langjährige Hausärztin	
Isabella	am Wochenende	auf der Grillparty	Schwester	
Dr. Weber	heute Abend	per Mail	ehemaliger Vorgesetzter und väterlicher Freund	
Gerrit	morgen Abend	per Mail	Ehemann von Gisela und guter Freund	

SCHRITT 2

nicht unbedingt auf der Suche war, und ganz plötzlich kam man ins Gespräch. Zufällig. Sie lernen, wie Sie den Zufall herbeiführen können. Durch das Anzapfen Ihres Kontaktnetzes begeben Sie sich in Situationen, in denen Zufälle geschehen können. Damit werden Ihre Freunde und Freundinnen, Ihre Bekannten, Kolleginnen, Verwandten und Sportkameraden zu wichtigen Multiplikatoren: Sie verbreiten Ihre Suche auf dem verdeckten Liebesmarkt. Damit bringen Sie andere Menschen dazu, für Sie zu suchen.

Das kommt Ihnen merkwürdig vor? Haben Sie noch nie etwas von Mundpropaganda gehört? Haben Sie nicht selbst schon einem Bekannten A von einem anderen Bekannten B erzählt, der gerade eine Trekkingtour durch Borneo gemacht hat, weil Sie wissen, dass Bekannter A etwas Ähnliches plant? Und der Sie dann fragt, ob er denn nicht mit Bekanntem B über seine Erfahrungen sprechen könne? Und Sie haben ihm natürlich die Telefonnummer gegeben und gesagt, er könne sich natürlich auf Sie berufen? Und Sie haben sich sogar gut gefühlt, weil Sie jemandem einen Gefallen getan hatten, also Ihre gute Tat für diesen Tag abhaken konnten?

Sie kennen das auch? Wenn wir uns darauf einigen können, dann müssen wir jetzt nur noch überlegen, wie Sie andere dazu bringen, für Sie zu suchen, wie Sie andere zu Multiplikatoren machen. Es ist einfacher, als es sich jetzt anhört. Sie müssen reden. Sie müssen Kontakte knüpfen, Sie müssen mit Ihrem Wunsch, einen Liebespartner zu finden, an die Öffentlichkeit gehen. Sie müssen auf dem Liebesmarkt sichtbar werden.

Das Image der Partnerlosigkeit

Ich weiß, was Ihnen jetzt durch den Kopf geht: «Aber es ist doch peinlich, andere Menschen darauf anzusprechen!» oder «Meine Freundinnen wissen alle, dass ich suche, aber das bringt auch nichts.» Lassen Sie uns einmal sehen, wie unsere Seminarteilnehmer mit diesem Thema umgehen.

Thorsten ist skeptisch. «Ich kann doch nicht überall erzählen, dass ich eine Frau suche. Das ist doch peinlich. Und außerdem sieht es so aus, als ob ich es nötig hätte, als ob ich unbedingt eine Frau wollte.»

«Ja, Thorsten, genau so sieht es aus. Aber es entspricht ja auch den Tatsachen, Sie haben es nötig, Sie wünschen sich unbedingt eine nette Frau. Das haben Sie uns doch in der letzten Sitzung erzählt!» Er guckt erstaunt.

«Und warum soll es peinlich sein? Wie würde es denn auf Sie wirken, wenn Ihnen ein Freund oder eine Freundin erzählt, dass sie einen Liebespartner suchen. Finden Sie diesen Menschen dann lächerlich? Erzählen Sie es überall als Partygag herum? Denken Sie dann weniger wertschätzend über ihn oder sie?»

«Überhaupt nicht.» Sascha ist nachdenklich. «Im Gegenteil. Wahrscheinlich würde ich ihm erzählen, dass ich auch jemanden suche.»

«Ich wäre vielleicht froh, wenn ich darüber mal erzählen könnte. Vielleicht hätte da jemand noch einen Tipp für mich», sagt Jessica.

«Ich rede dauernd mit meinen Freundinnen darüber.» Julie lässt eine rosa Kaugummiblase platzen. «Bloß, das bringt ja nichts, die wissen alle, dass ich jemanden suche, und die suchen auch alle jemanden. Aber wir finden niemand!»

Wie würde es Ihnen gehen, wenn Ihre Freundin Ihnen von ihrer Partnersuche erzählt? Na also. Können wir uns also darauf einigen, dass das Geständnis, einen Partner zu suchen, eher Sympathie hervorbringt – auch wenn damit noch nicht gleich jemand gefunden ist? Und dass es darauf ankommt, wie Sie jemanden in einer Weise ansprechen, die den Angesprochenen motiviert, zu Ihrem Multiplikator zu werden.

Warum ist es so peinlich, darüber zu sprechen, dass wir einen Partner suchen? Das hat viel mit gesellschaftlichen Hierarchisierungen zu tun. Zu einem erfolgreichen Leben gehört es, in einer Partnerschaft zu leben, ansonsten ist man ein Versager. Ist Ihnen noch nicht aufgefallen, dass in Talkshows betuliche Talkmaster in Ehrfurcht erstarren, wenn jemand erzählt, dass er oder sie mit dem Partner bereits seit vierzig Jahren zusammenlebt? «Wie haben Sie das geschafft? Haben Sie ein Rezept, das Sie uns mitgeben können?» Haben Sie schon mal einen Talkmaster erlebt, der fragt: «Wie ist es Ihnen gelungen, einen attraktiven Mann nach dem anderen zu finden und an keinem hängenzubleiben? Was haben Sie für ein Rezept? Oder wie schaffen Sie es als Mann, ein ungebundenes und abwechslungsreiches Junggesellenleben zu führen und nicht von einer Frau eingefangen zu werden?»

Nein, Partnerlosigkeit ist kein Pluspunkt auf der gesellschaftlichen Werteskala, für Frauen noch weniger als für einen Mann. Gut, wenn man ganz jung ist, dann ist man «noch» alleine. Oder wenn man gerade getrennt ist, dann braucht man etwas Zeit, um das zu verarbeiten. Aber länger allein zu leben, hat etwas von Versagen. Im Alter geht das, vor allem wenn man Witwe oder Witwer ist. Aber etwa zwischen 35 und 60 ist es für die meisten Menschen ein Zeichen von Versagen.

Dieses Argument begegnet mir auch in der Karriereberatung. Auch bei Joblosigkeit ist es peinlich, bekennen zu müssen, dass man einen Job sucht. Aber hier sind wir wenigstens Opfer. Heuschrecken, fiese Banker, mobbende Vorgesetzte, die schonungslosen Verwertungsinteressen des Kapitals, Shareholder-Value – wir sind nicht schuld. Obwohl natürlich auch hier tief in uns der Zweifel nagt, ob wir nicht doch etwas falsch gemacht haben. Hätten wir mehr sagen sollen oder besser weniger? Hätten wir mehr Überstunden machen sollen? Dem Chef nicht auf die Finger gehauen, wenn er fürsorglich den Arm um uns gelegt hat? Die heutigen Massenentlassungen haben für die Jobsuche wenigstens etwas Gutes: Hier sind wir anerkannte Opfer. Das ist beim Alleinleben nicht möglich. Es sind ja nicht nur die Schönen, Klugen, Gutherzigen, Jungen, Erfahrenen, Erotischen oder Fürsorglichen, die jemanden gefunden haben – warum dann wir nicht?

Das Wording – die Sprachregelung

Es stellt sich uns also die Frage, wie man den eigenen Partnerwunsch potenziellen Multiplikatoren kommuniziert, ohne dass es peinlich ist. Dazu müssen Sie Ihren liebgewordenen Glaubenssatz zur Seite legen, dass Partnerlosigkeit bzw. Ihr Wunsch nach einer neuen Beziehung peinlich sei. Im Gegenteil, Sie stehen vor neuen, aufregenden Erfahrungen, um die Ihre in Partnerschaft lebenden Freunde und Bekannte Sie beneiden werden.

Aber es kommt natürlich darauf an, wie wir diesen Wunsch veröffentlichen. Erinnern Sie sich an die depressiven Patientinnen von Dr. G.? Wenn Sie niedergeschlagen und mutlos erzählen, wie unglücklich Sie über Ihre Partnerlosigkeit sind, dass Sie keine Hoffnung mehr haben, aber dennoch fragen, ob Ihr Gegenüber Ihnen vielleicht helfen kann, dann werden Sie wenig Erfolg haben. Zum einen wird dann auch niemand glauben, dass Sie noch eine Chance haben. Zum anderen will niemand etwas mit permanent niedergeschlagenen Menschen zu tun haben. Schließlich hat jeder seine eigenen Sorgen.

Finden Sie also eine Art der Ansprache, die es Ihnen einfach macht, darüber zu reden. Und bei der Sie auch nie Ihr Ziel aus den Augen verlieren: Die ersten Ansprachen haben *noch nicht* das Ziel, einen Partner zu finden, sondern einen Multiplikator zu gewinnen.

Wie bei der Jobsuche müssen wir damit beginnen, ein angemessenes «Wording», eine Sprachregelung zu finden. Vielleicht befürchten Sie, dass in den Köpfen Ihrer Gesprächspartner Fragen herumgeistern könnten wie: «Warum hat sie/er eigentlich keinen oder keine?» oder «Ich kann mir gut vorstellen, warum sie/er keinen hat.» Das wird vor allem dann passieren, wenn Sie sich äußerlich gehenlassen und mit larmoyanter Stimme von Ihrer Einsamkeit erzählen oder über die schlechten Charaktereigenschaften des Verflossenen schimpfen. Besser ist es, wenn der Gesprächspartner sich gut vorstellen kann, dass Sie durchaus einen Partner haben könnten, weil Sie ein unterhaltsamer Mensch sind, nett aussehen und gute Laune ausstrahlen. Wenn Sie sich auf Ihre Befürchtungen nicht vorbereitet haben, dann könnte es sein, dass Sie ins Stottern kommen oder sich rechtfertigen. Am besten ist es, wenn Sie die Fragen gar nicht erst aufkommen lassen, sondern sie gleich mit einem kleinen selbstkritischen Unterton vorwegnehmen.

«Aber ich fände es sehr ungeschickt, Thorsten», sagt Helene, «wenn du sagst, dass deine Frau dich böswillig verlassen hat und dass du kein Vertrauen mehr in Frauen hast.»

«Und es hat auch total arrogant auf mich gewirkt, als du gesagt hast, dass du unbedingt eine Akademikerin haben willst, weil man sich sonst nicht unterhalten kann.» Jessica guckt ihn an. «Ich weiß ja jetzt, dass du gar nicht so bist, Thorsten.»

Sie können sehen, welchen negativen Eindruck Bemerkungen hervorrufen, über die Sie sich gar keine Gedanken gemacht haben. Wenn Sie klug sein wollen, dann reden Sie niemals schlecht über verflossene Liebespartner, denn er oder sie werden sich fragen, wie denn demnächst womöglich über sie geredet wird. Und wenn Frauen oder Männer darauf anspringen und sich glücklich fühlen, weil sie selbstverständlich die besseren Partner sind, dann sollten Sie sehr vorsichtig sein. Das sind dann genau diejenigen, die Ihnen nach einer Weile zu verstehen geben: «Ich kann Isabella oder Jürgen gut verstehen. Ich finde es auch furchtbar, wenn du immer ...» Sie sollten ein Wording wählen, das den Tatsachen entspricht, das aber deutlich macht, dass Sie inzwischen eine differenzierte Sicht auf Ihre letzte Beziehung und auf Ihre Partnerlosigkeit haben. «Die Schuld liegt letztlich immer auf beiden Seiten» ist immer ein guter Ansatz, wobei hinzugefügt werden sollte: «wenn man überhaupt von Schuld sprechen will». «Also Thorsten, was könnten Sie sagen?»

«Meine Frau und ich haben uns vor einigen Jahren getrennt. Wir hatten uns wohl innerhalb der sechzehn Jahre unserer Beziehung auseinanderentwickelt. Ich musste diese Trennung erst einmal verarbeiten und brauchte Zeit. In dieser Zeit habe ich mich vollkommen in die Arbeit gestürzt, was mir auch gutgetan hat. Jetzt habe ich gemerkt, dass mir doch etwas fehlt, und ich fühle mich reif für eine neue Beziehung. Wie ist das?», fragt Thorsten.

«Super!», ruft Julie. «Also, ich könnte sagen: Ich war früher sehr schüchtern und habe erst, als ich nach Berlin kam, meine Erfahrungen gemacht. Und dann war ich ein Jahr mit so einem Typen zusammen, aber dann ging das auseinander, und dann habe ich erst mal das Studium in den Vordergrund gestellt. Und dann habe ich so ein bisschen herumgemacht, aber ich habe gemerkt, dass das nicht gut für mich ist. Ich will es jetzt im Leben zu etwas bringen, und dazu gehört auch eine Familie, und daher suche ich ...»

Alle lachen. «Prima, Julie», sagt Sascha. «Vielleicht könntest du den ‹Typen› weglassen und stattdessen sagen: ‹Dann war ich ein Jahr mit Thomas zusammen.› Das passt besser zu deiner Zielgruppe.»

«Ich könnte sagen, dass ich mich nach einer schwierigen Beziehung mit einem verheirateten Mann jetzt endlich wieder auf eine neue Beziehung einlassen möchte. Oder dass ich mich längere Zeit um mein Kind kümmern musste, denn das ist sehr wichtig für mich. Ich suche einen Mann, der meine Tochter akzeptiert. Und als alleinstehende Mutter und Physiotherapeutin ist es einfach schwierig, jemanden kennenzulernen. Ich kann ja abends auch nicht weg. Und bei der Arbeit wird man zwar angemacht, aber da meint es ja keiner ernst. Ist das auch okay?», fragt Jessica.

«Ich weiß nicht, ob das bei Männern so gut ankommt, wenn man andere Männer beschuldigt, es nicht ernst zu meinen», sagt Thorsten nachdenklich. «Ich würde das als Angriff empfinden. Wie wäre es mit Prinzipien? Bei der Arbeit will ich nie wieder etwas anfangen, weil ich ab jetzt grundsätzlich Privatleben und Beruf trenne?»

Helene nickt. «Prinzipien sind gut. Das deutet auf Charakterstärke hin. Julie, ich würde nicht von ‹Herummachen› reden. ‹Erfahrungen› wäre besser. Und ein bisschen selbstkritisch sein. Du könntest z.B. sagen, dass du heute weißt, dass du vieles anders machen würdest, dass du aber dennoch Erfahrungen gemacht hast, die dir gezeigt haben, was dir wirklich wichtig ist im Leben.»

«Ich will mich aber gar nicht so verbiegen. Ich sage einfach das, was ich euch auch gesagt habe. Ich bin ein bisschen langweilig, und außerdem ist mir mein Sport so wichtig …», wendet Max ein.

«Nein!», kommt es von Jessica, Julie, Helene und Sascha. «Max, das geht doch nicht. So etwas wollen Frauen nicht hören. Außerdem solltest du auch nicht von den langweiligen Frauen im Amt erzählen, die alle an Diäten denken. Schließlich denken alle Frauen an Diäten. Du solltest …»

Sie können sehen, dass die Seminarteilnehmer das Prinzip verstanden haben. Überlegen Sie sich jetzt auch einige Varianten und besprechen Sie sie mit Ihren Freunden und Freundinnen. Es ist wichtig, dies sowohl mit männlichen als auch mit weiblichen Freunden zu besprechen. Bestimmte Formulierungen werden entweder von Männern oder von Frauen nicht gut aufgenommen. Dabei geht es nicht darum, sich zu verbiegen oder einem potenziellen Partner zum Mund zu reden. Übernehmen Sie einfach die Perspektive Ihres Gegenübers. Überlegen Sie, wie Ihre Aussagen verstanden werden. Ob eine Aussage als Angriff gegen bestimmte Personengruppen gewertet werden könnte. Das Wording beschreibt Ihre Situation wahrheitsgemäß, aber in einer öffentlichkeitsfähigen Form.

Wenn Sie nun Ihr passendes Wording gefunden haben, dann schreiben Sie es sich wörtlich auf. Sagen Sie es sich zu Hause immer wieder laut vor und üben Sie es mit Freunden. Wenn Sie in der Lage sind, Ihr Wording fließend und ohne zu stottern aufzusagen, dann werfen Sie den Zettel weg. Sie werden nach einer

Weile gar nicht mehr anders von Ihrer letzten Trennung sprechen können. Und Sie werden sehen, dass es deutlich weniger peinlich ist, wenn Sie so vorbereitet mit der Multiplikatorengewinnung beginnen. Im Übrigen wird das Wording dann auch noch sehr hilfreich, wenn Sie in einem späteren Schritt mit potenziellen Partnern in direkten Kontakt treten.

Nicht zur Last fallen

Mit dem passenden Wording haben Sie bereits einen guten, Peinlichkeit vermeidenden Anfang gefunden. Aber noch ein weiterer Aspekt hindert uns daran, offensiv bei der Partnersuche vorzugehen. Wir wollen nicht lästig sein, wir wollen uns fremden Menschen nicht aufdrängen. Solange Sie überzeugt sind, dass Sie lästig sind mit Ihrem Anliegen, je mehr Sie sich vorstellen, dass Sie andere «belästigen» oder gerade im falschen Moment ansprechen, desto schwerer wird es Ihnen fallen, andere um Hilfe zu bitten. Erinnern Sie sich an das Thema «Gut aussehen»? Es ist auch hier eine Frage der inneren Haltung. Wählen Sie eine Ansprache, die dem anderen ein gutes Gefühl beschert. «Belästigen» Sie niemanden, sondern fragen Sie ihn nach etwas, das er leicht beantworten kann. Am besten etwas, worüber der andere gerne redet. Belasten Sie bei Ihrer Ansprache Ihr Gegenüber nicht mit Ihren Problemen. Wir hatten uns ohnehin darauf geeinigt, dass Sie kein Problem haben, weil Sie sich auf Partnersuche befinden. Sie haben eine aufregende und vergnügte Reise vor sich. Bitten Sie um einen Gefallen, der dem anderen keine Mühe macht.

ERSTENS: Mit guten Bekannten beginnen

Fangen Sie mit guten Bekannten an, da können Sie sich erproben. Sie erzählen allen engen Freunden und Freundinnen, dass Sie auf der Suche sind. Das haben Sie Ihrer besten Freundin schon erzählt, und die kann es schon nicht mehr hören? Dann haben Sie es bislang noch nicht in der richtigen, erfolgbringenden Weise erzählt. Sie haben vermutlich etwas gesagt wie: «Ich hätte doch bei Dieter bleiben sollen, er betrügt mich zwar, aber dann wäre ich nicht alleine.» Oder: «Ich fühle mich so einsam und sitze abends immer mit einer Schnulze aus der Videothek und einem Vanilla Caramel Brownie von Häagen Dazs mit 400 Kalorien pro Esslöffel vor dem Fernseher.» Was soll die Freundin dazu sagen? «Stimmt, gib mir mal die Häagen-Dazs-Dose.» Oder: «Na ja, ist doch nicht so schlimm, glaub mir, mit Helmut ist es auch nicht immer toll, also neulich, da hat er doch tatsächlich ...» Und dann sind Sie für die nächsten Stunden bei dem Lebensgefährten Ihrer Freundin und seinen unerfreulichen Eigenschaften. Damit kommen Sie Ihrem Ziel, einen Partner zu finden, keinen Zentimeter näher. Warum reagiert die Freundin so? Weil Sie Ihr Problem zum Problem der Freundin gemacht haben. Und wer will das schon? Wer hat nicht selbst ausreichend Probleme? Weil zum Beispiel Helmut furchtbarerweise immer ... oder nie ...

Was machen Sie stattdessen? Sie sagen Ihrer Freundin nicht, dass Sie niemals jemanden finden, sondern dass Sie ab jetzt jemanden suchen. Und dass Sie sich schon auf die Suche freuen. Sie hätten sich auch schon ganz viel überlegt, was Sie machen könnten. Ob sie vielleicht auch eine Idee hätte? Oder ob sie jemanden unter ihren Freunden kenne, der auch sucht? Wenn die Freundin dann nur sagt: «Nein, keine Ahnung», dann gehen Sie einfach zu einem anderen Thema über. Es war ja nur eine Frage. Sie haben genug andere Menschen, die Sie fragen können. Vielleicht hat die Freundin auch einfach nur schlechte Laune heute, weil Helmut heute Morgen genervt hat.

Also, Sie sehen strahlend und selbstbewusst aus – wie immer in diesem Jahr der Liebessuche – und fragen lösungsorientiert, wie denn der beste Freund helfen könnte, einen neuen Partner kennenzulernen. Kennt er vielleicht in seinem Bekanntenkreis jemanden? Oder seine Freundin? Oder sein Sohn? Hat Ihre beste Freundin vielleicht nette Berufskollegen? Kennt sie eine gute Strategie, wie man sich Ihrer männlichen Zielgruppe nähern könnte? Und wie sie denn damals Thomas oder Helmut kennengelernt habe? Das wird sie sicher gerne erzählen, wobei dann selbstverständlich die Erzählung beginnen wird mit den Worten: «Also, bei mir war das ein absoluter Zufall. Ich war gerade in …» Das kennen wir, wir wissen jetzt, wie diese Zufälle zustande kommen.

Und wenn Thomas oder Helmut dabeisitzt, wird vielleicht auch er angeregt und erzählt, wie das denn bei ihm war. Und sofort erhalten Sie viele nützliche Hinweise, wie Sie vorgehen könnten. Vielleicht erfahren Sie dann auch dabei, was Helmut beim Kennenlernen von Frauen gar nicht gut findet. Und wenn Sie durch Ihr Auftreten dafür gesorgt haben, dass es ein vergnüglicher Abend mit dem Thema Liebessuche war, dann bleibt er in guter Erinnerung, und dann erzählen Ihre beiden ersten Multiplikatoren im Freundeskreis und am Arbeitsplatz oder beim Bowling davon. Und vielleicht will es der Zufall, dass dort jemand zuhört, der auch sucht, und dann gibt es wieder eine Möglichkeit mehr. Verstanden?

Und glauben Sie mir, zum Thema Liebe fällt allen Menschen etwas ein, mehr noch als zur Gesundheitsreform oder Rentenlüge. Und an eines sollten Sie auch denken: Menschen, die in festen Beziehungen leben, betrachten Sie nicht mit Verachtung, weil Sie es nicht «geschafft» haben oder Ihre letzte Beziehung gescheitert (!) ist. Und wenn Sie das Thema Liebessuche aufbringen, ist Ihnen schon mal eingefallen, dass Ihre beste Freundin und Thomas oder Helmut auch ein bisschen neidisch sein könnten, weil herrliche Erlebnisse und neue Liebesaufregungen vor Ihnen liegen? Weil die eigene Beziehung inzwischen auch schon ein bisschen angestaubt ist?

Es gibt auch noch einen anderen Aspekt, der Ihnen bei Ihrer

Kontaktnetzstrategie hilft. Sie sollten bedenken, dass Menschen gerne anderen helfen. Wenn wir eine Frage stellen, die für den Befragten einfach und angenehm zu beantworten ist, dann verschaffen wir ihm oder ihr ein Erfolgserlebnis, und wir bleiben in guter Erinnerung. Und, ganz wichtig, wir können diese Informationsgeber auch jederzeit wieder ansprechen. Wenn Sie dagegen in einer Weise fragen, die es dem anderen unmöglich macht zu helfen, dann haben Sie ihm ein Misserfolgserlebnis beschert.

Und jetzt gehen Sie systematisch vor. Nehmen Sie sich die Liste Ihrer potenziellen Multiplikatoren vor, und schaffen Sie Gelegenheiten, bei denen Sie das Thema anbringen können. Was könnten sinnvolle Fragen an Ihre potenziellen Multiplikatoren und Multiplikatorinnen sein?

Ich habe mich entschieden, nach einem neuen Liebespartner zu suchen ...
- *Gibt es in deinem Bekanntenkreis nette Singles? Und meinst du, ich könnte die mal unverbindlich kennenlernen?*
- *Wie würdest du vorgehen, wenn du auf der Suche wärst?*
- *Könntest du mal einen netten Abend mit Singles organisieren? Ich helfe dir auch bei allem.*
- *Würdest du mal mit mir zu einem Event gehen, bei dem ich nach Männern Ausschau halten kann?*
- *Was meinst du, was sind eigentlich meine netten und meine weniger netten Eigenschaften?*
- *Könntest du mir einen Tipp geben, wie ich mich optisch noch verbessern könnte?*
- *Was findest du als Frau attraktiv an Männern, und was stört dich?*

Ihnen fallen bestimmt noch weitere Fragen ein. Und falls die oder der von Ihnen Angesprochene nichts zu diesem Thema sagen kann, dann macht es auch nichts. Dann sprechen Sie über etwas anderes, Sie wollen nicht zur Last fallen. In der Regel können Sie sich sicher sein, dass Ihr Gesprächspartner sich an dieses ungewöhnliche Gespräch erinnern wird und an anderer Stelle davon erzählt. Und vielleicht erwecken Sie dort Interesse. Wichtig ist, dass Sie keinesfalls mit den Menschen beginnen, die Sie für besonders wichtig halten. Denen nähern Sie sich erst, wenn Sie mit Ihrer Multiplikatorengewinnungsstrategie schon sicher sind. Sie wollen sich Ihr Unterstützungsnetzwerk doch nicht durch einen ungeprobten Auftritt kaputtmachen.

Es wird auch Menschen geben, die wichtig sein könnten, aber bei denen es Ihnen schwerfallen wird, sie anzusprechen. Fragen wir einmal unsere Seminarteilnehmer, wann es Ihnen schwerfallen würde, von der Partnersuche zu erzählen und um Rat zu bitten?

«Also, die Oberärztin bei uns würde ich nicht gerne ansprechen», meint Jessica. «Die ist so tüchtig und sieht gut aus und hat bestimmt einen unheimlich netten Mann. Ein Kind hat die auf jeden Fall. Und einen Hund.»

«In meiner Lieblingsbar würde ich auch niemanden ansprechen, die sind alle viel zu cool. Die würden sich über mich lustig machen», sagt Helene.

«Für mich ist niemand schwierig», erklärt Julie munter.

«Mir würde es bei jedem fremden Menschen schwerfallen», sagt Max. «Ich habe immer ein bisschen Hemmungen bei Menschen, die ich nicht kenne. Und dann auch noch mit so einem privaten Thema.» Thorsten nickt.

Ich verstehe das gut. Es gibt extrovertierte Menschen wie Julie, die kein Problem damit haben, anderen private Dinge zu erzählen. Die werden sich bei dieser Strategie leichttun. Dagegen finden es eher introvertierte Menschen wie Max und Thorsten generell schwierig, andere Menschen mit einem derart privaten Thema anzusprechen. Jeder muss seinen Weg finden. Nach meiner Erfahrung brauchen introvertierte Menschen eine gute Vorbereitung, um dieses Thema anzugehen. Extrovertierte Menschen sind zumeist spontan und können sich relativ unvorbereitet in derartige Gespräche stürzen. Aber das Ergebnis muss nicht unbedingt besser sein. Beide müssen üben, die richtige Ansprache zu finden. Je öfter Sie das Thema ansprechen und merken, dass es positiv aufgenommen wird, desto leichter wird es Ihnen fallen, und desto eher können Sie auch Menschen ansprechen, an die Sie sich bisher noch nicht herangetraut haben.

Natürlich soll Jessica nicht zur Oberärztin gehen und fragen, ob sie ihr bei der Männersuche helfen kann. Aber sie könnte beispielsweise beiläufig beim Kaffeetrinken fragen, ob sie es sich mit ihrem Mann gut aufteilen kann mit Kind und Hund und Job. Und dann erzählt die Oberärztin vielleicht davon, dass ihr Mann eine sehr wichtige Unterstützung für sie ist. Dann könnten Sie seufzend sagen: «Ach, das wünschte ich mir auch!» Die Oberärztin wird sicher etwas dazu sagen, und schon haben Sie potenziell wieder eine Multiplikatorin. Vielleicht seufzt die Oberärztin aber auch selbst und sagt: «Nein, ich muss das alles alleine schaffen, das ist nicht immer einfach. Ich hätte auch gerne einen netten Partner …» Schon sind Sie beide im schönsten Gespräch, und Sie können von Ihrer Suche erzählen und haben nicht nur eine Multiplikatorin, sondern auch eine Unterstützerin gefunden, die gerne Ihre Tipps zur Suche entgegennimmt.

Wenn Sie Ihre Liste machen: Legen Sie nicht vorab fest, ob jemand als potenzieller Multiplikator wichtig oder unwichtig sein könnte. Denken Sie an die Oberärztin. Sie wissen nicht, ob Ihr Nachbar, der so sorgfältig den Müll trennt und streng guckt, wenn Sie unausgewaschene Joghurtbecher in die Biotonne werfen, Volleyball mit vielen attraktiven Männern spielt, die sich nach einer glücklichen Beziehung sehnen. Sie wissen nicht, ob der Besitzer des Eisenwarenladens an der Ecke in der Volkshochschule einen Kurs gibt «Kleine Elektroarbeiten im Haus selbst gemacht», der mit neun Frauen besetzt ist, die alle keinen Partner haben, denn sonst würden sie diesen Kurs nicht machen. Jeder kann wichtig für Ihr Ziel sein.

Sie haben das bestimmt auch schon erlebt. Sie haben ein neues Thema, suchen nach etwas, erleben etwas, und plötzlich lernen Sie viele Menschen kennen, die sich mit genau diesem Thema auskennen oder auch schon Erfahrungen gemacht haben. Seitdem ich nach Indien fahre, begegnen mir häufig Menschen, die dort auch schon waren oder jemanden kennen, der mir gerne von seinen Erfahrungen erzählen möchte. Warum wusste ich das vorher nicht? Weil ich niemandem von meiner Begeisterung für Indien erzählt habe. Jetzt kennen alle meine Liebe zu Indien und denken sofort an mich, wenn es auf das Thema Indien kommt.

Machen Sie Ihr Anliegen einem großen Personenkreis bekannt. Die ganze Welt muss wissen, dass Sie auf der Suche sind. Zumindest Ihre ganze Welt. Ein bisschen Jobsuche geht nicht, und ein bisschen Partnersuche bringt auch nicht das gewünschte Ergebnis. Es geht um Rasterfahndung auf dem Liebesmarkt.

ZWEITENS: Einem erweiterten Kreis vom Liebesprojekt erzählen

Sie haben geübt und festgestellt, dass der engere Bekanntenkreis positiv auf Ihr neues Projekt reagiert. Alle guten Freunde und Familienangehörigen wissen nun Bescheid und unterstützen Sie mit Telefonnummern, Informationen oder sogar mit kleinen Events. Sie sind jetzt ein fortgeschrittener Netzwerker. Jetzt können Sie einen Schritt weitergehen. Wer könnte ansonsten noch zum Multiplikator werden? Menschen, mit denen Sie umkomplizierte Alltagsbeziehungen haben, ohne dass sie zu Ihren Freunden zählen: der Zahnarzt, die Pediküre, der Besitzer des Zeitungsladens an der Ecke, der Kellner in Ihrer Lieblingskneipe, die Nachbarin,

Ihr EDV-Fachmann, der Blumenhändler und diese nette Frau im Copyshop gegenüber. Reitlehrer, Steuerberaterinnen, Logenbrüder, Katzenliebhaber oder -züchter, Wäschereibesitzer, Ihre Kollegen beim Volleyball oder Fechten – Ihrer Phantasie sind keine Grenzen gesetzt. Und natürlich die Freunde von Freunden. Bei diesem Personenkreis ist eine etwas indirektere Vorgehensweise angebracht. Wie immer sehen Sie gut und strahlend aus, weil Sie mehr als bisher auf Ihr Äußeres achten und sich Ihre Stimmung wegen Ihres interessanten Projektes auch deutlich gebessert hat. Das bleibt auch diesen Kontakten nicht verborgen, und vermutlich ernten Sie jetzt oft einen Kommentar wie: «Sie sehen aber in der letzten Zeit toll aus!»

Nutzen Sie dieses Stichwort. Die richtige Antwort darauf ist: «Ja, mir geht es auch gut. Ich habe mir nämlich etwas ganz Schönes fürs neue Jahr (zum Geburtstag, letzte Woche ...) vorgenommen. Ich will nicht mehr alleine leben. Ich suche mir jetzt wieder einen netten Mann (eine nette Frau).»

Glauben Sie mir, das wird Ihr Gegenüber zum Lachen bringen. Menschen werden fröhlich darauf reagieren und vielleicht sagen: «Wie, Sie auch? Wie machen Sie das denn? Ich (wahlweise meine Tochter, meine Nachbarin, mein bester Freund) suche auch schon so lange.» Und schon sind Sie in der schönsten Unterhaltung. Vielleicht kommt auch: «Das wird einer Frau wie Ihnen doch nicht schwerfallen. Ja, wenn ich solo wäre, dann ...» Heiteres Gelächter. Dann gleich nachsetzen. «Haben Sie denn keinen netten Bruder, der auch sucht? Oder eine Tochter? Oder andere Kunden, Patienten, ... die Sie mir vermitteln können?» Immer noch heiteres Gelächter. Sie haben das schließlich nicht ganz ernst gemeint. Das haben Sie doch, aber dieser Eindruck darf nicht entstehen, sonst könnten sich Zahnarzt oder Zeitungsladenbesitzerin unter Druck gesetzt fühlen. Das darf nicht sein. Sie wollen sie ja als Multiplikatoren behalten.

«Nein, aber mal ganz ernst, ich gehe jetzt zu vielen interessanten Partys und organisiere auch selbst welche, das macht unheimlich viel Spaß. Ich wusste gar nicht, wie viele nette Singles es in Berlin, Fulda, München, Esslingen ... gibt. Vielleicht hat Ihr Sohn, Freund, Vereinskamerad, Ihre Kollegin ... mal Lust, dazuzukommen? Das geht so nach dem Schneeballsystem, aber völlig unverbindlich. Wir treffen uns in (Kneipe nennen) oder in Privatwohnungen. Jeder kann kommen, er oder sie müssen nur Single sein. Ich kann Ihnen ja mal die Einladung vorbeibringen. Macht total Spaß.»

Ganz beiläufig muss das klingen. Nichts erzwingen, nicht drängen. Sie können sicher sein, dass der Angesprochene das so erheiternd findet, dass er anderen Menschen davon erzählt. Und es wird sich jemand finden, der Interesse daran hat. Sobald ich bei Abendessen davon erzähle, fragen sofort viele Menschen nach, wann das denn und wo das denn, und ob da jeder kommen könne?

Und wenn es mal bei einem Angesprochenen nicht funktioniert, wenn keine Nachfrage oder Resonanz kommt, dann reden Sie einfach anschließend über etwas anderes. Wie gesagt, Rentenlüge und Gesundheitsreform gehen immer, und Sie sind wieder auf sicherem Boden.

DRITTENS: Die Vorwandstrategie

Alle Ihre Freundinnen wissen Bescheid und Ihr soziales Umfeld ebenfalls. Sie werden neugierig nach Erfolgen gefragt und erhalten immer wieder gute Ratschläge oder Hinweise, wie Sie Ihrem Ziel näher kommen könnten. Jetzt kommt die Kür – die Vorwandstrategie. Diese Strategie wird für das vor Ihnen liegende Jahr Ihr wichtigstes Instrument der Partnersuche sein, genauso übrigens wie bei der Jobsuche.

Sie haben Ihre besten Freunde direkt angesprochen und einen erweiterten Kreis erkennen lassen, dass Sie einen Partner suchen.

Und nun kommt die schwierige Situation, dass Ihnen tatsächlich jemand genannt wird. Ich kenne da einen Patienten, Kunden, habe eine Freundin, meine Tochter kennt jemanden, der auch sucht ..., wird Ihnen gesagt. Wie können Sie fremde Menschen, von denen Sie nur über Bekannte gehört haben, ansprechen? Es gibt zwei Varianten:

1. Ihr Gesprächspartner weiß, dass Sie auf Liebessuche sind, und freut sich darauf, mit Ihnen darüber zu sprechen, oder hat vielleicht selbst auch Sehnsucht nach einer Beziehung.

2. Ihre Gesprächspartnerin weiß nur, dass Sie sich für eine grüne Bezirksgruppe interessieren, für Indienreisen, für Handball oder Fitness, für eine Ausbildung zum Coach, für Sukkulenten-Sammlungen. Und für eines dieser Themen ist die Gesprächspartnerin Expertin.

Im ersten Fall ist es einfach. Dann trinken Sie gemütlich einen Espresso mit dem Kontakt Ihrer Nachbarin und tauschen sich über Ihr aktuelles Lieblingsthema «Liebessuche» aus:

- Wie geht die andere vor?
- Welche Erfahrungen hat sie mit Online-Partnerbörsen gemacht?
- Wo hat sie die meisten Erfolge gehabt?
- Kennt sie vielleicht noch andere, mit denen Sie eine Gruppe bilden könnten?
- Kennt sie jemanden, der für Sie ein interessanter Partner sein könnte?
- Kennt sie noch andere Frauen oder Männer, die mit einer geschickten Strategie Erfolg hatten?
- Kennt sie Singles, die Lust hätten, gemeinsam zu kochen?

Ihrer Phantasie sind keine Grenzen gesetzt. Sie sollten dieses Gespräch aber nicht zu einer reinen Plauderstunde verkommen lassen. Sie haben ein Ziel und wollen ein Ergebnis. Das erste Ergebnis ist, dass Sie Informationen und mindestens eine neue Telefonnummer erhalten haben. Verabreden Sie unbedingt eine Folgeaktivität: ein gemeinsames Vorgehen, einen Austausch von Informationen – irgendetwas, das Sie in der Liebessuche weiterbringt. Der zweite Gewinn liegt darin, dass Sie einen Multiplikator gewonnen haben. Ihre Gesprächspartnerin wird von Ihnen erzählen, bei passenden Männern an Sie denken oder Sie mit zu Veranstaltungen nehmen, bei denen Sie vielleicht wieder jemanden kennenlernen könnten.

Im zweiten Fall greift die Vorwandstrategie. Sie fragen nicht nach einem Liebespartner, sondern erbitten einen Rat zu einem bestimmten Thema. Das Thema ist Ihr Vorwand. Vorwand deshalb, weil die Coaching-Ausbildung oder der Autokauf nicht wirklich im Vordergrund stehen, sondern den Zugang zu einem fremden Gesprächspartner ermöglichen, und weil Sie während dieses Gespräches Ihrem Gegenüber als attraktive Frau oder interessanter Mann auffallen, der für ihn selbst interessant sein könnte. Oder der Ihnen den Zugang zu einem Kreis von Menschen ermöglicht, unter denen Sie gerne einen Liebespartner suchen würden.

Wichtig für die zweite Situation ist es, dass Sie eine feste innere Haltung aufbauen: Sie suchen (heute) keinen Partner, sondern Sie wollen einen Rat. Das verlangt Übung, die Sie dadurch gewinnen, dass Sie mit vielen Menschen sprechen. Ihr Ziel haben Sie erreicht, wenn Sie die Telefonnummer von X erhalten, den Sie, indem Sie sich auf Y beziehen, anrufen und mit dem Sie einen Termin vereinbaren, um über Tai-Chi zu sprechen.

Ganz wichtig: Es handelt sich noch nicht um ein Date. Sie wollen nur einen Rat: Sie wollen etwas darüber wissen, wo sich die

Grünen, die Julis, die Sushi-Esser, die Aggressiven Radler, die Kapuzenpulloverträger oder die schicken Juristen finden lassen. Keinesfalls begutachten Sie Ihre Gesprächspartner bereits als potenzielle Liebespartner. Das bedeutet auch, dass Sie bei diesen Treffen keinesfalls Ihre geballte erotische Kompetenz einsetzen. Sicher werden Sie gut aussehen und guter Laune sein – wie immer während Ihres Jahres der Liebessuche –, aber diese Treffen dienen vor allem dem neutralen Kennenlernen, dem Vertrauensaufbau, der Erweiterung Ihres Freundeskreises und der Erweiterung Ihres Wissens. Kurze Miniröcke, tief ausgeschnittene Blusen und Parfümwolken sollten bei den ersten Treffen nicht zum Einsatz kommen. Auch Ihr geballtes männliches Verführungsrepertoire gehört nicht zum Treffen mit einem Ratgeber. Bei diesen Treffen geht es noch nicht um Verführung. Natürlich kann sich immer etwas ergeben, und daher sind Sie auch bei diesem Gespräch vorbereitet. Und genau das ist auch eines der Ziele dieser Gespräche: Sie wollen Informationen, aber Sie wollen sich auch Ihrem Gesprächspartner als attraktive Person einprägen. Das kann für ihn selbst von Interesse sein, oder aber er erzählt seinem besten Freund oder seiner Schwester von Ihnen. Wieder eine potenzielle Chance. Viele dieser neuen Kontakte werden nie neue Partner oder Partnerinnen, sondern bleiben Multiplikatoren, und davon brauchen Sie viele. Damit wird der Pool an potenziellen Liebespartnern, aus dem Sie später auswählen, immer größer.

Denken Sie daran, dass Sie zu diesem Treffen intelligente Fragen vorbereitet haben sollten. Auch wenn die Frage nach der Coach-Ausbildung oder einer Mitgliedschaft bei den Aggressiven Radlern vor allem ein Vorwand ist, sollten Sie doch ein wenig über Coaching wissen und sich auch mit der umweltschädigenden Wirkung von Kraftfahrzeugen auskennen, die der Hintergrund der Vereinsgründung der Aggressiven Radler war.

Manchmal wissen Sie natürlich bereits viel zu dem Thema. Aber es geht ja um die Strategie, Multiplikatoren und potenzielle

Partner zu finden. Dazu müssen Sie vielleicht etwas fragen, was Sie bereits wissen. Daher nennt man dieses Vorgehen auch «Vorwandstrategie». Ihr eigentliches Anliegen, die Liebessuche, darf nicht zum Thema werden. Dennoch machen Sie sich hübsch zurecht und strahlen Selbstbewusstsein aus *(Botschaft: Sie sind attraktiv und selbstbewusst)*. Bedanken Sie sich für die Bereitschaft *(Botschaft: Sie sind nett und höflich)*, fragen Sie, wie viel Zeit Ihre Kontaktperson hat *(Botschaft: Sie sind rücksichtsvoll und gut organisiert)*, und dann stellen Sie Ihre vorbereiteten Fragen. Und: SIE bezahlen den Espresso! Und Sie schicken hinterher eine E-Mail, in der Sie sich für das Gespräch und die Hinweise bedanken. Er oder sie hat Ihnen Zeit geschenkt, Sie zeigen sich dafür erkenntlich.

Auch hier ist Ihr Ziel erreicht, wenn Ihre Kontaktperson viele Fragen beantwortet hat. Noch besser wäre es, wenn Sie aus diesem Gespräch eine oder mehrere neue Telefonnummern mitnehmen können. Und am besten wäre es, wenn Ihre Kontaktperson sich anbietet, Sie zu einem Treffen der Sie interessierenden Zielgruppe mitzunehmen. Es ist doch etwas anderes, wenn Sie zum nächsten Bürgerinitiativenstammtisch gemeinsam mit Anke gehen, die Sie gleich einführt mit «Das ist übrigens Birgit, von der ich euch schon erzählt habe. Sie interessiert sich besonders für ...», als wenn Sie allein kommen und sich schüchtern in eine Ecke drücken und abwarten, was dann so kommt. Machen Sie sich mit der Thematik der jeweiligen Veranstaltung vertraut, um einigermaßen kenntnisreiche oder wenigstens intelligente Fragen stellen zu können. Idealerweise handelt es sich ja um eine Veranstaltung, die Sie interessiert. Sicher kann man auch einen Mann oder eine Frau bezaubern mit einem «Ich verstehe überhaupt nichts von dem, was hier behandelt wird. Worum geht es eigentlich?». Aber ich weiß nicht, ob Sie wirklich einen Partner wollen, der so etwas bezaubernd findet.

In jedem Fall sind Sie an einem Ort, an dem sich eine Wunschpartnerin oder ein Wunschpartner finden lassen könnte. Vielleicht finden Sie dort Freunde, denen Sie dann von Ihrem aktuellen Lebensthema Partnersuche erzählen können, und die kennen dann vielleicht wieder jemanden oder erzählen von Ihnen, und jemand interessiert sich … Ein Schneeballsystem eben.

Lassen Sie uns sehen, in welchem Umfeld unsere Seminarteilnehmer und -teilnehmerinnen nach einem Partner suchen könnten. Wo wird Sascha suchen?

«Ich würde als Erstes in Galerien nach anderen Sammlern fragen, die sich auch für Kunst nach 1980 interessieren, oder nach Initiativen, bei denen junge schwule Künstler gefördert werden. Und ob mich dahin mal jemand mitnehmen kann.» Sascha guckt nachdenklich.

Julie lacht. «Ich frage einfach meine Kommilitonen, auf welchen Superpartys sich die tollen Typen mit den schicken Autos und den Calvin-Klein-Sonnenbrillen immer treffen. Und in welchen Sushibars die chillen. Da weiß ich schon genau, wen ich frage.»

«Was ist denn chillen?», fragt Max interessiert.

«Na, abhängen eben, ist doch klar.» Julie guckt erstaunt.

«Das ist einer der Begriffe, die junge Menschen heute benutzen, wenn sie deutlich machen wollen, dass sie sich ausruhen müssen», erklärt Thorsten als Fachmann für jugendliche Subkulturen. «Man weiß zwar nicht, wovon sie sich ausruhen, aber sie haben ein großes Chill-Bedürfnis.» Thorsten kann ja witzig sein, das hätte ich gar nicht gedacht.

Julie ist nicht empfänglich für Ironie. «Ich würde fragen, ob sie mich zum nächsten Date mitnimmt und überhaupt in ihre Kreise einschleusen kann, damit ich bei den Bällen dabei bin.»

Ich merke, dass eine vorsichtige Art der Annäherung kein

Thema für Julie ist. Umso besser, ihr ist nichts peinlich, sie wird ihr Ziel schon erreichen.

Max wird das mit der Öko-Strategie ausprobieren. «Das passt schon», meint er etwas lustlos. Er ist kein Mann der großen Worte.

Und Helene? «Ich weiß eigentlich ganz gut, wo sich Lesben treffen, aber ich habe verstanden, dass ich Fragen stellen muss. Das Problem ist, dass ich mich schon lange nicht mehr in der Lesbenszene bewege. Ich war ja lange mit Katharina zusammen, und da haben wir danach entschieden, wo die Sushi gut sind, und nicht danach, ob sie von einer lesbischen Japanerin gerollt wurden.» Diese Haltung könnte sich jetzt rächen.

«Aber ich werde meine Freundinnen ansprechen, ob wir irgendetwas gemeinsam organisieren können. Ich könnte vielleicht auch in Lesbenberatungsstellen gehen und dort ansprechen, dass ich junge Lesben bei ihrem Coming-out beraten möchte. Ich muss noch darüber nachdenken.»

Oberstudienrat Dr. Berger sieht vergnügt aus. «Ich glaube, ich habe das Prinzip verstanden. Und da haben wir Männer es leichter als Frauen.» Er guckt siegessicher.

«Gerade du!», murmelt Helene säuerlich. Jessica guckt sie dankbar an.

«Also, ich werde erst einmal Frau Degenhardt als Multiplikatorin aktivieren. Frau Degenhardt (Englisch und Geschichte) ist schon in dem kritischen Alter von 47. Ich werde mich mit ihr zu einer Tasse Kaffee verabreden und ihr mein Herz ausschütten. Sie soll das natürlich niemandem weitererzählen. Dann weiß einen Tag später jeder, dass ich auf Frauensuche bin. Dann werden die pädagogischen Tratschkanäle zu glühen beginnen, und sie werden für mich suchen. Gerade Lehrerinnen kuppeln furchtbar gern, zumal es ja auch viele Lehrerinnen gibt, die einen Mann suchen. Was meint ihr?» Thorsten guckt in die Runde. Er sieht sehr zufrieden mit sich aus.

Einen Moment ist es still, dann platzt Sascha heraus: «Also, du bist ja ein totaler Hetero-Chauvi! Das hätte ich dir gar nicht zugetraut. Es ist zwar nicht pc, aber es stimmt, so kommst du sicher an Frauen.» Sascha lacht.

WAS HABEN WIR IN SCHRITT 2 GELERNT?

- Es gibt einen offenen und einen verdeckten Liebesmarkt. Der offene Liebesmarkt ist leichter zugänglich, auf dem verdeckten gibt es weniger «Mitbewerber».
- Die Kontaktnetzstrategie: Freunde, Bekannte und fremde Gesprächspartner können als Informationsgeber und Matchmaker genutzt werden.
- Mit einem passenden Wording wird die Ansprache potenzieller Multiplikatoren einfacher.
- Wie Sie die Vorwandstrategie nutzen, um mehr über Ihre Zielgruppe zu erfahren und bei Veranstaltungen gemeinsam mit einem Informanten auftreten zu können.

Hausaufgaben

- Stellen Sie eine Liste mit Multiplikatoren zusammen: Wer eignet sich für eine unkomplizierte Ansprache, wer für die Vorwandstrategie?

- Überlegen Sie sich ein passendes Wording und erproben Sie es an engen weiblichen und männlichen Freunden.

- Nehmen Sie sich eine bestimmte Anzahl von Multiplikatoren vor, die Sie in den nächsten Wochen systematisch befragen.

- Setzen Sie für sich eine Anzahl von persönlichen Treffen fest, die Sie pro Woche oder pro Monat unbedingt haben wollen.

- Machen Sie pro Woche zwei Versuche mit der Vorwandstrategie – stellen Sie vorab adäquate Fragen zusammen.

SCHRITT 3:
Wie definiere ich mein Ziel?

Mai

In *Schritt 2* haben Sie erfahren, wie Sie jeden Kontakt nutzen können, um Ihrem Ziel näher zu kommen. Sie wissen, wie Sie mit einer geschickten Fragestrategie an passende Männer oder Frauen kommen können. Ihnen sollte auch deutlich geworden sein, dass Sie von mir keinen absoluten Tipp bekommen, wo der Mann oder die Frau ist, die Sie suchen, sondern eine Methode, mit der jeder sich auf einen für ihn passenden Weg machen kann.

In *Schritt 3* geht es darum, aus einem Wunsch ein realistisches Ziel zu machen. «Ich wünsche mir einen netten Mann, der mich liebt» ist kein Ziel, sondern eben ein Wunsch. Wie wollen Sie ihn umsetzen? Der Vorteil eines klaren Ziels liegt darin, dass daraus machbare Schritte abgeleitet werden können. Sie wissen, wen Sie suchen, und können daher Orte aufsuchen, an denen Ihre Traummänner oder -frauen zu finden sind. Sie werden beim Kennenlernen schnell einschätzen können, ob der Mann oder die Frau zu Ihrem Ziel passt oder ob er oder sie nicht doch wieder die Verhaltensweisen und Eigenschaften aufweist, mit denen Sie bereits in anderen Beziehungen unzufrieden waren.

Da Sie nicht mehr achtzehn sind, wissen Sie, dass «wenn er mich liebt» nicht ausreicht, um eine Beziehung erfreulich zu gestalten. Wenn Sie sich damit beschäftigen, wie Ihre Liebesbeziehung aussehen soll und welche Eigenschaften der Mann oder die Frau Ihres Herzens haben sollte, dann wird schnell klar, welche Faktoren für Sie wichtig und welche nebensächlich sind. Mit welchen Verhaltensweisen Sie ernsthafte Probleme haben und bei welchen Sie Kompromisse schließen können. Und Sie werden herausfinden, welche Lebensform Sie sich wünschen, wie viel Freiräume Sie in der Beziehung brauchen, welche Wertvorstellungen Ihnen wichtig sind und welche Fehler aus der letzten Beziehung Sie nicht wiederholen wollen.

DAS DRITTE TREFFEN

Mai
Begleiten Sie mich zu unseren Seminarteilnehmern, die gut gelaunt vor uns sitzen. Sie hatten die Aufgabe, erste Versuche mit der Kontaktnetzstrategie zu unternehmen. Was haben sie erlebt? Welche Erfolge und welche Probleme gab es in den letzten Wochen?

«Kann ich anfangen?» Thorsten strahlt. Im Lehrerzimmer hatte er schon erste Erfolge. Mehrere Kolleginnen haben ihn auf die neue Frisur angesprochen. Er hat ganz offen erzählt, dass er wieder eine Partnerin sucht und daher mehr auf sich achten will. Er brauchte gar nicht den Umweg über Frau Degenhardt, Englisch und Geschichte. In der großen Pause kam sie gleich, um zu erzählen, sie habe eine nette Frau beim Tai-Chi kennengelernt, etwas jünger als er, und die suche auch. Ob sie mal ...? Klar, soll sie. Und nach der Schule fragte der ältere Herr Wegener, Biologie und Latein, am Fahrradstand, als der seine Klammern an der Cordhose befestigte, ganz vorsichtig, wie er denn vorgehen wolle? Er hätte nämlich in letzter Zeit auch schon mal daran gedacht, und ob er, Thorsten, ihm vielleicht ein paar Tricks verraten könne? Jetzt haben sie sich beim Griechen verabredet und wollen Ideen austauschen. Max und Jessica sehen Thorsten bewundernd an.

Er habe nun schon einige Multiplikatoren, sagt Thorsten. Und dann habe er sich gedacht, dass er eine AG über innovative

Ansätze in der Didaktik anbieten könne. Zu solchen Themen kämen erfahrungsgemäß mehr Frauen als Männer. Vor allem ungebundene Frauen, weil die anderen nachmittags mit Kindern und Abendessenvorbereitungen für ihre Männer beschäftigt seien. Er habe natürlich nicht die ältere Frau Degenhardt angesprochen, sondern die junge Referendarin. Die war begeistert von der Idee und will mal bei ihren Kommilitoninnen nachfragen, ob da Interesse sei. Er habe noch eingeflochten, dass er auch den Genderaspekt in der Didaktik für sehr wichtig halte, und das fand wieder die Referendarin toll. Andere Referendarinnen sicher auch. Sie wollen sich gleich nächste Woche bei ihm zu Hause treffen, um alles abzusprechen. Die Referendarin heißt Sylvie, ist fünfundzwanzig und sieht sehr nett aus. Thorsten guckt selbstbewusst.

Wir sind beeindruckt. Da hat dieser besserwisserisch und verklemmt wirkende Oberstudienrat aber einen gewaltigen Sprung nach vorne gemacht. Und ich ertappe mich selbst dabei, dass ich mich von meinem ersten ungünstigen Eindruck habe beeinflussen lassen. Wie sehr der erste Eindruck doch täuschen kann. Thorsten sieht jetzt sehr viel besser aus, und es zeigt sich, dass er Humor hat. Über «falsche erste Eindrücke» müssen wir noch sprechen. Ich mache mir eine gedankliche Notiz.

Jetzt will Julie berichten. Erst mal müssen alle ihre neue Frisur bewundern. Jessica hat sie mit zu ihrem Friseur genommen, der hat die roten Strähnen in einem schönen Goldbraun überfärbt und ihr einen halblangen Bob geschnitten. Sie sieht wirklich süß aus. «Ich gefalle mir auch. Es ist komisch, jetzt sprechen mich ganz andere Typen von Studenten an. Da ist wohl was dran, dass man das richtige Styling braucht. Dann mache ich jetzt Aerobic beim Hochschulsport. Ich muss ja in Form sein für meinen Wirtschaftsanwalt.» Sie lacht und guckt Sascha an. «Und ich habe mich jetzt umgemeldet für Finanzierung und mache nicht mehr Personal und Organisation, da sind sowieso nur Frauen. Und man verdient auch nicht so gut. Und jetzt zu meinen Multiplikatoren.» Sie erzählt, dass sie noch nicht zu einem Ball eingeladen worden sei, aber eine ihrer cleveren Freundinnen wisse, dass die bei BMW und Mercedes für die Eröffnungspartys Hostessen suchen. «Und dann hört das mit der Kreuzberger Kneipe auf. Das war sowieso nicht das richtige Umfeld.»

Aber dann müsse sie sich wirklich total umstylen, meint Helene. Das habe sie ja schon das letzte Mal angesprochen. So könne sie nicht zu Mercedes oder BMW gehen. Jessica und Sascha nicken ernst. Wirklich? Julie ist erstaunt und betrachtet ihre grünen Doc Martens. Ich schlage vor, dass Julie ein kleines Unterstützungsteam an die Seite bekommt und in der kommenden Woche gemeinsam nach einem BMW-kompatiblen Outfit gesucht wird. Jessica und Helene nicken. Das machen sie gerne. Sascha will mitkommen.

«Ich habe noch was gemacht», ruft Julie. «Ich habe nochmal im Internet geguckt, ob da nicht doch was Brauchbares ist, und dann habe ich ein schönes Foto von mir reingestellt, das hatten wir auf einer Party aufgenommen.» Es haben sich letzte Woche schon zwei junge Männer gemeldet, mit denen wird sie sich jetzt treffen.

«Julie, über das Bild von der Party werden wir noch einmal sprechen. Ich bin sicher, dass Sie darauf süß aussehen. Ist das ein Foto noch mit der alten Frisur?»

«Klar, meinen Sie, das war nicht gut?» Julie guckt beunruhigt.

«Vielleicht nicht für Ihren Wirtschaftsanwalt. Aber treffen Sie sich ruhig nächste Woche mit den beiden Männern. Sie müssen ja Erfahrungen machen. Überlegen Sie, ob Ihnen die gefallen, aber überlegen Sie auch, ob die beiden Ihren Wünschen entsprechen.» Julie nickt nachdenklich.

«Soll ich jetzt?» Der sonst immer ruhige Max wirkt heute fröhlicher. Er hat einen Kollegen angesprochen, und der hat ihm erzählt, dass die Neue in der Abteilung Abfallentsorgung zum Parteitag der Grünen gefahren ist. Die könnte er doch mal ansprechen. Aber er hat leider dem Kollegen von seiner Vorwandstrategie erzählt, er weiß, das sollte er nicht, aber der war wirklich beeindruckt, und ob er auch zum Seminar kommen dürfe …? Nein, darf er nicht, wir sind schließlich schon mittendrin. Sie wollen das jetzt gemeinsam angehen. Und sie können gleich mit der Schwester von seinem Kollegen anfangen. Die ist in einer Frauen-Handballmannschaft, und die feiern manchmal bei dem Kollegen im Garten, da könne man doch … Ja, und in der vorletzten Woche haben sie dann wirklich gemeinsam gefeiert, das war richtig schön. Dabei hat sich herausgestellt, dass die Handballfrauen einen Konditionstrainer suchen, die bisherige Trainerin kriegt in fünf Wochen ein Kind und fällt mindestens ein Dreivierteljahr aus. Damit fängt er in einer Woche an, dann wird man ja sehen. «Und dann», Max wird wieder vergnügt, «haben wir im Büro eine Männergruppe zu dritt gegründet. Wir suchen alle, und ich gebe die Informationen von hier weiter. Das ist doch okay, oder?» Er guckt mich an.

Natürlich, das ist in Ordnung. Ein gemeinsames Vorgehen motiviert. Damit hat Max gleich ein weiteres Unterstützungsteam.

Dann bittet Max noch um modische Unterstützung. Er weiß nie, was er einkaufen solle. Bei Thorsten hätte das doch auch so gut funktioniert. Helene und Jessica bieten sich sofort an.

Auch Jessica ist zufrieden. Sie hat eine gute und eine weniger gute Erfahrung gemacht. Im Jazzkeller hat sie einen netten Mann kennengelernt, und mit dem war sie einmal essen, das war total lustig – und anschließend, na ja, also, das war richtig schön, er hat eine tolle Figur, riecht appetitlich, weiß genau, was er zu tun hat im Bett. Dann habe sie sich mit ihm zu Hause verabredet, sie wollte kochen, und er sollte etwas dazu mitbringen. Sie habe sich kochtechnisch unheimlich angestrengt, als Vorspeise Caponata, dann Römersalat mit Avocado und gerösteten Pinienkernen, Parmesanspänen und Anchovis. Als Hauptgericht Saltimbocca alla Romana, und für den Nachtisch sollte er sorgen. Und dann kam der Typ doch mit drei Packungen fettarmer Pommes frites für den Backofen! Er hat gleich drei genommen, weil man dann ein Kartoffelschälmesser gratis bekommen hat, das hat er aber zu Hause gelassen. Und als Nachtisch brachte er zwei Magnum von der Tankstelle mit. Das Essen habe sie noch überstanden, aber anschließend habe sie gesagt, sie habe Kopfschmerzen und müsse ins Bett. Alleine. Er war etwas enttäuscht und auch erstaunt, aber meinte, man solle das von neulich doch ruhig mal wiederholen, das sei doch so schön gewesen. Und ob er zwei Packungen Pommes wieder mitnehmen könne? Sie habe sich zusammennehmen müssen, um ihm die Pommes-frites-Tüten nicht an den Kopf zu werfen. Geizige Männer! Niemals!

Helene, Julie und Sascha nicken verständnisvoll und bedauern Jessica.

«Hast du ihm denn gesagt, warum du nicht wieder mit ihm ins Bett willst? Und dass du dich über seine Pommes frites und seinen Geiz geärgert hast?», fragt Thorsten. Max nickt. Das wollte er auch gerade fragen.

Jessica guckt erstaunt. «Nein, natürlich nicht, das bringt doch auch nichts, der versteht das sowieso nicht. Und für mich ist der sowieso gestorben. So einen will ich auf keinen Fall.»

Thorsten räuspert sich. «Vielleicht wäre es doch ganz gut gewesen, wenn du es ihm gesagt hättest. Der ist doch jetzt noch überzeugt, dass ihr euch bald wiederseht. Und ich muss ehrlich sagen, so schlimm finde ich das mit den Pommes frites nicht. Ich kann auch nicht besonders gut kochen und bin in der Beziehung nicht gerade phantasievoll. Ich wäre auch überfordert und froh, wenn mir eine Frau in der Situation sagen würde, ich solle zwei Flaschen Pinot Grigio, 300 Gramm geriebenen Parmesankäse und schwarze Oliven und drei Ciabatta mitbringen. Das würde ich gerne tun. Mir wäre von alleine auch nichts Schönes eingefallen.»

«Wo man ja auch nie genau weiß, was Frauen ‹schön› finden», seufzt Max. «Man soll es erraten, sonst ist man unsensibel.»

Kennen Sie das auch? Sie haben sich bereits entschieden, dass Sie diese Frau oder diesen Mann nicht wiedersehen wollen, aber Sie sagen es nicht, sondern verabschieden sich mit einem verlegenen «Man sieht sich» oder «Wir telefonieren» oder «War sehr nett, wir bleiben in Kontakt». Warum hat Jessica dem jungen Mann nicht gesagt, was sie geärgert hat? Oder dass sie ihn nicht wiedersehen will? Dann hätte er Klarheit, und Jessica muss nicht beim nächsten Telefonat wieder Ausreden erfinden.

Das kann man doch nicht so einfach sagen, denken Sie? Das wäre unfreundlich? Das würde er sowieso nicht verstehen? Das lohnt sich bei dem doch gar nicht? Er würde vielleicht fragen, warum, oder wäre beleidigt oder sauer. Was wäre schlimm daran, wenn er beleidigt oder sauer wäre? Warum wollen Sie nicht unfreundlich sein, nachdem Sie sich über jemanden geärgert haben? Das wissen Sie nicht? Es wäre Ihnen eben unangenehm? Haben Sie auch schon oft einer Frau oder einem Mann kein deutliches Nein gesagt, sondern vage Ausflüchte gefunden – «keine Zeit», «im Moment nicht» oder sich am Telefon nicht gemeldet und nicht auf E-Mails reagiert? Und noch eine Frage: Warum ist ein netter Mann wegen eines einzigen Fehlers gleich überhaupt nicht mehr nett? Wie Thorsten sagt: Vielleicht ist der junge Mann nur ein wenig phantasielos und nicht geizig?

Wer ja sagen will, muss auch nein sagen können

Für die Liebesneuorientierung ist es äußerst wichtig, deutlich nein sagen zu lernen. Wer ja sagen will, muss auch nein sagen können. Wer kennt nicht die Situation, dass Paare lange zusammenbleiben, nur weil sie nicht nein sagen können? Und mit wie vielen Männern waren Frauen schon im Bett, nur weil sie nicht nein sagen konnten? Nun spricht ja nichts gegen Sex, aber war es wirklich immer guter Sex, wenn man eigentlich gar nicht wollte? Und wie viele Männer haben jahrelang weder zur eigenen Frau noch zur Geliebten deutlich nein gesagt, weil sie niemanden verletzen wollten? Oder die ewigen Ausflüchte am Telefon? Es wird oft gesagt, nur Frauen könnten nicht nein sagen, aber nach meiner Erfahrung fällt es Männern in Beruf und Liebe ebenso schwer. Und wenn Jessica sagt, dass das unfreundlich sei, wen will sie schützen? Wollen Menschen, die andere nicht verletzen wollen, häufig nur sich selbst nicht verletzen?

Überlegen Sie doch bitte, wie es Ihnen im Verlauf Ihrer Partnersuche ginge. Sie lernen jemanden kennen und sind begeistert oder zumindest interessiert, und der andere lässt sich – aus Ihrer Sicht – darauf ein. Sie wundern sich, warum er oder sie wenig Zeit hat, nicht zurückruft und es zu keiner weiteren Verabredung mehr kommt.

Wäre es nicht angenehmer, wenn der andere Ihnen freundlich, aber klar sagen würde, dass er oder sie kein Interesse hat? Würden Sie sich nicht viele – im Nachhinein peinliche – Anrufe, Nachfragen, Einladungen ersparen? Und vor allem Ihre Energie nicht darauf ver(sch)wenden müssen, zu überlegen, warum denn nun dieser nette Mensch nicht zurückruft? Also, lernen Sie, nein zu sagen.

SCHRITT 3

«Das stimmt», sagt Thorsten nachdenklich. «Der ruft dich bestimmt wieder an, Jessica. Und außerdem, sieh es doch mal so: Du hast gesagt, dass du jemanden Vergnügtes, Sportliches möchtest, der Lust hat, etwas mit dir aufzubauen, und außerdem gut im Bett ist. Entschuldige, aber das hast du gesagt. Wie war das jetzt bei dem, was traf davon auf ihn zu?»

Jessica denkt nach und guckt dann erstaunt. «Stimmt eigentlich, da passte viel. Er sah gut aus, war sportlich, er spielt Eishockey, war humorvoll, wir haben furchtbar viel gelacht beim ersten Abend, er will mal ein Jahr nach Neuseeland oder auch Honduras, und es war richtig schön im Bett mit ihm.»

«Und nur, weil der etwas Langweiliges zum Essen mitgebracht hat, willst du den nie wiedersehen?» Thorsten guckt sie an. «Überleg doch mal; wenn du ihm sagen würdest, dass dich das geärgert hat; vielleicht ist er froh darüber und entschuldigt sich und bringt sofort beim nächsten Mal einen Rucksack voll herrlicher Lebensmittel aus einer Salumeria mit.»

«Meint ihr, ich soll ihn nochmal anrufen?»

Aber sicher, kommt es von Helene, Julie und Thorsten. Jessica sieht erfreut aus. Das war Jessicas wohl doch nicht ganz negative Erfahrung. Und darüber hinaus hat sie auch noch ein richtig positives Erlebnis gehabt:

Das nicht-perfekte Dinner
Jessica strahlt. Sie hat ein «nicht-perfektes Dinner» bei sich organisiert. Single-Freunde sollten alle einen weiteren Single mitbringen, den Jessica noch nicht kannte, sodass es am Ende genau sechs Singlemänner und sechs Singlefrauen waren. Jessica hat per Los vier Gruppen à drei Personen zusammengestellt, die jeweils vor dem Abend einen Menügang zubereiten mussten. Jessica hat mit Gerhard und Sabine Vitello tonnato als Vorspeise zubereitet. Die anderen Dreierteams haben Lachstatar als Zwischengericht, Hühnchen provençale mit Oliven als Hauptgericht und einen Erdbeer-Schlagsahne-Walnuss-Nachtisch zubereitet. Dadurch haben sie sich in der Kleingruppe schon vorher kennengelernt. Beim nicht-perfekten Dinner trafen dann alle aufeinander. Man hatte also gleich zwei Gelegenheiten, potenzielle Traummänner oder -frauen kennenzulernen. Beim Dinner mussten alle in drei Minuten etwas über sich erzählen, möglichst etwas Lustiges. Alle sind beeindruckt von der Idee und wollen das nachmachen.

Eine der Singlefrauen hat Jessica danach angerufen und erzählt, dass sie schrecklich verliebt ist und sich jetzt öfter mit Axel trifft. Jessica kocht jetzt weiter mit Wolfgang, denn sie wollen noch öfter solche nicht-perfekten Dinner anbieten, immer mit neuen Singles natürlich.

Ich freue mich über die Begeisterung und den Ideenreichtum der Seminarteilnehmer. Ich bin gespannt, was Helene bislang unternommen hat.

Zunächst wenig, sagt sie, weil sie die Vorgehensweise nicht einleuchtend fand. Sie habe geglaubt, dass das nur in der Theorie klappe, aber in Wirklichkeit eher peinlich sei. Und dass es eben bei Lesben auch alles ganz anders sei. Aber jetzt hat sie doch mal mit Freundinnen gesprochen und war ganz erstaunt, dass die positiv reagiert haben. Sie wollen jetzt auch mal ein Dinner für Singlelesben machen, wie Jessica. Sie haben sich dann von ihrem Alltag erzählt. Und da habe sie mit einer Freundin beschlossen, einen Arbeitskreis «Lesben und Alter» zu gründen, für ältere und jüngere Frauen, weil das für alle ein Thema wird. Und dann habe eine Frau sie gefragt, ob Helene ihre Küchenagentur für eine Skulpturen-Ausstellung von lesbischen Künstlerinnen zur Verfügung stellen könne. Nächste Woche fahre sie in die Uckermark zu einer Künstlerin, die dort Skulpturen aus rostigem Eisen schmiedet. Helene sieht sehr zufrieden aus.

Ich bin beeindruckt. Es zeigt sich immer wieder, dass die Seminarteilnehmerinnen und -teilnehmer auf die wunderbarsten Ideen kommen, wenn man sie von ihrer eingefahrenen Denkrichtung «Es geht sowieso nicht» weggebracht hat. Jetzt bleibt noch Sascha.

Sascha errötet. «Mir geht es eigentlich sehr gut. Ich hatte ja von unserem Friseurbesuch erzählt. In der nächsten Woche hat mich Kai angerufen und gefragt, ob wir mal einen Cocktail trinken gehen. Das war richtig schön, und Kai hat gesagt, dass er mich immer schon bewundert hat und mich auch sehr gutaussehend findet. Und dann sind wir zusammen zu mir gegangen, und jetzt treffen wir uns öfter, und es ist wirklich schön mit ihm.» Sascha ist verlegen, aber glücklich.

«Da bin ich echt neidisch», sagt Max anerkennend. «Da bist du aber schnell fündig geworden. So was würde mir nie passieren. Und ist das jetzt dein Traummann?»

«Nein, darum geht es auch gar nicht. Außerdem ist Kai ja schon seit längerer Zeit mit Serge zusammen. Der soll das auch nicht wissen.»

«Wie, Kai betrügt Serge mit dir? Das finde ich nicht gut!», ruft Jessica. «Und du hast ja bei mir gesehen, dass das nichts bringt. Er wird dir immer erzählen, dass er sich trennen will. Und außerdem sind wir ja nicht hier, um Zweitlösungen zu finden, oder?»

Sascha räuspert sich. «Bei mir ist das anders. Ich bin ja gar nicht richtig verliebt in Kai, sondern er tut mir gut, nachdem mir Patrick so deutlich gezeigt hat, dass ich uninteressant bin. Mir macht das im Moment Spaß, aber ich suche natürlich auch etwas anderes. Wir haben auch gar nicht so viele gemeinsame Interessen, aber Kai ist so süß und zärtlich, und er bewundert mich so. Und außerdem ist das bei uns Schwulen anders, wir sehen das nicht so eng mit der Treue wie die Heteros.» Sascha lehnt sich zurück. «Ich habe dann auch weiter nachgedacht über das Konzept ‹Anlageberatung für Schwule›, das ist ja auch für uns ein Thema. Ich habe ein paar Leute angesprochen, und da war durchaus Interesse. Mal sehen.»

«Jessica», fragt Max, «könnte ich denn auch mal zu so einem Dinner bei dir kommen? Das klingt doch toll, und ich esse so gerne, und ich kann ganz gut einen Fisch-Sauerkraut-Auflauf machen, den habe ich von Wiebke ...»

Haben Sie eine Vorstellung davon bekommen, wie Multiplikatorensuche funktioniert? Und wie schnell sich die ersten Erfolge einstellen können? Jessica hat eine nette kleine Liebesaffäre, Sascha bekommt die Streicheleinheiten, die er braucht, Max und Julie haben Unterstützung bei Freunden oder Kollegen, und Thorsten und Helene entwickeln kreative Ideen, auf die sie vorher nie gekommen sind.

DIE ERSTEN SCHRITTE ZUM ZIEL

Erinnern Sie sich an das Beispiel mit der Wohnungssuche? Damit wollte ich zeigen, dass niemand ein «schwieriges» Vorhaben aufgibt, wenn es wirklich wichtig ist. Aber noch ein anderer Aspekt lässt sich an der Wohnungssuche verdeutlichen. Wenn Sie eine Wohnung suchen, gehen Sie systematisch an die Suche und Planung. Sie wissen vorher, wie die neue Wohnung sein soll. Sie werden sich überlegt haben, in welchen Stadtbezirken die Wohnung liegen soll, ob es ein Dachgeschoss sein muss oder ob auch eine Souterrainwohnung in Ordnung ist, solange ein Garten dabei ist. Balkon, Fahrstuhl, Helligkeit und Ruhe versus angesagte Lage? Ein efeuumrankter Bauernhof in der Eifel? Ein Loft in Stadtmitte? Sie haben festgelegt, wie groß die Wohnung sein muss und wie viel Sie monatlich dafür ausgeben können. Sie wissen, wann Sie Ihre alte Wohnung kündigen müssen und welche vertraglichen Abmachungen mit dem neuen Vermieter Sie akzeptieren und bei welchen Punkten Sie kompromissbereit sind. Alles entscheiden Sie, *bevor* Sie anfangen zu suchen. Und wenn Sie dann mit der Suche beginnen, dann werden Sie nicht nur in Zeitungsanzeigen schauen, sondern auch Freunden erzählen, dass Sie eine Wohnung suchen. Oder eine Rundmail verschicken. Vielleicht erwähnen Sie beim Friseur oder Ihrer Fußpflegerin, dass Sie eine Wohnung suchen. Kennen Sie die weißen Zettel, mit den zum Abreißen vorbereiteten Telefonnummern, die an Bäumen oder Ampelmasten kleben und auf denen wir informiert werden, dass jemand eine Wohnung sucht? Und nun übertragen Sie das auf die Partnersuche und überlegen, wie Sie bislang vorgegangen sind.

Jessica hatte überhaupt nichts vorher geplant, sondern der junge Mann war aus ihrer Sicht einfach süß. Und später hat sich dann herausgestellt, dass er auch ein bisschen langweilig war. Julie hat beim letzten Typen nur die kornblumenblauen Augen gesehen. Max war beeindruckt von den meterlangen Beinen und dem süßen Lachen von Wiebke. Helene verliebte sich einmal in die rauchige Stimme einer Frau und musste feststellen, dass sie im Alltagsleben überhaupt nicht zusammenpassten. Thorsten war froh, dass sich überhaupt mal wieder eine Frau für ihn interessierte. Anscheinend neigen wir dazu, Erfahrungen auszublenden und immer wieder zu hoffen, dass es diesmal klappt, obwohl uns gar nicht klar ist, was wir uns wirklich von unserem Liebespartner wünschen.

Ich möchte Sie davon überzeugen, dass es hilfreich sein wird, wenn Sie sich zunächst Klarheit über Ihre Ziele verschaffen. Entscheiden Sie vorher, welche Eigenschaften und Voraussetzungen er oder sie erfüllen sollte. Klären Sie, wann Sie wieder eine neue Beziehung haben wollen. Haben Sie festgelegt, wo er wohnen sollte? Ist es Ihnen wichtig, was er oder sie verdient? Wie groß er ist und welche Haarfarbe sie hat? Ob er romantisch oder eher ein Pragmatiker sein soll? Ob Sie sich eine abenteuerlustige oder eine sicherheitsorientierte Frau wünschen? Sollte er begeistert lesen oder lieber ein sportlicher Typ sein? Wir kennen die Antwort: Das alles tun Sie nicht, sondern Sie überlassen es dem Zufall. Und dann passieren zwei Dinge, die beide nicht wünschenswert sind: Sie finden entweder keine neue Partnerin, oder Sie finden eine, die nur wenige der Voraussetzungen erfüllt, die für eine glückliche Liebesbeziehung mit Ihnen notwendig wären.

Natürlich hoffen wir alle, auf romantische Art und Weise eine neue Liebe zu finden. Und dass der oder die Richtige mit den passenden Eigenschaften eines Tages einfach vor uns stehen wird. Und wie vom Blitz getroffen werden wir intuitiv wissen, dass er oder sie die Richtige ist. Das ist auch eine wunderschöne Vorstellung, von der ich Sie nicht abbringen will. Aber vielleicht fassen Sie auch einen Plan B, falls Plan A – der wunderschöne Zufall – noch nicht eingetreten ist oder der Blitz nie beim Richtigen einschlagen will.

Vielleicht war es früher einfacher, einen Mann oder eine Frau zu finden. Oder bei einem Mann oder einer Frau zu bleiben. Das wird heute oft bedauert. Da früher, wie wir wissen, alles besser war, wird beklagt, dass junge Menschen heute nicht mehr bereit sind, sich der Anstrengung zu unterziehen, an einer Beziehung zu arbeiten und durchzuhalten. Und noch schlimmer: Es ist auch zu beobachten, dass viele junge Menschen gar keine Beziehung mehr wollen, sondern sich – möglichst noch ohne die Verpflichtung für Kinder – im Junggesellenleben gemütlich und egoistisch eingerichtet haben. Aber vielleicht ist es auch ein Fortschritt, dass Menschen sich nicht mehr so leicht «abfinden» mit einer Beziehung, sondern größere Ansprüche stellen. Ich persönlich finde es gut, dass Menschen heute anspruchsvoller sind als früher. Sie finden sich eben nicht mehr so leicht mit etwas ab, nur um bei der goldenen Hochzeit sagen zu können, wir haben es fünfzig Jahre miteinander ausgehalten. Ausgehalten!

Ich kenne viele junge Männer und Frauen, die sehr wohl Beziehungen und sogar Kinder wollen. Aber sie sind wählerischer geworden. Das liegt nicht zuletzt daran, dass Frauen nicht mehr so häufig auf die Absicherung durch einen Ehemann angewiesen sind. Und dass Ehemänner heute auch kein Garant mehr für Absicherung sind. Für eine Frau kann es sich heute durchaus «rechnen», in ihre Karriere zu investieren statt in einen männlichen Versorger. Umgekehrt kann eine Versorgerin heute für einen Mann durchaus eine gleichwertige Option zur Karriere sein.

Julie hat schon ein klares Ziel, und das wird ihr die Suche einfacher machen. Sie denkt nicht vor allem an Liebe, sondern bedenkt das Leben, das sie mit einem Ehemann leben will. Dazu muss sie wissen, wo diese Art von Mann zu finden ist. Und da heute weniger ritualisierte Räume existieren, in denen Menschen mit Beziehungswünschen locker aufeinandertreffen können, müssen Frauen und Männer Situationen herbeiführen, in denen sie auf potenzielle Liebespartner treffen können. Außerdem werden Sie vermutlich mehrfach im Leben nach Liebe suchen müssen, weil lebenslange Beziehungen heute ebenso wenig zum Alltag gehören wie die lebenslange Bindung an ein Unternehmen.

Nun will ich Sie nicht entmutigen. Im Gegenteil. Ich will Ihnen Methoden und Vorgehensweisen aufzeigen, die Ihnen immer wieder eine erfolgreiche Suche ermöglichen. Sie werden jemanden finden. Es wird eine Weile dauern. Und Sie werden vielleicht auch öfter suchen müssen. Scheidungsraten sind hoch, ganz zu schweigen von der vermutlich noch höheren Zahl unverheirateter Paare, die sich noch einfacher trennen. Wir können das bedauern, aber wir können auch eine Chance darin sehen: immer wieder eine neue Liebesbeziehung. Herrlich! Es kann sich also für Sie lohnen, sich mit angemessenen Suchstrategien auf dem Liebesmarkt vertraut zu machen. Zunächst mag es Ihnen äußerst anstrengend vorkommen, aber nach einer Weile werden Sie merken, dass die Suche Spaß macht, dass es funktioniert und sogar zum Erfolg führt. Also fangen Sie noch heute damit an.

Sie sind schon gut gestartet. Sie haben Ihre Zeit- und Geldressourcen geklärt, falls nötig, Ihr Aussehen optimiert, mit Freundinnen und Kollegen und anderen Multiplikatoren gesprochen und vielleicht bereits neue Männer oder Frauen mit Traumpartnerpotenzial kennengelernt. Aber Sie sind immer noch in der Konzeptionsphase: Sie haben noch kein erreichbares Ziel festgelegt. Jetzt wird es komplizierter: Sie müssen wissen, was Sie mit

Ihrer Suche erreichen wollen. Das ist doch klar, denken Sie. Sie wünschen sich einen Mann, der Sie liebt. Ist das nicht ein eher unspezifisches Ziel? Woran merken Sie denn, dass er Sie liebt? Ich möchte Sie mit einer Methode der Zieldefinition aus dem Managementbereich vertraut machen, die auch für unseren Zusammenhang hilfreich sein kann.

Die SMART-Methode

Für eine Zielfestlegung müssen bestimmte Kriterien berücksichtigt werden, damit das Ziel auch in der erwünschten Form und zum geplanten Zeitpunkt erreicht werden kann. Ein Ziel muss sein:

S – spezifisch: Inhalt, Umfang, Aussehen, Nutzen müssen klar definiert sein.
M – messbar: Es muss überprüfbar sein, ob das Ziel erreicht wurde.
A – attraktiv: Der Nutzen des Ziels muss erkennbar sein.
R – realistisch: Es muss erreichbar sein.
T – terminiert: Ein Termin der Zielerreichung muss festgelegt sein.

S – *Das Ziel muss spezifisch sein:* Legen Sie fest, welchen Mann oder welche Frau Sie wollen. Schön, intelligent, groß, klein, dick, dünn, reich, begabt, liebevoll oder einflussreich? Hier oder in Australien? Soll Sie Sportlerin sein, oder wünschen Sie sich eine intellektuelle Frau? Ist es wichtig, dass er ein guter Vater sein wird, oder wichtiger, ob er einen Roadster mit seinen Anfangsbuchstaben auf dem Nummernschild fährt?

M – *Das Ziel muss messbar sein:* Woran erkennen Sie, dass Ihr Ziel erreicht ist? Was muss geschehen, damit Sie wissen, dass Sie den Mann oder die Frau Ihres Lebens gefunden haben? Ist Ihr

Wunsch nach einer aufregenden Nacht erfüllt, wenn Sie sich mit einem lockeren «Man sieht sich» verabschieden? Oder erst dann, wenn Sie bei Ikea das erste gemeinsame Sofa aussuchen? Oder vielleicht sogar erst, wenn das Aufgebot bestellt ist?

A – *Das Ziel muss attraktiv sein:* Was genau erwarten Sie sich davon, mit einem Mann oder einer Frau zusammen zu sein? Um es genau zu sagen, welchen Nutzen sollte Ihnen das Zusammensein mit einem Mann oder einer Frau bringen? Was ist schöner, wenn er oder sie da ist? Was besser? Was zufriedenstellender? Denken Sie gut darüber nach, bevor Sie sich der Mühe unterziehen, die eine Liebeskampagne mit sich bringt. Was erhoffen Sie sich davon, dass (wieder) ein Mann oder eine Frau in Ihrem Leben ist? Ich darf Sie gleich mit einer meiner Lebenserfahrungen konfrontieren: Es wird mit einem neuen Mann (oder einer Frau) nicht automatisch alles «schöner». Aber wir können etwas dafür tun, dass bessere Voraussetzungen für das Schönere vorhanden sind.

R – *Das Ziel muss erreichbar sein:* Ich sage zwar, dass alles erreichbar ist und jeder, der es sich vorgenommen hat und systematisch die richtigen Schritte macht, einen Job oder eine Frau findet. Aber natürlich ist nicht jeder Job erreichbar. Oder jeder Mann oder jede Frau. Seien Sie also realistisch. Wenn Ihre Lieblingssendung *Richterin Barbara Salesch* ist, Ihre Lieblingslektüre *Harry Potter* und Sie sich in dem Film *Brüno* vor Lachen ausschütten, dann ist die Regisseurin an einer Off-Bühne für Experimentaltheater nicht das richtige Zielobjekt für Sie. Wenn Sie bei Attac mitarbeiten und niemals etwas essen würden, das mehr als hundert Kilometer zu Ihrem Lebensmittelpunkt transportiert wurde, dann sollten Sie Ihre Fühler nicht nach dem jungen Banker ausstrecken, der einen hochgetunten Golf GTX fährt und After-Work-Partys mit Sushi und Champagner liebt. Wenn Sie 39 Jahre alt sind, Kleidergröße 42 und gerne flache Schuhe tragen, dann ist der russische Milliardär mit Rolex und Jaguar auch nicht das Richtige. Verstehen Sie, was ich meine? Es muss einfach passen. Sonst sind Sie nur frustriert. Erfolgreiche Menschen zeichnen sich übrigens dadurch aus, dass sie sich niemals unerreichbare Ziele setzen, was selbstverständlich amerikanische Forscher herausgefunden haben. Erfolglose Menschen setzen sich gerne nicht erreichbare Ziele, damit sie bestätigt bekommen, dass ihnen nichts gelingt.

T – *Das Ziel muss terminiert werden:* Sie sollten festlegen, wann Sie wieder einen Partner haben wollen. Sie denken, dass man das nicht kann? Dass es doch gar nicht auf einen selbst ankommt, sondern auf die Möglichkeiten des Liebesmarktes? Sie täuschen sich. Ein klares Ziel, ein fester Vorsatz und eine disziplinierte Abarbeitung Ihrer Kampagne – und der Erfolg wird nicht ausbleiben. Eine Liebes-Deadline ist nützlich, weil Sie dann Ihre Anstrengungen danach ausrichten. Diese Deadline wird Ihnen helfen, realistisch zu sein: Wenn ein neuer Partner schnell gefunden sein soll, dann müssen Sie viele Stunden in der Woche einplanen. Wenn Sie auch zufrieden wären, wenn das Liebesglück sich erst in einem Jahr einstellt, dann können Sie auch mit fünf Stunden die Woche schon viel erreichen.

MEIN ZIEL FINDEN

«Neulich in der Sendung *Planet Wissen* hat einer gesagt, dass er nie mit einem Gemischtköstler leben könnte. Der war Veganer.» Jessica kichert.

«Das muss ja ein fundamentalistischer Veganer gewesen sein», sagt Sascha verwundert.

«Es mag merkwürdig klingen, aber man kann so eine Aussage auch positiv werten», erkläre ich. «Ich denke, dass dieser Veganer einigen von Ihnen schon weit voraus ist. Er hat ein klares Ziel vor Augen, auch wenn es negativ formuliert ist. Er weiß, dass er nur mit einer Veganerin leben könnte. Sicher schränkt das seine Wahl ein wenig ein, aber er kennt seine Prioritäten. Seine Sensoren sind auf Veganerinnen im passenden Alter gerichtet.» Alle gucken verblüfft, Helene, wie immer, skeptisch.

Wenn wir einen Mann finden wollen, mit dem wir glücklich werden können, dann müssen wir vorher vieles bedenken: wie er sein sollte und was er für Interessen und Wertvorstellungen haben soll. Und unter welchen Umständen ist gesichert, dass es Ihnen mit ihm oder ihr besser geht als alleine? Fällt Ihnen spontan ein, was Sie für unverzichtbar halten? Häufig denken wir nur an Verhaltensweisen, die uns am letzten Partner geärgert haben. Oder die bei der vorletzten Partnerin wunderbar waren. Wir sollten uns aber Zeit nehmen, genauer nachzudenken, was uns darüber hinaus wichtig ist und in welchen Bereichen wir kompromissbereit sind. Mit zunehmendem Alter haben wir oft feste Vorstellungen und Vorlieben, Gewohnheiten, Freunde und Hobbys, die wir wegen eines Partners oder einer Partnerin nicht gerne aufgeben wollen.

«Stimmt», sagt Max. «Wenn eine Frau etwas dagegen hätte, dass ich viel trainiere und wegen des Ironman auch nach Hawaii oder nach Neuseeland fahren muss, dann würde ich das nicht akzeptieren.»

«Und ich möchte mit jemandem leben, der auch meine Vorstellungen von gesunder Ernährung teilt», sagt Thorsten. «Sonst wäre das schwierig. Ich brauche auch viel Zeit für mich alleine. Lesen, nachdenken, Schach spielen, das ist mir alles sehr wichtig.»

«Bei mir wären es die ästhetischen Vorstellungen. Wenn eine Frau Van-Gogh-Poster oder Strohblumensträuße mögen würde, dann könnte ich damit nicht leben», sagt Helene entschieden.

Um herauszufinden, was genau Sie sich bei einem Partner wünschen, sollten Sie sich mit den Übungen auf den nächsten Seiten beschäftigen. Dabei wird es sowohl um das gehen, was Sie wollen, als auch um das, was Sie nicht wollen. Schauen Sie sich um: Sehen Sie viele Paare, die den Eindruck vermitteln, miteinander glücklich zu sein? Es wird oft gesagt, das liege daran, dass sie nicht ausreichend an ihrer Beziehung arbeiten, nicht über die richtigen Kommunikationstechniken verfügen oder vielleicht einfach nicht durchhalten können. Ich sage etwas anderes: Ich bin überzeugt, dass sie ihre Zielsetzung nicht klar vor Augen hatten. Sie haben auf den Zufall vertraut, und als es so weit war, hatten sie keine validen Kriterien an der Hand, um zu beurteilen, ob der Schritt in die gemeinsame Wohnung oder gar in die Ehe der richtige sein würde. Möglicherweise waren sie verliebt, doch dass Verliebtsein eine notwendige, aber keine hinreichende Voraussetzung für eine angenehme längere Beziehung ist, wissen alle, die ihre Pubertät hinter sich haben. Nehmen Sie sich ausreichend Zeit für die Planung.

Die folgenden Übungen sollten Sie in einer zu Ihnen passenden Form festhalten, das hilft später, noch einmal genau zu prüfen, was Ihnen in den Kopf gekommen ist. Da ich selbst gern schreibe, liebe ich diese Form der Phantasieentwicklung. Falls Sie zu den Menschen gehören, die lieber mit anderen Menschen über Ihre Vorstellungen reden, dann bitten Sie einen Freund oder eine Freundin, ob Sie ihr oder ihm Ihre Überlegungen am Telefon oder bei einem Abendessen erzählen können. Oder Sie finden eine Gruppe von Freunden, die vielleicht auch auf der Suche ist, und übernehmen die Übungen aus unserem Seminar. Wenn Sie ein eher visueller Typ sind, dann können Sie auch alleine oder in einer Gruppe alle Gedanken auf einem Bild oder einer Collage festhalten. Wählen Sie die Form, in der Sie sich gerne ausdrücken.

ÜBUNG 1: Ein schöner Tag mit meiner neuen Liebe

Setzen Sie sich gemütlich hin, vielleicht mit einem Glas Wein oder auch Karottensaft, und überlegen Sie, wie ein schöner Tag gemeinsam mit der Liebe Ihres Lebens aussehen würde. Und schreiben Sie das auf – falls Sie zu der Fraktion gehören, die gerne schreibt. Nein, keine Stichworte, formulieren Sie es aus. Schreiben Sie, wo Sie sich befinden, wie die Atmosphäre ist, wie die Wohnung, das Hotel oder das Zelt eingerichtet ist, wie es riecht, welche Farben Sie sehen. Was genau tun Sie? Lesen Sie gemütlich das gute Buch und hören eine Chopin-Etüde in gemeinsamem Schweigen? Spielen Sie Scrabble, oder reichen Sie ihm den Schraubenzieher, wenn er auf der Leiter steht und versucht, die Ikea-Lampe an der Decke zu befestigen? Sitzen Sie mit Ihren Freunden vor der Sportschau, und sie bereitet ein perfektes Dinner für alle in der Küche zu? Macht er Schulaufgaben mit den gemeinsamen Kindern und hat schon einen Möhren-Dinkel-Auflauf im Ofen, während Sie sich vor dem Essen noch rasch die Börsenkurse ansehen? Wünschen Sie sich täglich wilden Sex, am besten in jedem Zimmer Ihrer Wohnung? Kochen Sie gemeinsam für Freunde, oder kuscheln Sie lieber alleine auf dem Sofa? Und, ganz wichtig: Überlässt er Ihnen abends die Fernbedienung? Ich kenne glücklich verheiratete Freunde, die sogar gemeinsam zum Arzt gehen. Paddeln Sie zusammen den Amazonas hinunter? Wedelt er die Moskitos von Ihren Armen? Hat er ein Erfrischungsgetränk dabei? Das sind natürlich nur Beispiele.

Seien Sie spezifisch, und achten Sie darauf, dass bei der Vorstellung dieses schönen Tages gemeinsam mit dem Partner ein Glücksgefühl in Ihnen aufsteigt. Und beachten Sie die Aufgabenstellung der Übung: Es geht nicht um den idealen Mann oder die ideale Frau und einen gemeinsamen Tag, sondern es geht darum, wie ein für Sie schöner Tag aussieht, bei dem er oder sie auch eine Rolle spielen dürfen. Heben Sie den Text auf. Er kann später nützlich sein, wenn es darum geht, Kriterien festzulegen, sollte ein Kandidat oder eine Kandidatin am Horizont auftauchen. Könnte solch ein Tag mit ihm oder ihr funktionieren?

Jessicas schöner Tag
Ich wache auf, weil die Sonne in mein Gesicht scheint und draußen die Vögel zwitschern. Durch die Balkontür, an der durchsichtige hellblaue Vorhänge im Wind wehen, sehe ich das Meer. Der Platz neben mir im Bett ist schon leer, weil der Mann, den ich liebe, schon zu seinem Job gefahren ist. Im unteren Stockwerk, aus der Küche, hört man Gekichere. Das ist sicher meine Tochter Carolina mit ihren Freundinnen, man weiß nie, wie viele Mädchen bei uns übernachtet haben. Carolina ruft mich. Ich soll zum Frühstück kommen, sie haben sogar schon Kaffee gemacht. Wir frühstücken draußen auf der Terrasse mit frischen Säften und Früchten. Nach dem Frühstück fahre ich die Kinder in die Schule. Sie gehen in eine Schule, in der afrikanische und europäische Kinder zusammen unterrichtet werden. Uns ist es wichtig, dass wir so weit wie möglich zu den gleichen Bedingungen leben wie die Afrikaner.

Anschließend fahre ich in das Dorf, in dem das Krankenhaus mit Unterstützung der Entwicklungshilfe geführt wird. Ich helfe dort den Orthopäden und inzwischen auch den Hebammen. Während der Fahrt ruft mich Peter, der Mann, den ich liebe, an und fragt, ob ich einverstanden bin, dass heute Abend Freunde zu uns kommen. Er wird einen großen Fisch auf dem Markt kaufen. Und dann sagt er noch, dass er mich liebt. Peter und ich lieben Gäste und freuen uns immer, wenn das Haus voll ist. Peter arbeitet auch in der Entwicklungshilfe und hat unheimlich viel zu tun. Oft ist er mehrere Tage nicht zu Hause, aber das macht nichts, im Gegenteil, ich finde das ganz gut, dann kann ich was mit Carolina machen und mich mit meinen afrikanischen Freundinnen treffen. Wir tratschen dann über Mode und Männer, und ich lerne ganz viele tolle Ge-

richte von ihnen. Übrigens wünschen sich die afrikanischen Kinder inzwischen immer meine Lasagne. Wir wollen vielleicht ein afrikanisch-deutsch-italienisches Kochbuch rausgeben – damit können wir Geld sammeln für unser Projekt.

Carolina ist inzwischen ein Kricketfan und trainiert mit der Mädchen-Kricketmannschaft. Meine Freundinnen und ich haben eine Basketballmannschaft gegründet und trainieren wöchentlich. Und ich lerne in einer kleinen Manufaktur, wie man Baumwollstoffe mit typischen Mustern aus der Gegend bedruckt, ich habe schon eigene Entwürfe in unserer Wohnung. Ich habe hier mehr zu tun als in Deutschland, aber es macht alles Spaß. Es ist so anders, und ich lerne jeden Tag etwas Neues. Am späten Nachmittag hole ich Carolina und ein paar Freundinnen wieder ab, und zu Hause fangen wir an, das Abendessen zuzubereiten. Wir stehen alle auf der Terrasse und schneiden Zwiebeln, Okraschoten, Paprika und Lauch, schälen Kartoffeln, kochen Eier und rühren eine scharfe Soße an. Carolina presst Orangen und Mangos aus, und wir trinken sofort den frischen Saft. Uns ist heiß, wir lachen viel und freuen uns, als Peter mit den Freunden und einem Riesenfisch ankommt. Wir streiten uns darüber, wie er zubereitet werden soll, und als endlich alles fertig ist und wir müde und zufrieden vor einer großen Platte mit abgenagten Fischgräten sitzen und noch ein letztes Glas Wein trinken, wissen wir, dass wir glücklich sind. Dann legt Peter seinen Arm um mich, und wir gehen ins Bett. Der Mond scheint durch die Balkontür.

ÜBUNG 2: Eigenschaften, die meine neue Liebe haben sollte

Denken Sie in Ruhe nach: Wie sollte er sein? Leidenschaftlich oder ruhig? Amüsant oder zuverlässig? Viel reden oder gut zuhören können? Geschickt im Haushalt oder lieber zwei linke Hände, damit er auf Sie angewiesen ist? Sollte sie voll berufstätig sein wollen, damit Sie sich weiter ohne Sorgen neben den Kindern in einer Bürgerinitiative engagieren können, unter dem Vorwand, als emanzipierter Vater den Elternurlaub in Anspruch zu nehmen? Ist es Ihnen wichtig, dass er so viel verdient, dass Sie nie wieder Ihren cholerischen Chef und die giftigen Kolleginnen ertragen müssen? Soll er ein Rosenschenker sein? Legen Sie großen Wert auf Vertrauen und gegenseitigen Respekt? Oder ist Ihnen Respekt egal, und Sie wollen wilden Sex? «Alles!», rufen Sascha und Jessica spontan. «Wir wollen Rosen, Respekt und Sex!» Gut, das können sie versuchen, und ich will es ihnen auch nicht ausreden. Die Erfahrung zeigt aber, dass der Erfolg sich eher einstellt, wenn man bei Job und Mann Prioritäten setzt und bereit ist, auf das weniger Wichtige zu verzichten. In jedem Fall sollten Sie vorher darüber nachdenken, nicht erst, wenn es zu spät ist.

Welche Eigenschaften sollte Saschas Mann haben?
1. *Zuverlässigkeit*
2. *Interesse an Kunst*
3. *Zärtlichkeit*
4. *guten Geschmack*
5. *Ordnungssinn*
6. *muss gut mit Geld umgehen können*
7. *muss Freude an einer gepflegten Wohnung haben*
8. *sollte moderne Musik mögen*
9. *sollte verständnisvoll sein*
10. *sollte ruhige Abende mit Sascha mögen*
11. *sollte keine Partynudel sein*
12. *sollte ein überlegter Mensch sein*
13. *sollte kein Abenteurer sein*
14. *sollte sich für die Sechzigerjahre interessieren*
15. *muss vertrauenswürdig sein*
16. *muss meine Wertvorstellungen teilen*

17. *muss sehr sauber sein*
18. *sollte gerne mit Sascha in Ausstellungen gehen*
19. *sollte gerne Geschenke machen und annehmen*
20. *muss treu sein*

ÜBUNG 3: Dinge, die ich mit meiner neuen Liebe tun möchte

Schreiben Sie zunächst zwanzig unterschiedliche Tätigkeiten auf, die Sie gerne gemeinsam mit der neuen Liebe unternehmen würden. Mit der Betonung auf gemeinsam. Warum es so viele sein sollen? Weil Sie merken werden, dass Ihnen die ersten Tätigkeiten schnell einfallen, dann müssen Sie nachdenken, und für das letzte Drittel müssen Sie noch länger nachdenken. Und das ist gut so, denn dann fallen Ihnen Dinge ein, an die Sie im ersten Moment nicht gedacht haben, die Ihnen aber auch wichtig sind. Hören Sie nicht auf, bevor es wirklich zwanzig sind! Es können auch kleine Dinge sein. Wenn Sie fertig sind, bewerten Sie diese Dinge. Welche zehn der zwanzig Tätigkeiten sind die wichtigsten? Und von den zehn wichtigen, welches sind die fünf wichtigsten? Dann können Sie sich sicher sein, dass Sie Tätigkeiten gefunden haben, die Ihnen wirklich wichtig für das gemeinsame Leben sind.

Was Thorsten mit seiner neuen Liebe unternehmen möchte:
1. *gemeinsam gesunde Sachen kochen*
2. *Kinder aufziehen*
3. *Wanderungen durch Schottland in den Ferien*
4. *Fahrradfahrten durch Brandenburg*
5. *sich gegenseitig aus Büchern vorlesen*
6. *gemeinsam Jazz hören*
7. *über Politik diskutieren*
8. *im Gartencenter Kräuter aussuchen*
9. *über Fragen der Didaktik diskutieren*

10. *sich politisch fortschrittlich betätigen*
11. *in Ausstellungen gehen*
12. *Spanisch lernen*
13. *sonntags gemütlich frühstücken*
14. *philosophische Diskussionsrunde organisieren*
15. *nichts tun*
16. *gemeinsam lesen*
17. *schönen Sex haben*
18. *lachen*
19. *streiten*
20. *eine spanische Flechttechnik erlernen*

ÜBUNG 4: Dinge, die ich weiterhin ohne meine neue Liebe tun möchte

Nicht alles möchte man mit einem noch so wundervollen Partner teilen. Es gibt Dinge, die man lieber alleine oder mit Freunden oder Freundinnen machen möchte. Zum Beispiel macht es großen Spaß, mit Freundinnen durch die Fußgängerzone zu laufen und wirklich bei jedem Geschäft alles anzuprobieren oder zumindest durchzusehen. Und vielleicht möchten Sie als Mann in Ruhe nur mit Ihren Freunden die technischen Finessen von Iniestas Fußballstil durchsprechen. Verfahren Sie auch hier wieder wie bei der vorangehenden Übung. Reduzieren Sie zunächst auf die Hälfte, dann legen Sie die drei oder fünf wirklich wichtigen Dinge fest.

Was Helene ohne ihre neue Liebe tun möchte:
1. *Konzepte für neues Küchendesign entwickeln*
2. *Wohnung einrichten*
3. *joggen*
4. *ihre alten Freundinnen regelmäßig treffen*
5. *einmal im Jahr nach Kreta in ein kleines Dorf fahren*

6. *in ihrem Zimmer sitzen und nachdenken*
7. *durch Designgeschäfte laufen*
8. *mit ihrer Familie Pfingsten feiern*
9. *ihre Yogastunden*
10. *Tai-Chi mit einer Gruppe im Volkspark*

ÜBUNG 5: Wertvorstellungen, die mein Partner teilen sollte

Untersuchungen (nicht nur amerikanische) zeigen, dass übereinstimmende Wertvorstellungen wichtiger für eine funktionierende Beziehung sind als etwa Eigenschaften oder Aussehen. Es scheint so, als ob Persönlichkeiten sich durchaus unterscheiden oder ergänzen können, dass aber große Abweichungen in den Wertvorstellungen zu deutlichen Problemen führen können. Daher sollten Sie sich hinsichtlich Ihrer Wertvorstellungen Klarheit verschaffen. Hier sind einige Vorschläge – überlegen Sie, welche anderen Werte für Sie relevant sein könnten.

Max' Wünsche an gemeinsame Wertvorstellungen:
- Zuverlässigkeit ist für mich … *bei wichtigen Dingen wichtig, bei Kleinigkeiten nicht so wichtig.*
- Für mich sind Auseinandersetzungen … *normal, wenn Menschen aufeinandertreffen.*
- Nicht akzeptieren kann ich bei Menschen … *Da gibt es nicht viel. Ich würde Grausamkeit nicht akzeptieren, rechte politische Vorstellungen, überhaupt Fundamentalismus in allen Dingen.*
- In Konflikten ist es gut …, *wenn man sie schnell und direkt klärt.*
- Verständnis heißt für mich …, *dass man versucht, die Beweggründe des anderen zu verstehen, wenn man sie auch nicht unbedingt akzeptiert.*

- Unter Fairness verstehe ich ..., *dass man anderen das zubilligt, was man auch für sich beansprucht.*
- In Beziehungen brauche ich ... *Humor, Abenteuerlust, Zärtlichkeit, Sex und gegenseitigen Freiraum.*
- Toleranz heißt für mich ..., *dass man nicht nur die eigenen Maßstäbe für wichtig hält.*
- Respekt habe ich für ... *Leistungen, für die man sich anstrengen muss.*
- Ordnung ist für mich ... *nicht besonders wichtig.*
- Vertrauen entsteht durch ... *Kennenlernen und sich respektieren.*
- Familie ist für mich ... *schön, sollte aber nicht das Einzige im Leben sein.*
- Mit Geld sollte man ... *sich Dinge leisten, die Spaß machen.*
- Status bedeutet für mich ... *nichts.*

ÜBUNG 6: Was ich an berühmten Menschen bewundere

Überlegen Sie sich drei berühmte oder bekannte Persönlichkeiten, die Ihnen besonders gut gefallen. Schauspieler, Sänger, Dichter, Schriftsteller oder Sportler, selbst Politiker kommen in Frage. Hier ein Beispiel.

1. Angelina Jolie
2. Jogi Löw
3. Helmut Kohl

Überlegen Sie nun, welche Eigenschaften Sie an diesen Persönlichkeiten besonders beeindruckend finden. Was gefällt Ihnen? Wie stellen Sie sich das Familien- oder Liebesleben dieser Personen vor? Ist dabei etwas, was Sie auch gerne in Ihrer Liebesbeziehung hätten? Bei Angelina Jolie sind Sie beeindruckt von ihrer Fürsorglichkeit, mit der sie ihre große Familie managt. Und natürlich von ihrem politischen Engagement. Und sicher nicht ganz zuletzt von der eisernen Disziplin, mit der sie darauf achtet, für Brad Pitt weiterhin attraktiv zu bleiben. Was gefällt Ihnen an Jogi Löw? Was an Helmut Kohl?

Denken Sie darüber nach, ob sich nicht Eigenschaften, die Sie diesen Personen zuschreiben, auch in Ihrem Leben oder in Ihrer Liebesbeziehung wiederfinden sollten? Oder ob Sie gar so leben wollen, wie diese Personen es in Ihrer Vorstellung tun? Solche Überlegungen können auch noch einmal hilfreich sein bei Ihrer Zielfindung.

WAS HABEN WIR IN SCHRITT 3 GELERNT?

Sie kennen sich selbst besser und Ihre Wünsche an einen Partner und an das Leben mit ihm oder ihr. Sie haben einen Eindruck davon gewonnen, wie Sie von anderen Menschen gesehen werden. Sie wissen, welche Gemeinsamkeiten Ihnen wichtig sind und wozu Sie weiterhin Freiräume brauchen.

Hausaufgaben

1. Setzen Sie sich ruhig zu Hause alleine oder mit Freunden hin und machen Sie sorgfältig alle Übungen. Nehmen Sie sich Zeit, nachzudenken.

2. Filtern Sie Ihr spezifisches, messbares, attraktives, realistisches, terminiertes Ziel heraus.

3. Führen Sie Ihre Kontaktnetz- und/oder Vorwandstrategie konsequent weiter. Achten Sie dabei auf das geplante Zeitkontingent, bzw. modifizieren Sie es, wenn es nicht eingehalten werden kann oder es nicht ausreicht.

SCHRITT 4:
Wie erkenne ich meine Stärken und Schwächen?

Als Sie anfingen, dieses Buch zu lesen, hatten Sie einen Wunsch: Ich möchte wieder in einer liebevollen Beziehung leben. In *Schritt 3* haben Sie gelernt, aus diesem Wunsch ein messbares und realisierbares Ziel zu machen. Sie haben festgelegt, wie der Mensch sein müsste, mit dem Sie leben wollen, wie ein gemeinsames Leben aussehen sollte und was Sie in einer Beziehung stören würde.

Es ist wichtig zu wissen, was wir wollen. Aber ebenso wichtig ist es, sich darüber klar zu werden, was Sie selbst mitbringen, um eine glückliche Beziehung führen zu können. Welche Ihrer Eigenschaften und Verhaltensweisen sind Pluspunkte für eine Beziehung, über welche Eigenschaften sollten Sie noch einmal gründlich nachdenken, weil sie sich bereits in vergangenen Beziehungen nicht förderlich auf das beiderseitige Glücksgefühl ausgewirkt haben? Es geht um Ihre Stärken und Schwächen. Diese Liebes-Potenzial-Analyse hilft Ihnen dabei, sorgfältig zu überprüfen, inwieweit Ihre eigenen Eigenschaften, Verhaltensweisen und Wertvorstellungen mit Ihrem «Wunschpartner» und der von Ihnen erwünschten gemeinsamen Lebensweise übereinstimmen.

DAS VIERTE TREFFEN

Juli
Bevor wir uns unseren Stärken und Schwächen widmen, lassen wir uns wieder von den Seminarteilnehmern berichten, welche

Schritte sie in den letzten Wochen unternommen haben und welche Erfolge oder Misserfolge sie erlebt haben.

Als ich hereinkomme, ist eine lebhafte Unterhaltung im Gange. Die neuen Outfits werden kommentiert, Geschichten der Liebessuche erzählt. Thorsten hat sich erkennbar verschönert – zur neuen Frisur sind eine elegante randlose Brille und eine sportliche Tweedjacke gekommen. Kein angegrauter Hanfbeutel wird schamhaft unter den Stuhl geschoben, sondern eine witzig bedruckte Laptoptasche liegt vor ihm. Auch sein Gesichtsausdruck ist entspannter, und man merkt ihm an, wie wohl er sich fühlt. Julie hat inzwischen erfolgreich begonnen, ihr Äußeres ihrem Ziel anzupassen. Aus dem punkigen Mädchen in Doc Martens ist eine hübsche junge Studentin in Jeans und hellblauer Bluse geworden. Das Kaugummi hat sie sich zwar noch nicht abgewöhnt, aber sie hat ja noch Zeit. Helene, Jessica und Sascha waren ohnehin bereits zieladäquat angezogen, sodass keine Veränderungen notwendig waren. Aber Helenes Gesichtsausdruck ist fröhlicher. Auch Max hat sich optisch verändert. Die beim letzten Treffen angeforderte Unterstützung hat er offensichtlich bekommen. Ich bitte ihn um einen Rückblick auf die letzten Wochen.

Max nickt. «Ich bin Helene und Jessica sehr dankbar für ihre Beratung. Ich hatte ein bisschen Sorge, dass sie mich wie Sascha anziehen wollten. Sorry, Sascha, ich finde das absolut passend bei dir, aber das würde mir nicht stehen. Aber sie haben etwas gefunden, was zu mir passt. Außerdem war es wirklich lustig mit euch. Ich habe früher Einkaufen gehasst, aber mit euch war das toll. Und ich war erstaunt, dass nichts teuer war, denn ich will nicht viel Geld für Kleidung ausgeben. Ich brauche für den nächsten Ironman auf Hawaii im Oktober ein neues Rad.»

«Weil man als Physiotherapeutin nicht viel verdient, weiß ich genau, wie man sich chic anzieht, ohne dass es viel kostet. Oder findet ihr nicht?» Jessica guckt an sich herunter. «Das habe ich vom Trödel.»

«Auf jeden Fall.» Max, Thorsten und Helene betrachten mit großer Zustimmung Jessicas Dekolleté. Zu einer flatterigen weißen Leinenhose trägt sie ein weißes ärmelloses Nachthemd mit tiefem Ausschnitt, das mit einem lila Seidenschal zusammengehalten wird.

Max hat noch mehr erlebt. Er war bei Jessicas zweitem nichtperfekten Dinner. Es war toll. Das findet Sascha auch, der ebenfalls mitgekocht und -gegessen hat. Und Max hat sich gut unterhalten mit den Gästen. Mit Annika wird er mal ins Kino gehen. Mit der Grünen-Frau aus der Abteilung Abfallbeseitigung hat er sich nach dem Büro getroffen, die hat viel Ahnung. Sie hat ihn letzte Woche zu den Grünen mitgenommen, da wird er jetzt öfter hingehen, das war interessant.

«Und waren bei den Grünen auch andere passende Frauen?» Julie hat den Sinn für das Wesentliche.

«Doch, schon.» Max errötet. «Mit einer war ich indisch essen. Die hatte ein tolles Buch über *Sustainable Sanitation* gelesen.»

«Was ist denn Sustainable Sanitation?», fragt Sascha Helene leise. «Ist es das, was ich denke? Pfui Teufel.»

«Ich kann das gerne erklären», sagt Max engagiert. Sustainable Sanitation liegt ihm am Herzen. «Es geht darum, dass wir zu viel Wasser in den Toiletten verbrauchen und man auf ganz anderem Wege …»

«Nein, bitte, Max, ich will dich wirklich nicht ärgern, aber das will ich nicht hören.» Sascha verzieht das Gesicht. «Und die Handballerinnen, Max?»

«Ich hatte schon das erste Training mit ihnen, das hat super funktioniert, sie waren auch sehr zufrieden. Und Inge interessiert sich für den Ironman, deswegen haben wir uns morgen auf einen Kaffee verabredet.» Max errötet schon wieder. «Und nach dem Training habe ich Tanja im Auto mitgenommen, und wir haben uns für Samstag verabredet. Die sieht sehr süß aus. Ja, und als Letztes waren wir mit unserer Frauensuchgruppe aus dem Büro unterwegs. Jeder musste eine Frau ansprechen. Bei mir hat es erst beim dritten Versuch mit Annette geklappt. Ohne unseren Vorsatz hätte ich nie durchgehalten.»

Alle schweigen beeindruckt. Mit fünf Verabredungen hatte Max eine wirklich gute Ausbeute und die beste Erfolgsquote bis jetzt. Max ist stolz und verlegen zugleich. Aus dem maulfaulen und schüchternen «Langweiler» ist fast ein Draufgänger geworden.

Mit schmalem Mund wirft Jessica die Frage auf, ob es okay sei, sich mit so vielen Frauen parallel zu verabreden? Sie fände das unfair. Ob er denn kein moralisches Problem damit habe?

Muss ich einem Date vom anderen erzählen?
Das ist eine wichtige Frage, vor der Sie bald auch stehen könnten. Wie würde es Ihnen damit gehen? Fragen Sie sich, ob es Sie verletzen würde, wenn eines Ihrer Dates sich auch noch mit anderen verabredete? Würde es Sie nur kränken, wenn er es Ihnen nicht erzählte? Und wie würde es Ihnen gehen, wenn Sie selbst mit Hilfe Ihrer Kontaktnetzstrategie mehrere Verabredungen hätten? Würden Sie jeden weiteren Termin absagen, weil Sie beim nicht-perfekten Dinner einen Kinobesuch mit Martin verabredet haben? Sind Sie mit einer ersten Verabredung bereits eine emotionale Verpflichtung eingegangen?

Beim Bewerbungsprozess gehen wir davon aus, dass er erst dann abgeschlossen ist, wenn ein von beiden Seiten unterschriebener Vertrag zustande gekommen ist. Bis dahin empfehle ich, jede Einladung zu einem Bewerbungsgespräch wahrzunehmen. Natürlich gerät der Vergleich zwischen Jobsuche und Liebessuche hier an seine Grenzen. Bei der Liebessuche kommt es auf die Situation an: Wenn Sie über das Kontaktnetz eine erste Verabredung treffen, dann ist sicher noch keine emotionale Verpflichtung entstanden. Wenn Sie sich mit dieser Frau oder diesem Mann aber das dritte Mal treffen und sich bereits Schmetterlinge angedeutet haben, dann würde ich vielleicht andere Verabredungen erst einmal zurückstellen. Ich empfehle das einerseits aus Fairness gegenüber Ihrem potenziellen Liebespartner, andererseits, weil Sie sich selbst wahrscheinlich nicht vollständig auf eine mögliche Liebesgeschichte einlassen können, wenn Sie weiterhin andere «Kandidaten» nebenherlaufen lassen.

Wenn Sie allerdings über Online-Partnerbörsen oder Liebesannoncen gegangen sind, dann ist für beide Seiten klar, dass auch die andere Seite mehrere «Angebote» prüfen wird. Und dass nicht ein einziges Date reicht, um zu einer Entscheidung zu kommen, ist auch verständlich. In diesen Fällen ist auch mit der zweiten Verabredung noch nicht unbedingt ein emotionaler «Vertrag» zustande gekommen. Aber hören Sie vor allem auf Ihre Gefühle dabei. Und machen Sie sich bitte klar, dass nicht jede Verabredung zum großen Glück führen wird, ebenso wie nicht jedes Vorstellungsgespräch zu dem Traumjob führt. Gerade bei Frauen erlebe ich es oft, dass sie sich jeden Mann, mit dem sie einen netten Abend verbracht haben, «schönreden»: Er sieht zwar nicht so gut aus, heißt es oft, aber er ist so sensibel …, er entspricht zwar nicht meinem Wunschpartner, aber es war so lustig mit ihm, und er hat so interessant über seinen Beruf erzählt …, er hat zwar nicht eine Frage an mich gerichtet, sondern den ganzen Abend von sich geredet, aber er hatte eben bei mir den Eindruck, dass ich so gut zuhören kann … Und das sagen Frauen, obwohl sie sich geschworen hatten, nie wieder einen Mann gut zu finden, der sich nicht danach erkundigt, wie es ihnen geht, was sie interessiert oder worüber sie gerade traurig sind.

Bitte treten Sie nach einem derartigen Abend einen Schritt zurück. Denken Sie darüber nach, ob der Herr des gestrigen Abends wirklich über die Ihnen wichtigen Eigenschaften verfügt. Nehmen Sie Ihren Liebesmentor dazu: Er oder sie wird Ihnen Ihre Zielvorstellungen noch einmal vorlesen. Vielleicht hat sich das dann mit der zweiten Verabredung gleich erledigt.

Wir wissen nicht, ob Max mit einem seiner fünf Dates glücklich werden wird. Nicht bei jedem Date treffen Sie einen potenziellen Liebhaber. Und nicht jede potenzielle Liebhaberin wird Ihre Liebhaberin sein wollen. Auch mit Zurückweisungen werden Sie im Verlauf der Liebessuche umgehen müssen – das verlangen Sie ja auch, wenn ein Gegenüber Ihnen nicht gefällt. Und daher müssen Sie auch viele Verabredungen treffen. Max findet nur Tanja attraktiv. Wenn er jetzt den anderen Frauen absagt, dann ist der Kummer umso größer, wenn Tanja nach dem zweiten Date doch keine Lust mehr auf Max hat. Gibt es noch Inge und Annette und die Frau aus der Abteilung Abfallwirtschaft, dann kommt Max leichter über Tanja hinweg, unabhängig davon, ob eine der anderen Liebespartnerinnen werden. Das sieht natürlich anders aus, wenn zwischen Max und Tanja bereits eine Liebesbeziehung bestanden hat und Tanja nach einiger Zeit merkt, dass Jürgen doch besser zu ihr passt. Dann wird Max trauern. Aber solange alles noch während des Suchprozesses stattfindet, ist es sinnvoller, auf mehrere Kandidaten zurückgreifen zu können. Außerdem: Woher kann Max wissen, ob Doris aus der Abfallwirtschaft sich in Gesprächen nicht als viel attraktiver oder witziger oder interessanter als Tanja erweist?

Kommen wir zurück zu den Erfolgsberichten unserer Seminarteilnehmer. Helene ist erstaunt, wie viel Resonanz sie auf ihre Aktivitäten hatte. Ihr Singledinner war ein voller Erfolg. Die zwölf Frauen konnten sich fast alle für die gezielte Liebessuche erwärmen und haben in einem Brainstorming viele gute Ideen entwickelt. Sie konnte auch beobachten, dass einige Frauen gemeinsam die Wohnung verließen, die alleine gekommen waren. Die Singleabende wollen sie in wechselnder Besetzung und mit wechselnden Themen einmal im Monat veranstalten, jedes Mal in einer anderen Wohnung. Helene ist verantwortlich für den Arbeitskreis «Lesben im Alter». Den wird sie mit Sabine vorbereiten, die viel jünger ist, aber nett und kompetent.

«Aha», sagt Thorsten. Jessica und Julie grinsen sich an.

Helene wirft ihnen einen strengen Blick zu, aber erzählt weiter. Wegen der Skulpturenausstellung in ihrer Küchenagentur sind sie zu Beate gefahren, der Künstlerin. Die hat mit anderen Künstlern eine alte Schule ausgebaut, um da zu wohnen und zu arbeiten. Beate ist großartig. Sie macht Skulpturen aus unbehandeltem Eisen. Dabei entsteht Kunst, die ganz ursprünglich ist und nicht überformt durch zivilisatorischen Geschmack oder strenge stilistische Disziplinierung.

«Sind die Skulpturen grau?», fragt Thorsten. «Sie würden dann wirklich gut in deine Agentur passen.»

Helenes Blick ist eisig. Morgen guckt sich Beate die Agentur an. Sie bleibt dann für ein paar Tage, weil Helene und sie gemeinsam einen kleinen Katalog entwickeln wollen. Und nächste Woche fahren sie zusammen in die Uckermark, um eine Auswahl der Skulpturen zu treffen.

«Und, ja, Thorsten, sie gefällt mir sehr gut.» Helene klappt ihre graue Mappe zu und lehnt sich zurück. «Sie hat übrigens rote Haare.»

Helenes Statusbericht zeigt, dass sie sowohl mit dem Kontaktnetz erfolgreich war (sie hat Freundinnen von ihrer Suche erzählt) als auch mit der Direktansprache (sie kreiert Events – Singledinner, eine Arbeitsgruppe und eine Ausstellung). Und sie hat ein weiteres Unterstützungsteam mit den Single-Dinner-Organisatorinnen gewonnen.

Sascha öffnet eine Datei auf dem MacBook und schaut auf seine Notizen. Er hatte in der letzten Zeit nicht so viel Zeit, weil sie gerade ein Riesenprojekt haben und total unter Druck sind. Mit Kai läuft es sehr schön weiter. Aber manchmal hat Kai, wegen Serge, keine Zeit, wenn er, Sascha, Zeit hätte. Es stimmt schon, dass es mit so einer Zweitbeziehung nicht immer ganz toll ist. Aber im Moment tut er ihm noch gut. Dann war Sascha bei dem Beziehungsseminar im Waldschlösschen, das war sehr interessant. Er hat viel über sich gelernt, auch darüber, auf welche Männer er immer abfährt; darüber muss er noch nachdenken. Zwei Teilnehmer kamen auch aus Berlin, sie wollen sich bald treffen, um auch eine Unterstützungsgruppe zu bilden. Sie suchen alle. Einer aus der Gruppe arbeitet in einer Galerie, und dort wollen sie Singleabende organisieren. Der Galerist sucht übrigens auch. Sascha will dazu Vittorio einladen, der vorletzte Woche beim nicht-perfekten Dinner bei Jessica war.

Jessica wirkt gut gelaunt. Mit dem Eishockeyspieler trifft sie sich noch, aber es wird weniger; so nett er ist, manchmal fehlen doch ein bisschen die Themen. Der Mann aus dem Internet war furchtbar. Erstens war er deutlich weniger attraktiv als auf dem Foto. Dann erzählte er stundenlang von seinen langweiligen Marketingideen. Und er brachte seinen Boxer mit, der Jessicas schwarze Leinenhose vollgesabbert hat. Das Gelächter der anderen findet sie nicht komisch. «Das war wirklich schrecklich», beschwert sie sich.

Ob das nicht eine wunderbare Möglichkeit gewesen wäre, Nein-Sagen zu üben, frage ich sie. Sie stimmt mir zu, aber das wäre so schwierig gewesen ... Helene und Max gucken sich lächelnd mit hochgezogenen Augenbrauen an.

Aber das Kochen mit Wolfgang ist toll, er kennt eine Buchhandlung für Kochbücher, dort sollen sie auch ein nicht-perfektes Dinner für Singles organisieren. Mit Max hat sie sich zu einer Fahrradtour nach Brandenburg verabredet, denn dort gibt es einen Bauernhof mit regionalen Produkten.

«Wieso fährst du da mit, Max?», fragt Julie erstaunt. «Du kochst doch gar nicht, oder?»

Max errötet und erklärt, dass ihm das letzte Dinner bei Jessica so viel Spaß gemacht habe, dass er gerne helfen wolle. Leicht anzüglich erklärt uns Jessica, dass es Max vor allem wegen Annika so viel Spaß gemacht habe, die beiden hätten sich die ganze Zeit nur miteinander unterhalten. Mit Interesse betrachte ich die Kommunikation zwischen Max und Jessica.

Und dann sei ihr noch etwas sehr Komisches im Baumarkt passiert. Sie brauchte eine Klapprosette für ihre Heizung und suchte nach einem Angestellten. Da haben dann zwei gutaussehende junge Männer Hilfe angeboten. Die haben sich gegenseitig immer unterbrochen, weil jeder den besseren Eindruck bei ihr machen wollte. Als Dank hat sie die beiden zu einem Espresso eingeladen. Das sei ihr ziemlich schwergefallen, aber da sie zu zweit waren, ging es leichter. Es war dann sehr nett in dem Café, sie haben fast eine Stunde dort gesessen und viel gelacht. Und dann habe sie ganz mutig den beiden ihre neue Visitenkarte gegeben und gesagt, man könne das ja mal wiederholen. Die waren begeistert, und der eine hat ihr seine Visitenkarte gegeben und gemeint, wann immer sie wieder Hilfe benötige, sei er zur Stelle. Der andere war deutlich im Nachteil, der hatte keine Visitenkarte – es stimmt also, dass man für so eine Situation immer gerüstet sein muss. Aber er war auch clever und hat nach ihrer Handynummer gefragt. Und gestern Abend hätte sie schon eine SMS von Jochen gehabt, ob sie heute mit ihm ins Kino gehen wolle. Das Problem sei, dass sie nicht mehr wisse, wer Jochen und wer Sven war.

Auch bei Thorsten hat sich viel getan. Mit der Frau, die er nach dem Markt beim Espresso kennengelernt hatte, war er im Kino, und hinterher haben sie noch einen Wein getrunken. Mit ihr kann man gut reden. Sie ist Therapeutin und sucht auch. Sie wollen sich wiedertreffen, obwohl sie nicht ganz sein Typ ist, weil sie flatternde indische Röcke trägt.

«Kaum hat man dich ein bisschen hergerichtet, wirst du schon hochmütig», lacht Sascha. «Zu deinem alten Outfit hätte das doch ganz gut gepasst, oder?»

Thorsten weiß nicht, ob er das komisch finden soll. Er erzählt weiter. Dann hatte er noch eine Sitzung zur Vorbereitung der AG Innovative Lehrmethoden, und nachher hat er mit Sylvie, der Referendarin, ein Bier getrunken. Und dann wurde es etwas länger, und sie ist mit ihm nach Hause gegangen, und, na ja, dann sei es eben passiert. Es gehe ihm sehr gut, Sylvie sei süß. Nein, sie sei nicht zu jung mit 25, sagt er leicht verärgert zu Jessica. Sie sei sehr reif für ihr Alter und auch sehr klug.

«Das sind sie immer», sagt Helene zu Jessica. Julie grinst.

«Kann ich in Ruhe weitererzählen, ohne mir blöde Kommentare anhören zu müssen?» Thorsten ist verärgert.

Er sei wirklich in Sylvie verliebt, das müsse natürlich noch wachsen, aber sie würden sich gut verstehen. Sie sei sehr wissbegierig und würde gerne von ihm lernen. Und sie kann gut zuhören. Alle brechen in Gelächter aus, selbst Max grinst. Er könne ja mit dem Erzählen aufhören, sagt Thorsten beleidigt. Max bittet ihn, weiterzuerzählen. In der Schule hat Thorsten mit vier anderen Lehrern und Lehrerinnen eine Gruppe gebildet. Er gibt die Sieben-Schritte-Methode weiter und leitet die Gruppe an. Dann erzählt er noch von einem Misserfolg. Beim Hosenkauf musste er vor den Kabinen warten und wurde von einer Frau angesprochen. Die fragte ihn, was er von dem gelben T-Shirt halte. Ihre Freundin fände das grüne besser, ob er aus Männersicht etwas dazu sagen könne? Er hat zu dem gelben geraten, und die Frau hat ihn angelacht und «Siehst du!» zu ihrer Freundin gesagt. Er hätte nun sofort etwas tun müssen, aber er wusste nicht, was. Und dann waren sie weg. Schade. Das wäre bestimmt eine Chance gewesen.

Dann macht Julie weiter. Sie war ein bisschen faul, aber das lag auch daran, dass sie jetzt Prüfungen hat. Sie war aber nicht erfolglos. Mit ihrem neuen Kleidungsstil hatte Claudia kein Problem, sie bei Präsentationen von Mercedes und BMW unterzubringen. Sie durfte Champagner und Fingerfood servieren. Es waren viele

Männer da, bei denen sie Chancen hatte, aber die kamen für sie nicht in Frage. Zum Schluss hat Julie einem Herrn Sekt auf den Anzug gekippt, und der hat sich verärgert umgedreht; doch als er sie dann gesehen hat, strahlte er und meinte, es mache doch nichts. Und dann konnte sie ihm ihre neue Visitenkarte geben. Vorgestern hat er sie in ein teures Restaurant eingeladen, und sie fand es unheimlich schön mit ihm. Martin ist Zahnarzt. Und er plant in Augsburg eine Zahnklinik. Sie bieten Schönheitschirurgie für Zähne und Bleaching an, alles keine Kassenleistungen. Der wird irre Geld machen.

Ob der denn der Richtige sei, fragt Jessica nachdenklich. Julie ist erstaunt. Der Richtige? Klar. Er sieht gut aus, ist 39, hat eine tolle finanzielle Zukunft vor sich und keine Freundin. Und er will auch Familie. «Er findet es gut, dass ich BWL mache, dann verstehe ich auch etwas vom Geschäft. Und eine Zahnarztpraxis ist nichts anderes als ein Geschäft. Also mir gefällt er. Heute Morgen hat er schon eine SMS geschickt, dass er mich nachher abholen will. Mit dem neuen BMW.»

Alle schweigen. Ob sie von der Praxis und dem neuen BMW begeistert sei oder von Martin, fragt Helene. Das gehöre doch alles zusammen, findet Julie. Martin passe doch zu ihrer Zielvorstellung, darum sei es doch in *Schritt 3* gegangen. Sie wolle am liebsten gleich in sein schickes Loft einziehen. Und dann bald heiraten. Aber erst, wenn sie ihren Abschluss gemacht hat. Die anderen gucken skeptisch. Julie ist überzeugt, dass es mit ihm klappt, und überlegt, ob sie eigentlich noch zum Seminar kommen soll. Ein empörter Aufschrei von allen. Sie müsse unbedingt bis zum Schluss dabeibleiben. «Dann habe ich mich noch mit zwei Typen aus dem Internet getroffen, aber das ging gar nicht. Der eine war Sozialpädagoge!»

Es hat sich etwas getan. Und es wird noch mehr passieren, wenn alle ihre Marketingkampagne weiterhin so engagiert umsetzen.

In der Diskussion zeigt sich aber, dass es noch Probleme gibt. Jessica und auch Sascha haben Schwierigkeiten mit den Online-Partnerbörsen. Was für ein Profil soll man dort einstellen? Wie beschreibt man sich? Und was soll man antworten? Max und Thorsten finden es schwierig, Frauen anzusprechen. Was kann man sagen, ohne sich lächerlich zu machen, wenn man eine Frau vor der Umkleidekabine oder beim Zahnarzt nett findet?

Vielleicht haben auch Sie Schwierigkeiten bei der Umsetzung Ihrer persönlichen Marketingkampagne? Ein Tipp vorab: Warum fragen Sie nicht Kollegen oder Freunde oder Zahnärzte oder Seminarteilnehmer oder Käufer im Supermarkt, was sie denn tun würden, wenn … Oder wie sie es fänden, wenn …? Sie bekommen Antworten, die Möglichkeit zu einem kleinen Flirt, oder Sie finden einen neuen Multiplikator.

Wie man mit Online-Partnerbörsen umgeht, besprechen wir in *Schritt 5*, und mit der Direktansprache von attraktiven Männern oder Frauen werden wir uns in *Schritt 6* beschäftigen. Es ist normal, dass nicht alles gleich klappt. Sie müssen immer wieder üben und dürfen sich von Misserfolgen nicht entmutigen lassen. Sie erhalten keine Reaktion auf Ihre lange, emotionale Mail an einen Online-Partner? Löschen Sie den Kontakt und schreiben Sie dem Nächsten. Sie werden von der süßen Frau in Ihrer Lieblingskneipe abgewiesen? Vergessen Sie es. In der nächsten Kneipe gibt es auch hübsche Frauen. Sie haben es bei Max gesehen: Erst die dritte Frau hat positiv reagiert. Hätte er gleich eingeschüchtert aufgegeben, wäre er an diesem Abend ohne Verabredung mit Annika nach Hause gegangen. Lernen Sie von Max. Er ist ehrgeizig und will sein Ziel erreichen, ob beim Ironman oder bei der Liebessuche.

WAS BRINGE ICH IN EINE BEZIEHUNG EIN?

Was können wir selbst dazu beitragen, dass unsere Beziehung eine glückliche wird? Welche liebenswerten Eigenschaften und welche Hypotheken bringen wir in eine Beziehung mit ein? Nicht alle Eigenschaften, die wir als Stärken sehen, werden von jedem Mann oder jeder Frau auch als solche wahrgenommen. Und das Gleiche gilt für unsere Schwächen. Die Fähigkeit, der Mittelpunkt von jeder Party zu sein und einen ganzen U-Bahn-Wagen allein unterhalten zu können, wird mancher Mann reizend finden. Ich gehe aber davon aus, dass es auch Männer gibt, die das anders sehen. Die Angewohnheit, hilflos in der Küche vor der Spülmaschine zu stehen oder freitags Blumen von der Tankstelle mitzubringen, wird viele Frauen bezaubern, aber ich kenne Frauen, denen das auf die Nerven geht.

Wir müssen also nicht nur unsere Wünsche, sondern auch unsere Möglichkeiten mit dem potenziellen Liebespartner abgleichen, denn nur dann können wir einschätzen, ob die neue Beziehung eine Chance hat. Nicht jede Frau möchte auch in der nächsten Beziehung immer wieder den Liebespartner mütterlich coachen und ihm bei allen Unternehmungen den Rücken stärken. Nicht jeder Mann will auch in der künftigen Beziehung immer für alles Praktische verantwortlich sein. Das hat er zwölf Jahre lang getan. Und wir sollten überlegen, an welchen Schwächen wir für eine Beziehung arbeiten wollen und an welchen Verhaltensweisen wir festhalten, obwohl sie unseren letzten Beziehungspartner immer gestört haben.

Wie können wir herausfinden, über welche Fähigkeiten, Eigenschaften und Verhaltensweisen wir verfügen, die andere glücklich machen könnten? Welche Schwächen haben wir, die eine Beziehung gefährden können? Für die einen mag ein geregeltes Einkommen von großer Bedeutung sein. Andere erwarten eine Frau mit einer Superfigur, die gut kochen kann und geduldig ist. Max und Jessica wünschen sich Abenteuerlust. Für Thorsten wäre mangelnde Bildung eine Schwäche, für Helene, Jessica und Sascha wäre ein Mangel an ästhetischem Empfinden ein No-Go. Finden Sie durch die Übungen heraus, was Sie zu einer liebevollen, erotischen, verlässlichen, dauerhaften, leidenschaftlichen, Sicherheit bietenden oder abenteuerlichen Beziehung beitragen können. Bedenken Sie, wie Sie solche Beziehungen gefährden könnten. Dazu kann es hilfreich sein, von Ihren Freunden oder Ihren Liebesmentoren zu erfahren, welchen Eindruck andere von Ihnen haben.

In Bewerbungsratgebern wird gerne erzählt, man solle Schwächen anbieten, die eigentlich Stärken seien. Das halte ich in der Bewerbungssituation für ebenso töricht wie bei Ihrer Liebessuche. Wir alle haben Schwächen, die deutlich keine versteckten Stärken sind. Nörgeln, Bevormunden, Eifersucht, ausgeprägte Unzuverlässigkeit oder Unordnung, immer die gleiche Routine beim Sex, Begeisterung für Sendungen mit Kai Pflaume – das zu ertragen verlangt Härte. Da werden Ihnen sicher noch einige Beispiele aus Ihrem eigenen Repertoire einfallen. Vielleicht noch eine Anmerkung: Jeder Mensch hat Schwächen, aber es wäre günstig, wenn Ihre Stärken quantitativ überwiegen würden.

Sollen Sie nun diese Eigenschaften wie bei einem Vorstellungsgespräch aufzählen? Nein, keine Sorge. Jetzt geht es erst einmal darum, dass Sie sich selbst besser kennenlernen und diese Selbsterkenntnis mit Ihren Beziehungswünschen abgleichen. Sie werden dann eher wissen, wer und was zu Ihnen passt. Und Sie werden auch feststellen können, dass Sie sich zwar eine bestimmte Art von Beziehung oder einen bestimmten Typ Frau wünschen, aber Ihre persönlichen Voraussetzungen nicht dazu passen. Das muss Sie nicht unbedingt abhalten, aber Sie werden dann schon vorher wissen, wo mögliche Schwierigkeiten liegen könnten.

Muss ich alle Erwartungen erfüllen?

Aber ich muss doch nicht alles erfüllen, was ein Mann oder eine Frau sich wünscht, werden Sie einwenden. Wenn mein Partner mich liebt, dann muss er mich doch akzeptieren, wie ich bin. Werden Sie ihn oder sie auch genau so akzeptieren, wie er ist? Ich muss Ihnen hier einige Illusionen rauben. Sicher akzeptiert er (oder sie) vieles, wenn er (oder sie) Sie *wirklich* liebt. Wirklich geliebt zu werden ist ein Wunsch, der seit dem ersten Vorlesen von Aschenputtel in uns gewachsen ist. Der Prinz hat Aschenputtel wirklich geliebt. Aber auch sie musste das Richtige «mitbringen»: die richtige Schuhgröße. Der Prinz hatte klare Vorstellungen von dem, was er erwartete. Er hätte sich nicht an eine Liebespartnerin mit größeren Füßen gewöhnt. Ich persönlich rate zu Realismus: Das Vertrauen darauf, dass Männer oder Frauen sich in der Beziehung ändern oder alles akzeptieren, was sie nicht mögen, wenn wir sie oder sie uns nur *richtig* lieben, führt geradewegs in die Praxis von Scheidungsanwälten. Und wenn Beziehungen beginnen, sich in Umerziehungslager zu verwandeln, sollte man gleich die Bedingungen für eine einvernehmliche Trennung festlegen.

Denken Sie nicht darüber nach, ob Sie *richtig* geliebt werden oder *richtig* lieben. Lieben Sie einfach seine liebenswerten Eigenschaften und nehmen Sie seine nicht ganz so liebenswerten Seiten in Kauf. Auch Sie sind nicht perfekt, und das müssen Sie auch nicht sein, um geliebt zu werden. Lernen Sie lieber etwas Gelassenheit und Nachsicht, statt Hypothesen darüber aufzustellen, was er oder sie täten, wenn sie nur *richtig* lieben würden.

ÜBUNG 1: Was erwartet mein Wunschpartner von mir?

Um diese Frage zu beantworten, denken Sie an Ihren Wunschpartner – Sie haben ihn ja jetzt schon genau vor Augen –, und überlegen Sie sich, wie die Frau oder der Mann Ihres Herzens aus seiner oder ihrer Perspektive sein sollte. Wie sieht sie aus? Welche

Eigenschaften hat er? Wie sollte sie sich als seine Partnerin verhalten? Was kann er tun? Was würde sie niemals tun?

Lassen Sie uns das an einem Beispiel verdeutlichen: Julie wünscht sich einen erfolgreichen Mann mit gutem Einkommen, der konservativ ist und eine klassische Hausfrauenehe führen will. Er soll kinderlieb sein, Hunde mögen und Julie alimentieren. Er soll auch in der Stadt eine wichtige Rolle spielen, vielleicht Präsident des Tennisclubs sein. Oder bei den Rotariern. Was erwartet Julies Wunschmann von seiner Frau?

Julie sollte gut aussehen, chic, aber nicht überzogen, eher sportlich. Jeans, blau-weiß gestreiftes Blüschen, kurze Perlenkette und Perlen-Ohrstecker, flache dunkelblaue Schuhe und – je nach Situation – einen dunkelblauen Blazer darüber oder eine dunkelblaue Strickjacke über die Schultern geknotet. Haare halblang, guter Schnitt, ein paar Strähnchen im Haar, nichts Auffälliges. Außerdem sollte Julie gut kochen und Gäste bewirten können. Dann sollte sie über eine gewisse Bildung verfügen, also mindestens die aktuelle Literatur aus der SPIEGEL-Bestsellerliste kennen und wissen, welches Theaterstück man gesehen haben muss. Ganz wichtig ist, dass sie eine gute Zuhörerin ist. Ihr erfolgreicher Mann erlebt so viel und muss das alles verarbeiten, und das geht ihm auch noch abends durch den Kopf. Da braucht er jemanden, der ganz für ihn da ist. Dann muss sie gut für die Kinder sorgen. Sie müssen Klavier oder Geige spielen und zum Ballett und Tennis gebracht werden, und Julie muss bei den Hausaufgaben helfen. Eine eigene Berufstätigkeit fällt aus, bis die Kinder fünfzehn sind. Aber sie könnte sich sozial engagieren, zum Beispiel einen Basar für Migrantinnen organisieren. Und sie muss mit Geld umgehen können. Sie denken, das spielt keine Rolle, wenn ein Mann Geld hat? Da irren Sie sich. Menschen, die Geld haben, haben das nicht, weil sie unvorsichtig mit Geld umgehen.

Vielleicht werden Sie einwenden, dass es sich bei den Vorstellungen von Julies künftigem Mann doch weitgehend um

SCHRITT 4

Klischees handelt. Nicht alle Wirtschaftsanwälte in mittleren Kreisstädten haben einen so konservativen Lebensentwurf. Da haben Sie vermutlich recht. Aber statistisch gesehen ist es einfach wahrscheinlich, dass Julies Wunschmann so oder ähnlich denkt. Sicher kann auch der freakige Autonome aus Julies Kneipe einen Bausparvertrag und eine Riesterrente besitzen. Vielleicht denkt er über eine Karriere im öffentlichen Dienst nach. Aber ich halte es nicht für wahrscheinlich. Vielleicht arbeitet der russische Milliardär ehrenamtlich bei Transparency International. Aber auch das halte ich für nicht wahrscheinlich. Wenn Sie also die Wünsche und Ansprüche Ihres künftigen Traummanns oder Ihrer Traumfrau imaginieren, dann liegen Sie sicher nicht ganz falsch, wenn Sie sich an Bewährtes halten.

Unsere Julie findet das alles in Ordnung. Wenn der Mann ihr das Ambiente bietet, das sie sich wünscht, dann kann er auch etwas dafür verlangen.

Verstehen Sie mich nicht falsch, es geht nicht darum, dass Sie sich verändern, um den Wünschen eines Liebespartners zu entsprechen. Sie müssen sich nicht verbiegen. Sie sollen nur realistisch einschätzen können, was der Mann oder die Frau, die Sie suchen, sich vorstellt und wünscht. Wenn das nicht übereinstimmt mit Ihren Eigenschaften und Verhaltensweisen, dann sollten Sie vielleicht Ihr Wunschziel überdenken.

ÜBUNG 2: Was bringe ich mit in eine Liebesbeziehung?

Denken Sie darüber nach, was Sie an positiven Eigenschaften und Erfahrungen mitbringen, die einen Mann oder eine Frau glücklich machen könnten. Das können so lebensnahe Dinge sein wie gut kochen, Rücken massieren oder Löcher verdübeln. Es kann natürlich auch um etwas weniger greifbare Dinge gehen, wie die Fähigkeit, zuzuhören oder Verständnis für Klagen über nervende

Mütter, Abende mit Bier trinkenden Freunden oder kichernden Freundinnen. Und die Bereitschaft, niemals zu fragen: «Was denkst du gerade?» oder «Liebst du mich wirklich?»

Meine Stärken

Thorsten ist bereit, seine Stärken zu veröffentlichen. Was kann Thorsten gut? Was spricht für ihn?

Thorstens Stärken
1. *Ich habe eine Eigentumswohnung*
2. *Ich habe ein Haus auf Teneriffa*
3. *Ich habe Ersparnisse*
4. *Mein Auto ist erst drei Jahre alt*
5. *Ich kann Steckdosen reparieren*
6. *Ich bin gerecht*
7. *Ich bin systematisch*
8. *Ich habe einen analytischen Verstand*
9. *Ich habe eine gute Allgemeinbildung*
10. *Ich löse gerne Probleme*
11. *Ich bin zärtlich*
12. *Ich liebe Kinder*
13. *Ich mag Katzen*
14. *Ich mag Pflanzen*
15. *Ich bin sehr zuverlässig*
16. *Ich unterhalte mich gerne*
17. *Ich fühle mich meiner Familie gegenüber verantwortlich*
18. *Ich kann meine Schüler für Mathematik begeistern*
19. *Ich koche gut vegetarisch*
20. *Ich passe mich in Geschmacksfragen an*

Meine Schwächen

Und was bringt Julie an Schwächen mit? Was kann sie nicht so gut? Was könnte andere Menschen an ihr stören?

Julies Schwächen

1. *Ich habe keine gute Allgemeinbildung*
2. *Ich bin geizig*
3. *Ich kann nicht kochen*
4. *Ich bin schlampig*
5. *Ich bin unsportlich*
6. *Ich rede sehr laut und viel*
7. *Ich lese nicht viel*
8. *Ich bin konkurrenzhaft*
9. *Ich will immer die Beste sein*
10. *Mich nerven Menschen, die sich nicht entscheiden können*
11. *Ich bin ungeduldig*
12. *Ich höre nicht immer richtig zu*
13. *Ich unterbreche Menschen*
14. *Zu viel Geschmuse geht mir auf den Keks*
15. *Ich mag Sendungen mit Kai Pflaume*
16. *Ich mag Shakira und Lady Gaga*
17. *Ich sage immer sofort meine Meinung*
18. *Ich bin manchmal faul*
19. *Ich habe keinen guten Geschmack*
20. *Ich knabbere an den Fingernägeln (nur manchmal)*

Es ist gut, die Schwächen zu kennen, die wir mit in eine Beziehung bringen. Sie müssen erkennen können, ob diese Eigenschaften von Ihrem Wunschpartner als Schwäche empfunden würden oder ob er dieses Verhalten mit Gelassenheit hinnehmen könnte. Sie müssen bei den ersten Kontakten natürlich nicht alle Schwächen und möglichen Störfaktoren offenbaren, selbst wenn Sie danach gefragt werden sollten. Allerdings: Eine Dogge lässt sich ebenso wenig verheimlichen wie Kinder, das klären Sie am besten gleich am Anfang.

ÜBUNG 3: Was ich aus meinen Beziehungen gelernt habe

Denken Sie an Ihre vergangenen Beziehungen: Was fand Ihr Partner an Ihnen wunderbar, was weniger wunderbar, und was hat er vielleicht von Ihnen erwartet?

Was Sascha aus seinen Beziehungen gelernt hat
Sascha hat über seine letzten Beziehungen nachgedacht und zeigt uns gerne, was er daraus gelernt hat:

Was war schön in dieser Beziehung?
Peter: Er war unheimlich sexy, es war meine erste offen schwule Beziehung.
Dieter: Wir interessierten uns beide für Design aus den Sechzigerjahren, hatten die gleichen ästhetischen Vorstellungen.
Patrick: Er konnte mich zum Lachen bringen, mit ihm war alles nicht so schwer.

Was habe ich an ihm geliebt?
Peter: Seine Stärke, seine Unbekümmertheit, sein Selbstbewusstsein.
Dieter: Seine Klughcit, sein Selbstbewusstsein.
Patrick: Er war so zärtlich, er brauchte mich so sehr.

Was war nicht so schön?
Peter: Er hatte wenig Interessen, war ein bisschen oberflächlich.
Dieter: Er hatte Beziehungen neben uns, ich konnte aber nicht damit umgehen.
Patrick: Er brauchte unentwegt Zuwendung, er wollte ständig um die Häuser ziehen, er war so unordentlich.

Was liebte er an mir?

Peter: Er fand mich schön und sexy, er fand mich so klug, hat meinen Erfolg bewundert.

Dieter: Meinen guten Geschmack, meine Liebe zu schönen Dingen, mein Gehaltskonto.

Patrick: Meine Zärtlichkeit, meine sanfte Seite, meine Sicherheit in beruflichen Dingen, meinen Erfolg.

Was fand er nicht so gut an mir?

Peter: Er fand mich manchmal langweilig, ich hatte zu wenig von seinen Interessen.

Dieter: Ich hatte nicht genug Selbstbewusstsein, klammerte zu viel, war eifersüchtig.

Patrick: Meine Arbeit, ich war zu wenig zu Hause, ging zu wenig in Bars, meine Ordnungsliebe.

Wie kam es zur Trennung?

Peter: Ich zog nach Berlin, er hatte jemand anders, ich lernte Dieter kennen, dann ging es langsam auseinander.

Dieter: Er hat sich getrennt, weil ich zu eifersüchtig war, vielleicht auch zu ernsthaft oder langweilig.

Patrick: Er hat mich mit Arnaud betrogen, wollte uns beide, ich habe Schluss gemacht.

Was habe ich aus dieser Beziehung gelernt?

Peter: Sex ist wichtig, aber es müssen noch andere Gemeinsamkeiten dazukommen, ich suche mir selbstbewusste Männer aus, weil ich selbst nicht so selbstbewusst bin.

Dieter: Ich bin bürgerlich und arbeitsorientiert, ich brauche jemanden mit ähnlichen Interessen.

Patrick: Wenn ich mehr Selbstbewusstsein habe, dann brauche ich keinen Mann, der mich bewundert, sondern der eine gleichberechtigte Beziehung will.

Sascha hat bei der Betrachtung der vergangenen Liebesbeziehungen bestimmte Muster feststellen können. Er hat gemerkt, dass er sich bei den ersten beiden Partnern selbstbewusste und unabhängige Männer ausgesucht hat, weil er selbst zu wenig über diese Eigenschaften verfügte. Für den einen war er zu ernst, für den anderen zu langweilig. Mit Patrick hat er sich das Gegenteil ausgesucht, einen weichen, liebebedürftigen Mann, der ihn bewundert, der aber sehr viel Zeit und Zuwendung beansprucht. Und in allen Beziehungen war Sascha eifersüchtig.

Sucht er sich immer die falschen Männer aus? Hat er dem anderen nicht deutlich gesagt, was er sich wünscht? Oder wusste er es vielleicht selbst nicht so genau? An welchen seiner eigenen Verhaltensweisen kann Sascha arbeiten? Kann er sein Selbstbewusstsein – partnerunabhängig – stärken?

ÜBUNG 4: Fremdwahrnehmung – wie andere mich sehen

Denken Sie darüber nach, wie andere Menschen Sie beschreiben würden. Versetzen Sie sich in die Situation Ihrer Mutter, Ihres Arbeitskollegen oder Ihrer besten Freundin: Was für ein Bild von Ihnen würden sie entwerfen?

Wie Helene von anderen gesehen wird
Helene ist mutig. Sie hat sich in Menschen ihrer nahen Umgebung hineinversetzt und sich überlegt, wie sie von ihnen gesehen wird.

Was schätzen Helenes Eltern an ihr?
Helene ist sehr zuverlässig, kreativ und durchsetzungsstark. Sie erreicht, was sie sich vorgenommen hat.

Sie kann auch liebevoll sein und kümmert sich, wenn wir krank sind.

Manchmal unterstützt sie uns auch finanziell.

Was stört Helenes Eltern?
Sie kann stur sein. Es soll immer alles nach ihrem Kopf gehen.

Was schätzen Helenes Freundinnen an ihr?
Helene ist sehr loyal. Wir mögen, dass sie so hilfsbereit ist.
   Sie hat immer tolle Ideen und setzt sie auch um.

Was stört ihre Freundinnen?
Sie ist sehr prinzipiell und rechthaberisch. Es ist schwierig, sie von einer Meinung abzubringen.

Was mochte Katharina an ihr?
Sie ist so begeisterungsfähig und steckt einen damit an.
   Sie ist leidenschaftlich und zärtlich. Ich mochte ihre weichen Seiten, die sie Fremden selten zeigt.
   Sie ist toll organisiert und hat alles für mich geregelt.

Was hat Katharina gestört?
Sie ist manchmal sehr dominierend. Es ist schwierig, sich gegen ihre ästhetischen Vorstellungen durchzusetzen.
   Sie kann sehr ernst sein, sollte manchmal die Dinge leichter nehmen, fröhlicher sein.

Was schätzt Helenes bester Freund Martin an ihr?
Sie ist einfach der beste Freund, den ich habe, sie steht immer zu mir, auch wenn es mir dreckig geht.
   Man kann so viel mit ihr unternehmen, sie weiß immer, wo etwas Interessantes los ist.
   Sie versteht viel von Kunst und Design.

Was stört Helenes besten Freund?
Sie kann manchmal etwas streng sein. Sogar ruppig. Wenn man nicht ihrer Meinung ist, dann hat man schlechte Karten. Sie zeigt

zu wenig ihre weichen Seiten; sie denkt vielleicht, als Lesbe müsse sie sich durchsetzen und cool sein.

Was schätzt Helenes Mitarbeiterin an ihr?
Sie ist total verlässlich. Man weiß, was man tun soll. Sie gibt einem Freiräume und erklärt gut, wenn man sie fragt.

Sie kann toll mit Kunden umgehen und hat einen sehr guten Geschmack.

Was stört Helenes Mitarbeiterin?
Sie kann sehr verärgert reagieren, wenn man unpünktlich ist. Und sie lässt auch nicht leicht eine andere Meinung zu. Sie ist ziemlich unnahbar. Anfangs hatte ich Angst vor ihr.

«Helene, ich finde es toll, dass du hier so offen über dich gesprochen hast», ruft Jessica. «Ich weiß nicht, ob ich als Erste so ehrlich gewesen wäre. Und außerdem finde ich, dass du wirklich sehr nett bist, wenn man dich kennenlernt. Aber bei dem ersten Eindruck, das stimmt, da wirkst du unnahbar.»

«Das finde ich auch», sagt Max. «Anfangs hatte ich auch ein bisschen Angst vor dir, aber jetzt weiß ich gar nicht mehr, warum.»

«Und bei uns war das total witzig, als Jessica und Helene mich neu eingekleidet haben.» Julie strahlt. «Es war wie bei *Pretty Woman*. Die Verkäuferinnen haben mich erst von oben herab angeguckt, aber dann hat Helene den Arm um mich gelegt und gesagt, dass sie ihrer Nichte heute richtig schöne Sachen kaufen möchte. Da waren die sofort ganz hilfsbereit. Wir haben uns totgelacht, Tante Helene, stimmt's?»

Am Beispiel Helene zeigt sich, wie sehr der erste Eindruck täuschen kann. Man sieht, dass man sich und anderen Zeit geben muss – nicht alles erschließt sich auf Anhieb. Menschen, die behaupten, der erste Eindruck von einer Person habe sich anschließend absolut bestätigt, zeigen oft nur, dass sie an ihren Vorurteilen festhalten. Auch wenn ich damit der herrschenden Meinung widerspreche: Der Glaube, der erste Eindruck sei der entscheidende, kann auch heißen, dass man nicht bereit ist, ein einmal gefälltes Urteil zu revidieren.

Nach diesen vier Übungen schreiben Sie Ihre drei positiven, wichtigsten Eigenschaften oder Verhaltensweisen auf. Das Gleiche tun Sie mit den drei Eigenschaften oder Verhaltensweisen, an denen Sie vielleicht arbeiten sollten. Überlegen Sie, was davon ein Gewinn für eine neue Beziehung sein kann. Bei den optimierungsfähigen Aspekten sollten Sie überlegen, ob es an der Wahl der Beziehungspartner lag, dass diese Aspekte gestört haben. Dann brauchen Sie nicht in erster Linie an sich arbeiten, sondern sollten vermutlich künftig eine andere Wahl treffen. Wenn aber die negativen Aspekte nicht nur vom Beziehungspartner so gesehen wurden, sondern ebenso von Eltern, Freunden und Arbeitskollegen, dann kann es sich für Sie lohnen, darüber nachzudenken, wie Sie diese ändern können.

ÜBUNG 5: Der heiße Stuhl

Begleiten Sie mich zu einer vergnüglichen Abschlussübung mit unseren Seminarteilnehmern, die ich Ihnen sehr zur Nachahmung empfehle. Ich weiß, dass mit dem Begriff «heißer Stuhl» unangenehme Assoziationen an aggressive Moderatoren verbunden sein können, die ihre Kandidaten durch schonungslose Fragen dem Gespött der Zuschauer aussetzen. Das wird hier nicht passieren – im Gegenteil.

Im Seminar setzt sich Max mit Stift und Papier mit dem Rücken zu den anderen Teilnehmern. Der Reihe nach sagen die anderen alles, was ihnen an Max gefällt, was ihnen positiv aufgefallen ist, was sie beeindruckt oder was sie an Max einfach liebenswert finden. Und was er unbedingt beibehalten soll. Es geht ausschließlich um positive Aspekte. Kritik, auch konstruktive, ist absolut unerwünscht. Max schreibt alles auf, was die anderen über ihn sagen, dann kann er es später noch einmal in Ruhe durchlesen. Er kommentiert nichts. Es geht nicht um eine objektive Einschätzung von Max, sondern um den subjektiven Eindruck, den die anderen Teilnehmer gewonnen haben. Und genau das ist nützlich für ihn, denn diesen oder einen ähnlichen Eindruck macht Max vermutlich auch auf andere Menschen.

«Max sieht einfach toll aus», platzt Jessica heraus. «Er hat eine supergute Figur.»

«Stimmt. Er erinnert an den jungen Marlboro-Mann», sagt Sascha. Die anderen nicken. Max' Hals färbt sich dunkelrot.

«Mir hat bei Max gleich seine Bescheidenheit gefallen, er gibt nicht an, ist sehr natürlich und macht kein Aufhebens um sich. Und er hat so ein freundliches Lächeln.» Helene lächelt in Max' Richtung.

«Man muss Max erst ein bisschen kennenlernen», sagt Thorsten nachdenklich. «Er sagt ja anfangs nicht viel, da könnte man denken, er sei langweilig, aber das ist er überhaupt nicht, er sagt bloß erst dann etwas, wenn er etwas zu sagen hat. Und dann zeigt er viel Humor.»

«Mir gefällt an Max, dass er so ehrgeizig ist im Sport. Ich finde es toll, dass er den Marathon in New York mitgelaufen ist, dass er aber jetzt auch noch für den Ironman trainiert», sagt Jessica. «Ich glaube, er ist jemand, der wirklich durchhält, was er sich vorgenommen hat.»

Julie boxt Max in die Seite. «Max ist einfach ein super Kumpel. Er ist der Einzige, der nicht an mir rummeckert. Und ihr hättet ihn beim Training sehen sollen. Geduld ohne Ende, macht sich nicht über mich lustig, wenn ich es wieder nicht schaffe, fünf Kniebeugen zu machen. Er kann gut motivieren.»

«Und ich bewundere, dass er sich vorgenommen hat, nochmal etwas ganz Neues zu machen. Er ist ja Beamter und will sogar vielleicht diesen Status aufgeben, wenn er irgendwo in ein Entwicklungsland geht», sagt Sascha. «Ich würde mich das nicht trauen, so viel aufzugeben, dazu bin ich zu sicherheitsorientiert.»

«Und ich finde», sagt Jessica, «dass er jetzt mit den neuen Hemden und den tollen Timberland-Schuhen noch besser aussieht.»

Da Max' Hals eine gefährliche Tönung angenommen hat, unterbreche ich. «Haben Sie alles mitschreiben können, Max? Sie dürfen sich jetzt umdrehen. Und wie fühlt sich das jetzt an?»

Max druckst herum und guckt kurz zu Jessica. «Na gut, klar. Ich muss darüber erst nochmal nachdenken. Es hat mich sehr überrascht, und, klar, es war schön, das zu hören. Ja, also danke.»

Glauben Sie mir, das ist eine Übung, die aufbaut. Und die dem gefährlichen Glaubenssatz «Ich bin zu hässlich, zu alt, zu dick, zu dumm …» entgegenwirkt oder ihn sogar verschwinden lässt.

WAS HABEN WIR IN SCHRITT 4 GELERNT?

In Schritt 4 haben Sie eine persönliche Potenzialanalyse durchgeführt. Sie kennen Ihre Stärken und Schwächen und haben darüber nachgedacht, an welchen Sie festhalten und welche Sie bearbeiten wollen. Sie wissen nun, wie Sie von anderen Menschen wahrgenommen werden. Sie haben – vielleicht noch mehr als vorher – erkannt, warum Sie bestimmte Liebespartner auswählten oder warum Sie an Beziehungen festhielten, die Ihnen nicht nur gutgetan haben. Sie wissen, was Sie sich von einer Beziehung erhoffen und was nicht passieren dürfte. Sie haben sich darüber Gedanken gemacht, was Sie keinesfalls bei einem Partner akzeptieren werden und in welcher Hinsicht Sie Kompromisse machen sollten.

Hausaufgaben

Nehmen Sie sich die Zeit und machen Sie alle fünf Übungen. Bitten Sie Freunde und Bekannte, Eltern und verflossene Liebhaber, Ihnen ein Feedback zu geben. Fragen Sie aber nur dann Eltern und Liebhaber, wenn Sie nicht befürchten müssen, dass diese Ihnen nun endlich einmal letzte Wahrheiten sagen wollen. Fassen Sie Ihre Stärken und Schwächen zusammen. Werten Sie das Ergebnis mit Ihren Liebesmentoren aus. Sie können sich sicher sein, dass Ihnen dies bei der Auswahl eines Liebespartners helfen wird. Das kann später auch in einer Liebesbeziehung helfen – auch wenn das nicht das Thema dieses Buches ist.

Parallel arbeiten Sie weiter an Ihrer Multiplikatorengewinnung und dem Kontaktnetz. Nehmen Sie alle Dates wahr, die sich daraus ergeben. Sehen Sie zu, dass sich noch weitere neue Kontakte ergeben. Vertrauen Sie nicht zu früh darauf, dass *dieser*

Mann oder *diese* Frau gleich die Traumpartner sind. Nur weil er ein Rilkegedicht auf den Anrufbeantworter gesprochen hat. Oder weil sie plötzlich Ihre Weizenbiersorte im Kühlschrank vorrätig hat. Oder weil die letzte Nacht einfach ein Schlüsselerlebnis war. Das alles reicht in der Regel noch nicht. Bitte weitersuchen.

SCHRITT 5:
Wie finde ich die richtige Strategie?

Sie werden vielleicht fragen, warum Sie jetzt noch einmal über die richtige Strategie nachdenken sollen? Die ertragreichste und modernste Strategie der Partnersuche kennen Sie ja schon: die Kontaktnetzstrategie. Vielleicht haben Sie schon logistische Probleme mit den vielen Dates. Vielleicht sind Sie sogar bereits verliebt?

Nehmen Sie sich dennoch Zeit und informieren Sie sich in *Schritt 5* über die traditionelleren Suchstrategien auf dem Liebesmarkt. Vielleicht ist doch manches neu für Sie, und Sie können noch weitere Möglichkeiten auftun, attraktive Frauen und Männer zu finden.

Betrachten Sie noch einmal den Eisberg:

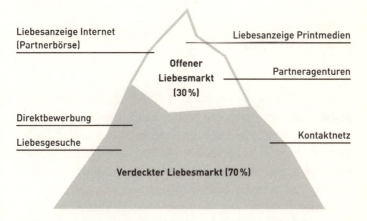

Der offene und der verdeckte Liebesmarkt (das Eisbergmodell)

Zur Systematisierung hier eine Übersicht:

Suchstrategien auf dem offenen Liebesmarkt
1. Online-Partnerbörsen
2. Liebesanzeigen in Printmedien
3. Partneragenturen

Suchstrategien auf dem verdeckten Liebesmarkt
1. Kontaktnetz/Multiplikatoren
2. Liebesgesuch in den Printmedien
3. Direktbewerbung

Wenn Sie so viele Aktivitäten starten, wie ich es Ihnen empfehle, dann wird das ein ereignisreiches Jahr. Lesen Sie sich alle Suchstrategien durch, machen Sie alleine oder mit Freunden gemeinsam die Übungen, und überlegen Sie dann in Ruhe, welche Kombination von Strategien Sie in der zur Verfügung stehenden Zeit bewältigen können. Meine Empfehlung: ein guter Strategienmix.

DAS FÜNFTE TREFFEN

September
Es zeigt sich, dass die Treffen in den vergangenen Monaten zu gegenseitiger Unterstützung geführt haben. Sascha und Helene sind zu modischen Beratern der Gruppe geworden. Und Sascha hilft aus, wenn es um Fragen der Etikette geht. Helene hat sich mit Jessica angefreundet und ermutigt wohlwollend den linkischen Max. Max hat Sascha und Julie zum Laufen motiviert (finanziell gut definierte Wirtschaftsanwälte wollen Ehefrauen mit gut definierten Muskelpartien), und Jessica als physiotherapeutische Fachfrau hat Sascha Übungen gezeigt, mit denen man

etwas für den Muskelaufbau tun kann. Julie wurde von Thorsten unter die Fittiche genommen, und er gibt ihr gutmütig Ratschläge, wie sie ihre Bildungsdefizite verringern kann. Dafür hat sie ihn auf ihre unbefangene Art und Weise aufgelockert. Und Thorsten, modisch optimiert und nicht mehr wie ein Mathematiklehrer aussehend, hält in der Schule Vorträge, dass Sandalen mit Socken ein No-Go sind. Allerdings stößt er damit bei seinen Kollegen auf Unverständnis. Julie ist optisch für den gutverdienenden konservativen Juristen, Banker oder Arzt gut vorbereitet. Obwohl mir persönlich die Ursprungs-Julie fast besser gefallen hat. Jessica sieht von Treffen zu Treffen strahlender aus. Woran das wohl liegt?

Diesmal gibt es nicht nur Erfreuliches zu berichten. Julie ist in Tränen aufgelöst. Was ist passiert? Martin hat Schluss gemacht. Einfach so, per Handy. Und das, nachdem sie wochenlang fast bei ihm gewohnt hat. Sie war so glücklich, und er hat ihr auch immer zu verstehen gegeben, dass er mit ihr eine Familie gründen will. Erfreulicherweise gehört Julie nicht zu den Frauen, die ausschließlich traurig sind, wenn sie von Männern schlecht behandelt werden. Nein, sie war wütend, sehr wütend. Und deshalb hat sie ihn zu einem Treffen gezwungen. Er hat ihr erklärt, dass er sich mit Friederike verloben wird. Friederike ist wie er Zahnmedizinerin und die Tochter des Partners seines Vaters. Sie wird in seine Zahnklinik einsteigen.

So kann es gehen. Hatte ich nicht empfohlen, mehrere Eisen im Feuer zu haben? Wenn wir Julies Datingbilanz betrachten, zeigt sich, dass Julie nicht vorgesorgt hatte. Sie hatte sich ausschließlich auf Martin konzentriert, was natürlich verständlich ist, wenn man so verliebt ist. Hat sie zu viel in diese Beziehung hineingedeutet? Jetzt muss Julie getröstet und aufgemuntert werden. Und sie sollte schnell wieder in die Liebessuche einsteigen. Vielleicht findet sie neue Ideen bei den Suchstrategien, die wir in *Schritt 5* behandeln werden.

Was hat Max erlebt? Tanja war doch nicht so süß, wie er gedacht hatte. Sie hat die ganze Zeit von ihrem Freund erzählt, der gerade für ein halbes Jahr in den USA ist und den sie vermisst. Doris aus der Abfallwirtschaft hat viel Ahnung, aber da ist nichts weiter. Die Frau mit dem Interesse an Sustainable Sanitation ist zurzeit auf Trekkingtour im Amazonasgebiet. Mit Annika vom nicht-perfekten Dinner hat er sich ein paarmal getroffen und, ja, da war auch etwas mehr. Aber richtig schön war die Fahrradfahrt mit Jessica und ihrer Tochter Carolina. Die beiden haben wenigstens nicht gleich nach dreißig Kilometern schlappgemacht, wie er das mit anderen Frauen erlebt hat. Sie müssen nächstes Wochenende unbedingt nochmal los, da gibt es noch mehr Biobauernhöfe.

Helene schwebt im siebten Himmel. Noch nie hat sie so strahlend ausgesehen. Sie ist leidenschaftlich verliebt in Beate, die Künstlerin aus der Uckermark. Sie bleibt nur in der Gruppe, weil das von allen so festgelegt wurde. Sie hat ihre Traumfrau gefunden. Sie sind füreinander geschaffen. Sie passen in allem so gut zusammen. Noch nie war sie so glücklich.

Auch Sascha ist gut gelaunt. Mit Kai läuft das noch so ein bisschen weiter, das macht auch noch Spaß. Es gab auch noch ein paar andere Dates. Aber viel Zeit für Aktivitäten hatte er nicht wegen seines Jobs, aber er hat sich ein Herz gefasst und Vittorio angerufen. Der war etwas zurückhaltend, aber sie haben sich jetzt schon zweimal getroffen und waren in Galerien, und Sascha findet ihn sehr nett. Vittorio ist schon 47 und sieht nicht so gut aus wie Patrick, aber man kann sich gut mit ihm unterhalten, und er kennt sich aus mit moderner Malerei. Sascha hofft, dass Vittorio interessiert ist.

Jessica sah noch nie so hübsch aus wie heute. Das mit dem nicht-perfekten Dinner läuft immer besser, vielleicht macht sie so etwas auch mal professionell. Wolfgang ist jetzt ein guter Freund, mit dem das Kochen Spaß macht. Den Eishockeyspieler hat sie nicht mehr gesehen, aber mit Jochen aus dem Baumarkt war sie im Gartenrestaurant. Sie haben ein bisschen geflirtet. Sonst hatte sie nicht viel Zeit. Ja, die Fahrradtour mit Max und Carolina war super. Sie haben so viel gelacht.

Thorsten sieht erschöpft aus. Manchmal wird ihm alles zu viel. Mit Sylvie, der Referendarin, ist es schon wieder vorbei. Sie rief dauernd an, das wurde ihm zu viel. Seit einigen Wochen trifft er sich mit Anja, auch eine Referendarin, und hat ihr bei den Vorbereitungen einer Unterrichtseinheit geholfen. Anja ist eine intelligente und sensible junge Frau. Das mit dem Frauensuchclub macht Spaß, sie treffen sich jetzt wöchentlich. Nein, Frauen haben sie noch nicht kennengelernt. Sie warten auf die *Schritte 5* und *6*, weil sie nicht genau wissen, wie sie Frauen direkt ansprechen oder sich im Internet präsentieren sollen. Und dann hat er Dagmar kennengelernt. Sie ist an der Uni und promoviert über den Genderaspekt in der Mathematikdidaktik. Sie will ihn bei der Arbeitsgruppe beraten, und sie haben sich schon zweimal getroffen. Eine interessante Frau, obwohl sie sogar zwei Jahre älter ist als er. Jessica, Helene und Julie ziehen die Augenbrauen hoch.

Es hat sich also viel getan. Es gab zwar nicht nur Erfolge, aber alle haben doch nette (und weniger nette) Frauen und Männer kennengelernt. Obwohl es doch angeblich keine gibt …

Probieren Sie die folgenden Suchstrategien aus. Auch Sie werden Männer und Frauen treffen, in die Sie sich verlieben, die zu guten Freunden werden können, mit denen Sie interessante Dinge unternehmen oder über deren Verhalten Sie sich freuen oder ärgern können. Auch bei Ihnen kann etwas passieren. Sie müssen nur systematisch weitermachen.

SUCHSTRATEGIEN AUF DEM OFFENEN LIEBESMARKT

1. Online-Partnerbörsen

Die meisten von Ihnen werden bereits Erfahrungen mit Online-Partnerbörsen gemacht haben. Alle bekannten Börsen versprechen eine große Anzahl von Kandidaten und viele Erfolge. Ich habe noch keine Zahlen gelesen, die Erfolgsquoten in Bezug setzen zur Anzahl von Teilnehmern, zu Alter, Geschlecht und sozialer Schicht. Ich kenne Paare, die sich über eine Partnerbörse kennengelernt haben. Aber ich kenne mehr Menschen, die mit Partnerbörsen interessante oder weniger interessante Erfahrungen gemacht haben, große oder kleine Liebesaffären hatten, sich aber letztlich enttäuscht oder frustriert abgemeldet haben. Nun muss das nicht gegen die Partnerbörsen sprechen. Vielleicht haben sie sich nicht sorgfältig mit den Mechanismen der Partnerbörsen vertraut gemacht. Vielleicht haben sie ihre Ziele nicht klargemacht, vielleicht haben sie auf die falschen Angebote reagiert. Vielleicht sind sie nicht konsequent bei dieser Strategie geblieben.

Wenn Sie wenig Zeit haben oder zum Beispiel in einer eher einsamen Gegend wohnen, kann eine Online-Partnerbörse ein gutes Suchmedium sein. Aber Sie sollten systematisch vorgehen: Sie können sich für die bekannten Partnerbörsen entscheiden, Sie können sich einer kostenlosen Partnerbörse bedienen oder auch einer Online-Partnerbörse, die sich an eine spezifische Klientel richtet. Wonach suchen Sie aus? In den großen Online-Partnerbörsen können Sie aus einer Vielzahl von Kandidaten auswählen. Bei den Online-Börsen für eine spezielle Klientel finden Sie Menschen, die zumindest in einer Hinsicht gut zu Ihnen passen dürften. Dafür sind es zahlenmäßig weniger, unter denen Sie aussuchen können.

Es gibt auch spezielle Online-Börsen für Christen und für Muslime, für Junge und Best-Agers, Bauern oder Schwule, Akademiker oder Behinderte, Vegetarier oder Veganer. Hier einige Beispiele: www.academicpartner.de, www.christ-sucht-christ.de, www.metzgersingles.de, www.50plus-treff.de, www.muslima.com, www.farmersingles.de, www.vitavegetare.de, www.date-amillionaire.com, www.gayromeo.de, www.gayparship.de

Auch Sie werden eine Partnerbörse finden, die Ihren Bedürfnissen entspricht. Natürlich macht eine spezifische Online-Börse nur Sinn, wenn z. B. das Merkmal «Akademiker» oder «Metzger» für Sie besonders wichtig ist. Probieren Sie es aus. Zurückhalten würde ich mich bei kostenlosen Partnerbörsen. Nicht, weil es dort keine guten Angebote geben könnte. Klientinnen und Freunde haben allerdings festgestellt, dass sich dort jahrelang die gleichen Frauen und Männer tummeln. Ob sie nicht die Richtige gefunden haben oder ob sie diese Börsen als kostensparendes Instrument der Gewinnung von Frauen oder Männern für kurzfristige Affären nutzen, ist unklar. Letzteres ist legitim, aber vielleicht ist es nicht das, was Sie suchen. Wenn Sie auf eine kurzfristige Affäre aus sind, dann wenden Sie sich doch gleich an Seitensprungagenturen – da bekommen Sie eher das, was Sie suchen.

Vielleicht wundern Sie sich, dass ich Ihnen Online-Partnerbörsen empfehle, da ich geschrieben habe, dass Online-Börsen bei der Jobsuche und bei der Liebessuche überschätzt werden. Das heißt aber nicht, dass Sie dieses Instrument nicht nutzen sollten. Sie sollten sich nur klarmachen, dass Sie meist mehr Erfolg haben, wenn Sie Ihr Kontaktnetz anzapfen und persönlich «zufällig» auf potenzielle Liebespartner treffen. Wenn Sie nun schon Routine mit Ihrem *Networking* haben, sich erste Erfolge eingestellt haben und Sie vor allem viel Spaß hatten, dann betrachten Sie in Ruhe weitere Möglichkeiten und suchen sich die Suchstrategie aus, die zu Ihren zeitlichen und finanziellen Möglichkeiten und Ihren persönlichen Kommunikationsvorlieben passt. Introvertierte Menschen sitzen vielleicht gerne nachts am Rechner und kommunizieren mit anderen introvertierten Menschen, die auch im Schlafanzug am Rechner sitzen. Extrovertiertere Menschen bevorzugen es vermutlich, gut aussehend und strahlend direkt auf den Mann oder die Frau zuzugehen. Für Sie alle gilt: Nutzen Sie mehrere Suchstrategien, um eine Lawine auszulösen. Es geht, wie gesagt, um Rasterfahndung auf dem Liebesmarkt.

Wie nutzen Sie Online-Partnerbörsen?

Eine kurze Recherche im Netz, und schon haben Sie die Wahl: Sie finden unzählige Online-Partnerbörsen, in die Sie sich einloggen können und bei denen Sie nach Bezahlen einer mehr oder minder moderaten Gebühr fröhlich Partnerinnen und Partner suchen können. Es ist fast so einfach wie bei einem Online-Einkauf von Kleidung. Aber eben nur fast. Wenn Sie ein T-Shirt im Netz bestellen, geben Sie Ihre Größe und die gewünschte Farbe ein, und nach ein paar Tagen bringt die Post das Bestellte in Ihr Wohnzimmer. Das ist bei Online-Partnerbörsen anders. Sie können zwar angeben, was Sie sich wünschen, können aber keineswegs sicher sein, ob Sie das Gewünschte auch bekommen. Das liegt zum einen daran, dass es exakt das, was Sie sich wünschen, dort gar nicht gibt. Und vielleicht entspricht das T-Shirt (die Frau oder der Mann), wenn Sie es ausgepackt haben, auch gar nicht den Angaben, die im Katalog gemacht wurden. Zusätzlich treten Sie bei einem attraktiven Angebot in Konkurrenz mit vielen anderen «Käufern». Und wenn wir bei dieser Analogie bleiben, dann hat das T-Shirt bei der Online-Partnerbörse ein Mitspracherecht. Ihr Wunschobjekt darf selbst entscheiden, ob es auf Ihre Bestellung reagiert oder nicht. Und es ist auch mit dem Umtausch meistens nicht ganz so unkompliziert wie bei T-Shirts.

Sie werden mir diesen unromantischen Vergleich zwischen einem Online-Katalog und einer Online-Partnerbörse vielleicht übelnehmen. Und damit haben Sie recht. Aber ich möchte Ihnen vor Augen führen, dass Sie im Unterschied zum Online-Katalog für sich *werben* müssen, wenn Sie das, was Sie interessiert, auch bekommen wollen. Auch wenn Sie das zunächst überrascht: Ein Eintrag in eine Online-Partnerbörse ist eine *Bewerbung* und sollte ebenso sorgfältig vorbereitet werden, wie Sie das bei einer Bewerbung für einen Job tun. Und das umso mehr, wenn Sie eben nicht mehr 25 sind und auch nicht über alle anzeigenüblichen Vorzüge verfügen. Ich habe es bereits erwähnt: Jenseits der vierzig wird es schon etwas schwieriger. Danach sollten Sie Ihre Bewerbung ausrichten. Was brauchen Sie für eine Online-Bewerbung? Ein Foto und eine anregende und passende Selbstbeschreibung.

Das «Bewerbungsfoto»

Ich empfehle Ihnen dringend, neue Fotos machen zu lassen. Fotos können entscheidend sein. Daher lohnt es sich, zu einem guten und teuren Fotografen zu gehen und gleich mehrere Fotos machen zu lassen. Achten Sie bei professionellen Fotografen darauf, dass Sie nicht zu gestylt aussehen. Vielleicht haben Sie auch eine Freundin, die gut fotografieren kann. Sie benötigen dieses Foto vor allem für die Online-Partnerbörse, aber falls Sie sich außerdem für ein Liebesinserat in der Zeitung entscheiden, haben Sie auch dafür vorgesorgt. Wählen Sie keine Fotos, die schon älter sind oder Sie ohne Brille oder ohne den Bart zeigen, den Sie sich inzwischen zugelegt haben. Auch Fotos, die Sie in feucht-fröhlicher Stimmung bei einer Party zeigen, sind nicht hilfreich. Es sei denn, Sie signalisieren damit, dass Sie hier in Ihrer idealen Lebensumwelt sind und ein Leben ohne tägliche Partys für Sie kein Leben ist. Auch dafür gibt es Abnehmer. Aber bei anderen könnte es falsche Signale aussenden. Auch Fotos, die Sie bei Ihrer Besteigung des Nanga Parbat in einem wattierten Ganzkörperanorak mit Fellkapuze und dicker Skibrille zeigen, sind nicht optimal, zumindest nicht als einziges Foto. Auch Porträts, auf denen Sie wie unentdeckte Filmstars aussehen, empfehle ich nicht.

Machen Sie mit einer Freundin in gelöster Stimmung eine Fotosession in Ihrer Wohnung. Wählen Sie eine Kleidung, die Sie gerne tragen, nicht Ihr ausgefallenstes Outfit. Tragen Sie die Haare so, wie es für Sie typisch ist. Setzen Sie sich auf das Sofa und lesen Sie, schneiden Sie Tomaten oder ein Hühnchen in der Küche, schmusen Sie mit Ihrem Kater, bauen Sie ein Legotürmchen mit Ihrem Sohn, spielen Sie Geige oder beschneiden Sie Ihre Rosen. Basteln Sie an Ihrem Motorrad, sitzen Sie gedankenverloren am Rechner. Bei guten Fotografen kann man ebenfalls darum bitten, in einer passenden Umgebung fotografiert zu werden. Sie sollten hübsch aussehen, aber nicht zurechtgemacht. In jedem Fall sollten *Sie* auf dem Foto zu sehen sein und nicht ein gestyltes Wesen, das Ihnen in der Realität kaum ähnelt.

Gerade Männern lege ich ans Herz, wirklich gute Fotos machen zu lassen. Glauben Sie mir, Ihre Fotos werden von vielen Frauen betrachtet werden, auch wenn Sie nur an eine Frau geschrieben haben. Sie können sich sicher sein, dass sie viele Freundinnen um den Rechner versammeln wird, um Ihr Foto begutachten zu lassen.

Die Selbstbeschreibung («Ich über mich»)

Haben Sie bereits vor dem Rechner gesessen und sich gefragt, was um alles in der Welt Sie in dieses Profil in der Online-Börse eintragen sollen? Wie Sie sich beschreiben sollen? Sollen Sie die Wahrheit schreiben? Wissen Sie, was die Wahrheit ist? Fällt Ihnen ein witziges oder romantisches Motto ein? Ist Originalität angesagt? Man könnte es glauben, wenn man die Anbieter-Profile mit diesen ungewöhnlichen Hobbys und interessanten Eigenschaften liest.

Auch wenn es schwerfällt, Sie müssen sich die Zeit nehmen, um eine gute Beschreibung zu erarbeiten. Sie benötigen sie nicht nur für Ihr Online-Profil. Sie wird Ihnen auch bei Mails und Briefen an Kandidaten helfen.

Wenn Sie schon Erfahrung mit Online-Partnerbörsen haben, ist Ihnen vielleicht aufgefallen, dass manche der Männer oder Frauen beim ersten Treffen ganz anders waren, als Sie es sich nach der Beschreibung vorgestellt hatten. Das muss nicht daran liegen, dass jemand die Unwahrheit sagt. Vielleicht hat jemand eine festgefügte Vorstellung von sich selbst, die aber nicht mit der Fremdwahrnehmung übereinstimmt. Es könnte auch daran liegen, dass die Beschreibung zu wenig konkret war, um eine klare Vorstellung zu bekommen. Wenn jemand schreibt, dass er gerne liest, was sagt Ihnen das? Liest er Hegel oder Grisham, oder favorisiert er Mangas? Wenn sie Kino liebt, möchte sie dann mit Ihnen in aktuelle Blockbuster gehen, oder Schwärmt sie für Schwarz-Weiß-Filme der Nouvelle Vague? Sie verstehen, worauf ich hinauswill. Seien Sie konkret, damit Sie später nicht enttäuscht sind. Eine Freundin erzählte mir, dass sie vor Jahren einen attraktiven Mann online kennenlernte, der ebenso wie sie Südfrankreich liebte. Sie fuhren gemeinsam nach Frankreich, und es stellte sich heraus, dass ihre Vorstellungen nicht wirklich zusammenpassten. Sie hatte sich vorgestellt, dass sie beide verliebt durch die Provence schlendern. Übernachten würden sie in einem traditionellen Gasthof, der in die warmen gelbroten Farben der Provence getaucht wäre. Nachmittags säßen sie mit Bücherstapeln auf der Terrasse. Er hingegen hatte bei einem Frankreichaufenthalt an Wildwasser-Rafting in der Ardèche gedacht und wünschte sich ein kleines billiges Hotel: «Man ist ja ohnehin nur zum Schlafen da.» Das ging nicht gut.

Es ist nicht einfach, sich zu beschreiben. Sind Sie wirklich so, wie Sie sich sehen? Wird diese Meinung von der Außenwelt geteilt? Bitte erinnern Sie sich daran, dass es nicht darum geht, einen besonders guten Eindruck zu machen, sondern darum, ein realistisches Bild von sich selbst zu geben. Die Vorarbeit haben Sie schon geleistet. In *Schritt 3* haben Sie Ihre Ziele festgelegt und in *Schritt 4* über Ihre Stärken und Schwächen nachgedacht. Über die Übung zur Fremdwahrnehmung (S. 145 ff.) und den «heißen Stuhl» (S. 148 ff.) konnten Sie einen Eindruck bekommen, wie Sie auf andere Menschen wirken.

In Ihrer Übung zur Fremdwahrnehmung haben Sie bereits darüber nachgedacht, wie Sie auf andere Menschen wirken. Das kann Ihnen jetzt helfen. Es kann im Online-Profil einfacher sein, sich aus der Perspektive anderer Menschen zu beschreiben.

Was würden Thorstens Schüler über ihn sagen?

«Der Dr. Berger ist ein strenger, aber guter Lehrer. Er fordert unheimlich viel, aber er kann auch gut erklären. Man merkt ihm an, dass er begeistert von Mathe und Physik ist und dass er möchte, dass wir das auch toll finden. Er wird nicht sauer, wenn man was nicht versteht, er erklärt es gerne nochmal und macht das auch nach der Stunde, wenn es sein muss. Aber er wird sauer, wenn man zu faul war oder Blödsinn macht im Unterricht. Gerade in Physik bringt er tolle Beispiele aus dem Alltag, da können wir Experimente machen, die wirklich was bringen. Er sollte vielleicht ein bisschen lockerer sein und sich auch nicht so altmodisch anziehen. Diese Brille ist ätzend.»

Was würden Thorstens Kollegen über ihn sagen?

«Thorsten ist immer pflichtbewusst und ein guter Kollege. Manchmal ein bisschen steif und auch rechthaberisch. Er weiß immer alles und erklärt immer ziemlich langatmig. Aber er besitzt auch ein großes Wissen und bildet sich ständig fort, sogar im Urlaub oder in seiner Freizeit. Man kann ihn immer motivieren, wenn man ein neues Konzept braucht. Privat kommt man nicht so gut mit ihm ins Gespräch, er ist wohl ein bisschen verbittert, weil seine Frau ihn verlassen hat. Aber in der letzten Zeit ist er lockerer geworden, wir wissen auch nicht, woran das liegt.»

Wenn Sie sich sorgfältig überlegt haben, welches Bild andere Menschen von Ihnen haben – Sie können auch wieder Freunde oder Freundinnen hinzuziehen –, dann haben Sie genug Material für Ihr Profil im Internet. Sie haben bei Thorsten gesehen, dass Schüler und Kollegen ihn unterschiedlich beurteilen. Was dem einen gefällt, kann den anderen auf die Nerven gehen. Auch das kann Ihnen bei der Selbstbeschreibung helfen. Thorsten selbst hätte sich vielleicht nicht als rechthaberisch beschrieben. Es ist hilfreich, manchmal auch – gemäßigt – eigene Schwächen zu erwähnen, etwas Selbstkritik zu zeigen. Die eigenen Vorzüge erscheinen deutlich glaubhafter, wenn auch Nachteile genannt werden.

Ihre Selbstbeschreibung «Ich über mich» könnte also folgendermaßen aussehen:

Meine Freundinnen mögen besonders an mir, dass ich … und außerdem, dass ich … Ich denke, dass mich das gut beschreibt. Meine Kollegen sagen immer, dass ich so gut … kann oder es angenehm ist, mit mir …

Mein Kollege sagt immer, dass ich ihn an Audrey Hepburn, Til Schweiger, Harrison Ford, Cameron Diaz, Judy Dench … erinnere, … wie eine Spanierin, Schwedin aussehe … Ich selbst schätze mich eher … ein.

Ich selbst sehe mich als …, schätze an mir …, mag nicht so sehr an mir …, wünschte mir, ich wäre …, würde gerne … können.

Ich bin jemand, den viele um Rat fragen, wenn es ihnen nicht gutgeht, … unterhalten sich gerne mit mir, weil ich so gut zuhören kann, … bitten mich um Hilfe, weil ich so praktisch veranlagt bin, … fragen immer mich, wenn es darum geht, die Freunde zu motivieren.

Selbstverständlich können Sie ebenso auf Ihre eigene Einschätzung Ihrer Persönlichkeit vertrauen und diese exakt so niederschreiben. Oder Sie nutzen die Wahrnehmung anderer Menschen und formulieren Sie als eigene Einschätzung. Sie können sicher sein, dass Sie – welche Form Sie auch wählen – auf die Interessenten stoßen werden, die zu Ihnen passen.

Bitte seien Sie dabei konkret. Etikettieren Sie sich nicht mit einem Adjektiv, sondern beschreiben Sie eine Situation, in der diese Eigenschaft sichtbar wird. Auf diese Weise behaupten Sie nicht einfach etwas über sich, sondern schildern Ihrem potenziellen Liebespartner, in welchen Situationen sich eine liebenswerte, vernünftige oder kreative Eigenschaft von Ihnen zeigt. Damit können Sie «Ich über mich» authentisch füllen und grübeln nicht mehr darüber, welchen Eindruck Sie mit welcher Aussage machen können oder wollen. So weit also Ihre Selbstbeschreibung.

Wünsche an eine Partnerschaft
Nach «Ich über mich» wird zumeist danach gefragt, was wir uns von einer Partnerschaft wünschen.

Was Max sich von einer Partnerschaft wünscht
Ich suche eine Frau, die Lust hat, mit mir noch einmal etwas Neues zu wagen. Ich kann mir gut vorstellen, gemeinsam ins Ausland zu gehen und dort etwas aufzubauen. Sie sollte nicht nur hübsch und sinnlich, sondern auch eine gute Freundin sein, die mit mir durch dick und dünn geht. Sport ist für mich sehr wichtig – sie sollte sich zumindest für Sport interessieren. Ich würde mich freuen, wenn sie ein fröhlicher und gutmütiger Mensch ist. Ich möchte akzeptiert werden, wie ich bin, und nicht mehr erzogen werden. Dafür bekommt sie mit mir einen ruhigen und liebevollen Mann, der sie gerne ab und zu auf Händen trägt. Und wenn sie ein Kind mitbringt, dann freue ich mich auf das gemeinsame Fußballspielen oder auf Radtouren.

«Das klingt aber unheimlich nett», sagt Jessica verträumt, ohne Max anzusehen. Max guckt nach unten. Die anderen schweigen, bis Thorsten freundlich sagt: «Das finde ich auch, und ich denke, dass eine Frau wirklich Glück mit dir haben wird.» Die anderen nicken. Max' und Jessicas Gesichter färben sich zartrosa. Julie und Sascha grinsen sich an.

Welche Bücher würden Sie auf eine einsame Insel mitnehmen?

Auch das ist eine klassische Frage im Rahmen von Online-Profilen. Sie sollten bei dieser Antwort nicht besonders originell sein wollen. Wenn Sie bei Büchern «Die Bibel» oder «Die göttliche Komödie» schreiben, dann gibt es zwei Möglichkeiten: Entweder kennt der Leser oder die Leserin beide Bücher nicht, oder Sie werden umgehend als aufgeblasener Wichtigtuer entlarvt und gelöscht. Ich gebe zu, dass die Frage ziemlich abgedroschen ist, aber wenn sie nun schon da steht, dann sollten Sie sich überlegen, was Sie wirklich gerne lesen. Sie wollen doch erreichen, dass der andere Sie kennenlernt. Wählen Sie keine besonders ausgefallenen Bücher. Ihr Adressat soll nicht Ihren erlesenen Geschmack bei Büchern bewundern, sondern durch einen Buchtitel wieder etwas mehr über Ihre Person erfahren. Sie dürfen ruhig schreiben, dass Sie gerne Bücher von Eckart von Hirschhausen, Frank Schätzing oder Vampirliebesgeschichten lesen. Sie sind damit nicht allein – diese Bücher stehen schließlich wochenlang auf der SPIEGEL-Bestsellerliste. Darüber müssen sich viele Gleichgesinnte finden lassen. Als Frau sollten Sie vielleicht Ihre feministische Lieblingslektüre nicht wählen – zumindest nicht als heterosexuelle Frau. Und als Mann wirken Sie auch nicht auf jede Frau anziehend, wenn es in Ihrer Lieblingslektüre um indianische Schwitzhütten für Männer geht. Wenn es der Wahrheit entspricht, dann können Sie auch schreiben, dass Sie gar keine Bücher mitnehmen würden, sondern Ihren Gameboy und eine

Kassette voller Spiele. Oder Sie antworten, dass Sie Ihren Kindle mitnehmen und sich ganz viele Bücher herunterladen, bevor es auf Fahrt geht. Dann brauchen Sie sich nicht die Mühe zu machen, ein paar ausgefallene Titel aufzulisten, und der Adressat weiß sofort, dass Sie auf dem neuesten technischen Stand sind. Was aber ältere Interessenten abschrecken könnte, weil sie den Kindle vielleicht für etwas ganz anderes halten. Wägen Sie also je nach Zielobjekt ab.

Welche Musik, welche Mode, welche Essgewohnheiten, welche Hobbys, welchen Sport ...?
Auch hier gilt: bloß keine Originalität. Und seien Sie präzise. Wie ich vorhin bereits sagte: Was bedeutet schon «Ich höre gerne Musik»? Welche denn? Wagneropern? Atonale Musik? Filmmusik von Kung-Fu-Filmen? Shakira, Madonna, Xavier Naidoo oder die Kunst der Fuge? Oder gar Tokyo Hotel? Oder lassen Sie einfach Ihren lokalen Radiosender neben Ihren Aktivitäten dudeln, egal, was kommt?

Joggen, Basketball, Tennis, Golf und Bungeejumping – wenn man die Anzeigen in den Online-Börsen liest, dann müssten fast alle unfreiwilligen Singles Supersportler sein. Ich halte das für wenig wahrscheinlich. Klingt es nicht selbstbewusster, wenn Sie schreiben, dass Sie gerne joggen oder Powerwalking machen, aber leider vor zwei Monaten das letzte Mal dazu kamen? Entweder ist der Leser dann entlastet, lacht und sagt, kenne ich, mir geht es genauso, oder ein Leser sagt, das geht gar nicht, denn eine so undisziplinierte Person möchte ich nicht als Partner haben. Und dann haben Sie großes Glück, weil sich dann nämlich niemals ein Mensch, der undisziplinierte Menschen nicht leiden kann, bei Ihnen melden wird. Und darüber sind Sie doch sicher froh, oder?

Ein Sonntagmorgen ist für mich vollkommen, wenn ...
Diese Antwort sollte sorgfältig bedacht werden. Schreiben Sie wirklich, was Sie am Sonntagmorgen gern machen, auch wenn es vielleicht eine Reihe von Interessenten davon abhalten könnte, Ihnen zu schreiben. Wenn ein Sonntagmorgen für Sie perfekt ist, wenn Sie ihn alleine und ungestört verbringen können, aufstehen, wann Sie wollen, mit der Zeitung und einer großen Tasse Milchkaffee auf dem Bauch auf dem Balkon oder vorm Fernseher sitzen und erst sprechen können, wenn Sie den zweiten Milchkaffee getrunken haben, dann schreiben Sie genau das. Es wäre natürlich dann taktisch klug, hinzuzufügen, dass auch Ihr Sonntag erst wirklich perfekt ist, wenn nach dem Milchkaffee und der Dusche eine wunderbare Frau (wahlweise ein wundervoller Mann) an der Tür klingelt und Sie leidenschaftlich umarmt usw.

Aber vermeiden Sie es, vom Kuscheln im Bett und einem gemeinsamen Frühstück mit knusprigen Brötchen und Honig zu erzählen, wenn Ihnen knusprige Brötchen morgens zu laut sind und Sie eine längere Anlaufzeit brauchen, bis Sie Ihren Charme entfalten können und zu einem brauchbaren menschlichen Wesen werden. Vielleicht schreiben Ihnen auch viele potenziell interessante Partner nicht, weil sie ebenso wie Sie über sonntägliche Frühstücke denken und sich diesem Frust nicht aussetzen wollen. Also bleiben Sie auch hier bei der Wahrheit. Sie wollen nicht viele ungefilterte Zuschriften, sondern passende.

Nicht leiden kann ich ...
Auch diese Frage ist nicht ungefährlich. Wenn Sie z. B. schreiben, dass Sie Langweiler nicht leiden können, wen sollte das davon abhalten, Ihnen zu schreiben? Wer fühlt sich damit angesprochen und sagt: «Okay, wenn sie keine Langweiler mag, dann komme ich nicht in Frage»? Schreiben Sie lieber, was Sie langweilt oder ärgert oder abstößt. Hier einige Beispiele:

… fundamentalistische Ansichten, gleich welcher Art
… Menschen, die Campingplätze lieben
… Menschen, die sich selbst zitieren und Sätze häufig beginnen mit «Wie ich immer in dem Zusammenhang sage»
… Menschen, die Witzeerzählen für Humor halten
… Gespräche über europäische Königshäuser (bei dieser Abneigung sollte Ihnen aber klar sein, dass damit 85 % aller Frauen nicht antworten werden)
… Pudel und Pudelbesitzer
… beige Schuhe mit durchgehender Sohle
… brombeerfarbene Unterwäsche
… Menschen, die zwei Stunden über «die da oben» schimpfen
… Männer, die schenkelklopfende Witze erzählen
… Männer, die sich nicht an Haushaltsaufgaben beteiligen
… Frauen, die bei einem Reifenplatten sagen: «Ich kann das nicht»
… Frauen, die immer alles ausdiskutieren wollen

Konflikte sind für mich …

Es ist nicht unklug, diese Frage zu beantworten, selbst wenn sie nicht gestellt wurde. Bei der Art und Weise, wie man mit Konflikten umgeht, zeigt sich, ob man miteinander klarkommt oder nicht.

«Ich liebe Harmonie und gehe Konflikten aus dem Weg» verträgt sich nicht besonders gut mit: *«Konflikte sind dazu da, um gelöst zu werden. Eine kurze, aber deutliche Ansprache, dann ist es vom Tisch.»*

Besser wäre es hier, etwa darauf hinzuweisen, dass es einem nicht immer leichtgefallen ist, aber dass man inzwischen gelernt hat, dass man Konflikten nicht aus dem Wege gehen kann, sondern sie in einer nicht verletzenden Art miteinander lösen muss. Und dass man das inzwischen auch ganz gut kann. Das ist doch sicher auch inzwischen so bei Ihnen, oder? Wenn nicht, dann müssen Sie zwar die Liebessuche nicht abbrechen, aber dann könnten Sie parallel zur Liebessuche ein wenig über dieses Thema nachdenken.

Questions & Answers

Und wenn alles nicht stimmt?
Ich höre oft von negativen Erfahrungen mit Online-Partnerbörsen: Frauen machen sich jünger, Männer sind verheiratet oder in Beziehungen. Frauen suchen nicht ernsthaft, sondern machen sich mit Freundinnen über männliche Zuschriften lustig. Manche Männer machen gleich beim ersten Telefonat oder Treffen sexuelle Angebote und sind sauer, wenn Frauen darauf nicht eingehen. Verabredungen werden nicht eingehalten. Beim ersten Treffen wollen Frauen immer eingeladen werden (klagen Männer), beim ersten Treffen sagt der Mann, jeder solle für sich selbst zahlen (klagen Frauen). Männer oder Frauen berichten gleich beim ersten Treffen ausführlich über die schlechten Angewohnheiten verflossener Partner. In schwulen Online-Börsen gehe es ohnehin nur um Sex, da surft niemand, der eine ernsthafte Liebesbeziehung möchte. Das gelte auch als uncool in der Schwulenszene (klagen Sascha und Helene).

Diese als negativ empfundenen Verhaltensweisen finden Sie natürlich nicht nur bei Dates aus Online-Partnerbörsen. Wenn Ihnen bestimmte Verhaltensweisen missfallen, dann haben Sie eine wunderbare Möglichkeit, Nein-Sagen zu üben. Legen Sie das Geld für den Cappuccino auf den Tisch und verlassen Sie das Café mit hocherhobenem Kopf und einem fröhlichen «Noch viel Erfolg!».

Wie ehrlich sollte ich sein?
Vom Grundsatz her absolut ehrlich, aber es kommt darauf an. Leichte «Verschönerungen» schaden sicher nicht, jeder möchte

sich im besten Licht darstellen. Wenn Sie sich etwas jünger machen, weil Männer (oder die Frauen, die Sie im Blick haben) eben jüngere Partner bevorzugen, auch kein Problem. Allerdings sollte das geschönte Alter noch zu Ihrem Aussehen passen. Und warten Sie später nicht zu lange mit der «Offenbarung». Wenn sich ein potenzieller Partner von Ihnen entrüstet abwendet, weil er der Meinung ist, wer bei seinem Alter die Unwahrheit sagt, sei auch sonst kein vertrauenswürdiger Mensch, dann ist das kein Verlust. Oder wünschen Sie sich einen derart prinzipiellen Menschen? Dennoch würde ich dazu raten, weitgehend bei der Wahrheit zu bleiben, allerdings in einer öffentlichkeitsfähigen Version.

Wie sollten Sie auf Zuschriften reagieren?
Vor allem zeitnah. Auch hier ist wieder Disziplin angesagt. Nehmen Sie sich eine bestimmte Zeit am Tag vor, in der Sie sich Ihrer Suche im Netz widmen. Sortieren Sie Ihre Angebote, wählen Sie die fünf besten aus und schreiben Sie eine nette oder witzige oder ernste oder romantische Mail. Wenn Sie nach einer Woche keine Antwort haben, dann löschen Sie diese beiden Interessenten. Schreiben Sie aber sofort zwei neuen, sodass Sie immer mit ungefähr fünf Kandidaten aus Ihrer Partnerbörse in Kontakt sind.

Wie wählen Sie aus den Angeboten aus?
Betrachten Sie nicht nur das Foto. So platt es auch klingt: Es kommt wirklich nicht nur auf das Aussehen an. Lesen Sie das Profil sorgfältig durch und gleichen Sie es mit Ihren Zielen und Erwartungen ab. Noch ein Wort an die älteren Herren: Ich bin überzeugt, dass Sie als 60- bis 70-Jähriger auch 20- bis 30-jährige Frauen glücklich machen können. Es ist nur statistisch nicht sehr wahrscheinlich. Hier kann die Übung «Was erwartet eine 20- bis 30-Jährige von einem Mann?» sehr hilfreich sein. Sehen Sie das mal aus der Perspektive der 25-Jährigen, die total gerne

Shopping macht, in angesagte Bars geht, Live-Konzerte schätzt (vier Stunden stehen!), Castingshows liebt und wenig Zeit für Sie hat, weil sie für ihre Klausuren büffeln muss. Ich weiß, das sind Klischees. Es gibt sie, diese jungen Frauen, die sich für Kleidung nicht interessieren, *Germany's next Topmodel* für oberflächlich halten, nur klassische Musik in Philharmonien hören wollen, gerne mit Ihnen und Ihren ebenfalls 65-jährigen Freunden zusammensitzen und sich Geschichten von früher anhören und auf eine eigene Karriere verzichten wollen. Aber so viele gibt es davon nicht. Vielleicht versuchen Sie es mal mit einer 50-Jährigen? Es ist für manche wahrscheinlich schwer vorstellbar, dass 50- oder gar 60-jährige Frauen sich noch für Liebe und Sex interessieren, aber es kommt vor.

Wie schnell gebe ich E-Mail-Adresse, Telefonnummer, Anschrift weiter?

Nicht zu schnell. Die E-Mail-Adresse schneller als alles andere. Grundsätzlich empfehle ich hier eher Zurückhaltung. Es ist nicht so, dass dabei immer große Gefahren lauern, aber wenn Sie Ihre Telefonnummer oder Adresse wirklich erst weitergeben, wenn Sie einen guten Eindruck von dem Herrn oder der Dame gewonnen haben, ersparen Sie sich lästigen Telefonterror oder eine andere Form von Kontakt, den Sie nicht wünschen.

Und noch etwas für die Frauen: Beim ersten Mal verabreden Sie sich niemals bei ihm oder bei Ihnen zu Hause. Suchen Sie einen Treffpunkt aus, an dem viele andere Menschen sind und von dem aus Sie einfach nach Hause kommen.

Wie schnell soll ich den realen Kontakt suchen?

Schnell. Ich rate ab von wochenlangem Mailkontakt. Zumindest, wenn eine reale Beziehung Ihr Ziel ist und Sie den Gewinn nicht aus nächtlichem Briefwechsel ziehen, um Ihre Phantasien auszuleben. Ob Mann oder Frau, machen Sie schnell den Vorschlag, sich doch einmal zu treffen. Ein Café, ein Spaziergang, ein Ausstellungsbesuch oder der Bummel über einen Markt – jeder Ort ist angebracht, an dem Sie sich ungezwungen bewegen können und den Sie auch schnell wieder verlassen können, wenn Sie das möchten. Im Kino oder Theater können Sie sich nicht unterhalten und müssen bleiben, auch wenn Sie lieber das Weite suchen würden. Extrem laute Orte sollten Sie ebenso wenig wählen wie Orte, die eine langwierige Heimfahrt notwendig machen.

Es kann Spaß machen, sich eine Weile zu schreiben, aber es können sich zugleich Vorstellungen über den Briefschreiber entwickeln, die von der Realität abweichen. Und vielleicht gefällt Ihnen die Briefschreiberin im Café nicht mehr, weil Sie ein anderes Bild von ihr hatten. Dieselbe Briefschreiberin hätte Ihnen möglicherweise gefallen, wenn Sie ihr zuerst in der Realität begegnet wären und Sie sich anschließend anregende Mails geschrieben hätten.

Was tue ich, wenn er/sie sich nicht mehr meldet?
Vergessen Sie diese Person. Gerade Frauen warten lange auf Anrufe, die nie kommen, auf neue Verabredungen, die nie ausgesprochen werden. Wir haben eine unendliche Geduld. Leider. Wenn er Lust hat anzurufen, dann wird er anrufen. Wenn Sie Lust haben anzurufen, dann rufen Sie an. Sie haben Angst davor, zurückgewiesen zu werden? Das kann passieren, aber es wird auch passieren, wenn Sie zwei Wochen mit dem Anruf warten. Aber es könnte auch sein, dass der oder die Angerufene sich freut, weil er oder sie beruflich total im Stress war oder weil er oder sie sich einfach nicht getraut hat, anzurufen. Sie finden es nur heraus, wenn Sie Ihre Bedenken oder Ihre Schüchternheit überwinden. Hat Ihnen irgendwann mal jemand gesagt, dass Frauen nicht als Erste anrufen dürfen? Dass Frauen sich rarmachen müssen? Dass Männer nur Frauen wollen, die sich zunächst verweigern? Vergessen Sie das alles, das ist 19. Jahrhundert. Einen Mann, der

Frauen nicht schätzt, die als Erste anrufen, brauchen Sie nicht. Rufen Sie an, klären Sie, ob er Interesse hat oder nicht, und wenn nicht, dann gehen Sie zum Nächsten auf Ihrer Datingliste über.

Wie gehe ich mit «Lügnern» um? (Verheiratet, nur auf Liebesabenteuer aus, Geldsucherinnen …)
Profil und E-Mail-Adresse löschen. Im Café sitzenlassen und sich weiteren Kontakt verbitten. Nicht mehr daran denken. Sofort einen anderen Kandidaten anschreiben. Falls es sehr übel ist, auch den Online-Anbieter kontaktieren und Bescheid geben. Es gibt dafür eine Funktion in der Datenbank.

2. Liebesanzeigen in Printmedien

Wer hat nicht schon mit Interesse die Heiratsannoncen in der WELT oder der ZEIT oder der FAZ gelesen und sich ein bisschen darüber lustig gemacht? Wer hat nicht über die Abkürzungen gelacht, die den Text teilweise unverständlich machen? Und wer hat sich noch nicht gewundert, wie viele attraktive, junggebliebene, intelligente und musisch interessierte, sportliche und vermögende Männer und Frauen ohne Anzeige keinen Partner finden?

Lohnt sich das, werde ich oft gefragt? Es kann sich lohnen, aber herausfinden müssen Sie es selbst. Überlegen Sie sich die Vor- und Nachteile einer Liebesanzeige. Sie kostet Geld und wird von weniger Menschen gelesen als Ihr Liebesinserat in einer Online-Partnerbörse. Aber muss man sich nicht fragen, warum diese attraktiven und wohlhabenden Männer oder Frauen noch Singles sind? Die Frage kann ich natürlich nicht beantworten, aber betrachten Sie doch einfach mal sich selbst: Sind Sie nicht auch attraktiv? Verfügen Sie nicht ebenfalls über viele Eigenschaften, die einen Liebespartner erfreuen könnten? Und Sie suchen auch, oder? Vielleicht ist es der Arbeitsdruck, vielleicht eine entlegene

Wohngegend, die zufällige Bekanntschaften erschweren. Vielleicht sitzen diese attraktiven Männer und Frauen ebenfalls bislang zu Hause auf ihren Designersofas und bedauern, dass Sie dort alleine sitzen. Ob Liebesanzeigen in einer überregionalen oder regionalen Tages- oder Wochenzeitung Ihnen etwas bringen, finden Sie nur heraus, indem Sie es ausprobieren.

Unsere Seminarteilnehmer haben bereits Erfahrungen mit Liebesanzeigen gemacht. Jessica ist erbost darüber, dass Frauen deutlich weniger Zuschriften bekommen als Männer. Helene erzählt, dass ältere Lesben auch weniger Zuschriften als junge bekommen. Thorsten freut sich, denn er hat festgestellt, dass eine jüngere Kollegin deutlich weniger Zuschriften bekam als er. Und das, bevor er durch die Kleider-Schule von Sascha gegangen ist. Nur Julie wurde überschüttet mit Zuschriften, als sie mal eine Kollektivanzeige mit zwei Freundinnen aufgegeben hat.

Wir können hier nur hinnehmen, dass die Welt schlecht ist und wir das – zumindest kurzfristig – nicht ändern können. Dann müssen Frauen eben länger suchen. Oder vielleicht mehr auf die Kontaktnetzstrategie setzen. Vielleicht sollten Frauen auch manche ihrer Kriterien überdenken. Er muss nicht perfekt sein. Er muss auch nicht den Ansprüchen ihrer Freundinnen genügen. Er kann älter sein. Oder jünger. Er muss nicht Chefarzt sein. Er muss ihr kein Leben im Luxus garantieren. Wir haben doch kein Statusdenken, oder?

Liebesanzeigen auswerten

Beginnen wir wieder ganz praktisch. Suchen Sie sich eine interessante Anzeige aus und analysieren Sie sie. Dazu nehmen Sie einen roten, grünen und blauen Stift. Ich weiß, das klingt ein bisschen schulmeisterlich, aber es ist trotzdem hilfreich. Dann gehen Sie die Anzeige Wort für Wort durch: Alles, was hundertprozentig passt, unterstreichen Sie grün. Alles, was überhaupt nicht passt, unterstreichen Sie rot. Dann bleibt noch das, wo Sie unsicher sind, womit Sie leben könnten oder wo Sie nicht wirklich wissen, was damit gemeint ist. Wenn man Anzeigen durchgeht, merkt man übrigens schnell, dass man oft nicht weiß, was gemeint ist. Das ist bei Stellenanzeigen ähnlich. Als Nächstes betrachten Sie das Farbmuster. Wenn fast alles rot ist, können Sie die Anzeige in den Papierkorb werfen. Manchmal reicht aber schon eine rote Unterstreichung in einer ansonsten grünen Anzeige: Wenn dort eine vermögende Dame gesucht wird, die Sie nicht sind, oder eine gemeinsame Zukunft in Turkmenistan aufgebaut werden soll, was Sie nicht wollen, dann hilft es wenig, wenn der Inserent ansonsten gut aussieht, musisch interessiert und kinderlieb ist und sich beim Trekking in Nepal ebenso zu Hause fühlt wie im Smoking auf dem Wiener Opernball.

Sehr viel Blau sollte Sie nicht irritieren. Im Gegenteil, wenn die Anzeige Sie neugierig gemacht und Ihnen gefallen hat, dann ist das Blaue eine große Hilfe. Es liefert Inhalte zu vernünftigen Fragen. Denken Sie daran, es ist ja nicht mit der Analyse getan, sondern es muss ein Brief geschrieben und es müssen Fragen gestellt werden.

Aber zunächst einmal: Wie sieht so eine Anzeigenanalyse aus? Wir lassen uns wieder von unseren Seminarteilnehmern inspirieren. Jessica hat eine Anzeige mitgebracht.

Unternehmungslustiger, junggebliebener Enddreißiger, katholisch, Dipl.-Ing., gut aussehend, mit vielen musischen Interessen und Begeisterung für Inlineskating, sucht jüngere Frau, die seine Interessen teilt und mit ihm eine Familie in Norddeutschland aufbauen will. Geschieden zwecklos, Vermögen Nebensache. Antworten bitte an Chiffre E8 534-G12.

Jessica holt die Stifte, ich lege die Overheadfolie mit der Anzeige auf den Projektor.

«Den würde ich nie aussuchen», sagt Jessica. «‹Geschieden zwecklos›, das finde ich unmöglich. Was ist das denn für ein Hinterwäldler? Das wird sofort rot.» Sie unterstreicht. «Und ‹jüngere Frau› geht bei mir auch gar nicht, das wird wieder gleich rot. Also, Inlineskating habe ich noch nie gemacht, das würde ich gerne mal probieren. Aber ich kann das ja noch nicht, wird das dann blau oder grün?»

«Wenn du Interesse hast, dann kann das doch grün werden», sagt Helene. «Er sucht ja jemanden, der seine Interessen teilt, nicht eine ausgewiesene Inlineskaterin, oder?»

«Gut. ‹Vermögen Nebensache› passt. Ich habe keins, also grün. Und katholisch ist auch okay, ich gehe zwar nie in die Kirche, nur bei Familienfeiern, aber das würde mich nicht stören, wenn das für ihn wichtig ist.»

«Und wenn er eine bekennende Katholikin sucht?», fragt Max. «Vielleicht musst du dann immer vor dem Essen beten und abends vorm Ins-Bett-Gehen auch.» Er grinst.

Offensichtlich ist unklar, was er mit «katholisch» meint. Handelt es sich um eine reine Sachinformation? Will er darauf hinweisen, dass der katholische Glaube eine wichtige Konstante in seinem Leben ist? Darauf, dass eine Mischehe für ihn nicht in Betracht kommt? Ich würde «katholisch» blau unterstreichen, weil sich hieraus gute Fragen ergeben.

«‹Unternehmungslustiger› finde ich prima, das wird grün.» Jessica unterstreicht.

«Vielleicht auch blau? Du weißt doch gar nicht, was er gerne unternimmt», sagt der gründliche Sascha. «Das würde ich zum Beispiel gerne wissen: Geht er gerne in Galerien (was ich gut fände), oder geht er sonntags zum Sektempfang bei Mercedes-Benz (was ich weniger gut fände)?»

«Was du wieder für Ideen hast, Sascha.» Thorsten lacht. Er wendet sich Jessica zu. «Ich wollte nochmal etwas zu der rot unterstrichenen ‹jüngeren Frau› sagen. Du denkst bestimmt, das sei ein Ausschlussgrund, weil er eine Zwanzigjährige sucht. Das muss ja gar nicht so sein. Du siehst so gut aus, dass niemand bei dir denken würde, dass du nicht in die Kategorie ‹jüngere Frau› passt. Mach da auch mal ein blaues Fragezeichen. Wenn du ein tolles Bild schickst und einen vergnügten Brief schreibst, dann antwortet der dir bestimmt. Manchmal sagt man einfach ‹jüngere Frau› und meint nur damit, dass sie nicht so ältlich wirken soll. Ich hatte ja auch anfangs gesagt, dass ich eine jüngere Frau wollte. Aber jetzt habe ich Dagmar, die Dozentin für Mathematikdidaktik, kennengelernt. Und sie gefällt mir sehr, obwohl sie sogar zwei Jahre älter als ich ist.»

Thorsten hat auf etwas Wichtiges hingewiesen. Ähnlich wie bei dem Stellenangebot muss genau analysiert werden, was der Inserent sagen will. Oft sind nicht alle Merkmale in gleicher Weise wichtig für den Schreiber. Bei der Anzeige des katholischen Ingenieurs kann man davon ausgehen, dass er eine sportliche und gutaussehende Frau sucht. Das ist Jessica, auch wenn sie nicht jünger ist als er. Außerdem wissen wir auch nicht, ob der Enddreißiger vielleicht bereits 41 Jahre alt ist. Es ist also wichtig, nicht immer alles gleich auszuschließen.

Jessica vervollständigt jetzt die Analyse, die wir für unseren Marketingbrief brauchen.

«Norddeutschland ist grün, da würde ich hingehen. Es kommt natürlich schon darauf an. Auf dem Dorf würde ich nicht so gerne wohnen. Aber eine kleine Stadt, vielleicht am Meer? Also, das bleibt grün. ‹Junggebliebener Enddreißiger›? Der hat Komplexe wegen seines Alters. Der wird bestimmt in zwei Monaten 40 und traut sich nicht, das zu sagen. Kann man ja mal blau machen. Aber jetzt die Familiengründung: Will der noch viele Kinder zeugen? Das würde ja auch nicht passen. Also eher rot. Obwohl man auch hier fragen muss, was er genau will.»

«Stimmt, aber du bringst eine Familie mit, das ist doch praktisch. Dann bekommt er eine Instantfamily. Ich fände das klasse. Keine Windeln, nachts kein Geschrei, keine Masern und trotzdem ein nettes Kind.» Max lächelt sie an. Jessica wird rot.

«Ich finde nicht, dass es für den gutaussehenden, sportlichen Enddreißiger spricht, dass er erst mit 40 eine Familie aufbauen will», sagt Helene. «Hat er vorher keine abbekommen? Hat er nur an seine Karriere gedacht? Oder hat er eine nach der anderen ausprobiert und will sich jetzt, müde geworden, versorgen lassen? Und sich mit einer Mittzwanzigerin die Jugend zurückholen?»

«Oder ist er schwul, und sein Chef hat ihm gesagt, er müsse eine Familie gründen, um die Karriereleiter weiter hinaufklettern zu können.» Sascha guckt sich triumphierend um. Max und Thorsten sind schockiert. Julie und Jessica kichern.

Ich freue mich über die Phantasie der Teilnehmer. Sie merken, dass die Begriffe in einer Liebesanzeige viel Interpretationsspielraum lassen. Vielleicht hat auch die Schwester oder die Mutter die Anzeige aufgegeben, weil sie der Meinung ist, dass er verheiratet sein und für den Erhalt des Familiennamens sorgen soll. Jessica wird also durch Fragen herausfinden müssen, was ihr katholischer Ingenieur tatsächlich sucht. Und das ist gut, denn mit diesen Fragen kann sie Interesse an ihm zeigen und einen guten Bewerbungsbrief schreiben – denn um einen solchen handelt es sich, wenn Sie auf eine Liebesanzeige antworten.

Der «Bewerbungsbrief» – Interesse wecken

Ein schönes Foto haben Sie bereits. Aber ein schönes Foto ist eine notwendige, doch keine hinreichende Voraussetzung für Erfolg. Auch mit Ihrem Bewerbungsbrief müssen Sie Interesse wecken. Nach meiner Erfahrung beginnen Menschen bei der Job- und bei der Liebessuche damit, ausführlich von sich zu erzählen. Ich halte das für nicht so glücklich, denn Interesse erwecken Sie eher dadurch, dass Sie Interesse am anderen zeigen, und nicht, indem

Sie lang und breit über Ihre Person und Ihren Seelenzustand berichten. Und ich halte es ebenfalls für einen Fehler, wenn ein solcher Liebes-Marketingbrief mit schonungsloser Offenheit die Höhen und Tiefen des eigenen Lebens beschreibt, um natürlich damit zu enden, dass er oder sie hoffen, dass mit dieser neuen Bekanntschaft nun alles ganz anders werde.

Sie denken vielleicht, dass Offenheit beim ersten Kontakt eine wichtige Voraussetzung für eine potenzielle Beziehung ist. Es kommt darauf an, was Sie unter Offenheit verstehen. Es ist sicher nicht förderlich, entweder die Unwahrheit zu erzählen oder völlig stumm zu bleiben. Aber beim ersten Treffen kann es eine Überforderung für den anderen sein, wenn er oder sie mit schonungsloser Offenheit alle Höhe- und Tiefpunkte Ihres Lebens erzählt bekommt. Die Annahme, dass Offenheit der Beziehungsanbahnung förderlich sei, ist nicht zuletzt zahlreichen Beziehungs- und Kommunikationsratgebern zu verdanken. Mir persönlich hat sich noch nie erschlossen, warum Offenheit immer positiv sein soll.

Natürlich ist der Wunsch nach Offenheit in einer vertrauten Beziehung verständlich. Vor allem, wenn die Offenheit nicht dazu dient, den anderen mit den eigenen Problemen zu überschütten, sondern Verständnis zwischen zwei Menschen herzustellen, die sich gegenseitig wichtig sind. Aber noch ist unser Thema die *Beziehungsanbahnung*, und in dieser Phase sollte Offenheit sorgfältig dosiert werden.

Ich hatte bereits darauf hingewiesen, dass Sie Ihr Anschreiben nicht mit einer ausführlichen Beschreibung Ihrer Person beginnen, sondern Interesse an dem Adressaten zeigen sollten. Hierzu möchte ich Sie mit dem **Herzchen-Prinzip** vertraut machen. Zu diesem Namen kam es, als ich meinen Klienten erzählte, dass sie im Brief zunächst die Perspektive des anderen einnehmen und sich darauf beziehen sollten, was er oder sie sich wünscht und erhofft. Dazu nutze ich immer die folgende Herzchen-Zeichnung, um es plastischer zu machen. Ich habe den Begriff «Herzchen-Prinzip» beibehalten, weil er sich gut einprägt.

Was bedeutet das für Ihren Brief? Bauen Sie ihn nach diesem Schema auf:

Du
Beginnen Sie in Ihrem Brief damit, sich auf den Inserenten einzustellen. Was haben Sie über ihn gelernt aus der Anzeige? Was hat Ihnen gefallen? Was macht Sie neugierig? Wo sehen Sie Übereinstimmungen? Haben Sie verstanden, was er will? Was ist offengeblieben? Was würden Sie gerne über ihn wissen? Zeigen Sie, dass Sie gern mehr über ihn erfahren möchten – stellen Sie Fragen.

Ich
Jetzt erzählen Sie etwas über sich. Und natürlich beginnen Sie mit den Themen, in denen Sie eine große Übereinstimmung sehen. Das, was Sie über sich erzählen, sollte zu dem passen, was

er über sich erzählt hat. Dann können Sie auch andere Dinge erwähnen, die anders sind oder die noch gar nicht angesprochen worden sind.

Wir
Jetzt stellen Sie heraus, warum es sich aus Ihrer Sicht lohnen könnte, sich zu treffen. Warum Sie zusammenpassen müssten. Oder warum es schön sein könnte. Oder warum Sie ihn furchtbar gerne kennenlernen wollen. Sie wollen sich mit ihr treffen, weil Sie Ähnlichkeiten sehen, oder auch, weil Sie völlig unterschiedlich sind und Sie gerade das neugierig macht.

Warum ist es besser, zunächst mit dem DU zu beginnen? Stellen Sie sich diese Situation vor: Sie sitzen in einer Bar und möchten ins Gespräch kommen mit der hinreißenden Dunkelhaarigen (dem intellektuell aussehenden Blonden), die (der) auf der anderen Seite sitzt und gedankenvoll ein Minzeblättchen aus der Caipirinha pflückt, während sie sich angeregt mit ihrer Nachbarin unterhält. Wecken Sie Interesse, indem Sie zu ihr gehen und erzählen, Sie seien ein gutaussehender Mann, sammelten Sukkulenten, läsen gerne Umweltkrimis und könnten fabelhaft mit dem Akkuschrauber umgehen? Oder könnten Sie Interesse wecken, wenn Sie zu ihr gehen und das Gespräch beginnen mit: «Der rötliche Schimmer, den die Beleuchtung (wahlweise das Kaminfeuer) auf Ihre Haare zaubert, ist wunderschön. Deshalb habe ich Ihnen gerade eine Weile zugehört und möchte Ihnen sagen, dass mich Ihre Argumentation zur chinesischen Außenpolitik überzeugt hat. In einem Punkt bin ich allerdings etwas anderer Meinung. Darf ich mich zu Ihnen setzen? Trinken Sie noch eine Caipirinha mit mir?»

Was wird die Frau interessanter finden – vorausgesetzt, dass sie nicht auf ihren Freund gewartet hat? Glauben Sie mir, mit der Herzchen-Prinzip-Strategie fahren Sie besser. Wecken Sie

Interesse, indem Sie etwas unglaublich Interessantes an Ihrem Gegenüber feststellen. Und Ihr Gegenüber wird umgehend feststellen, was für eine unglaublich interessante Person Sie sind, weil Sie das unglaublich Interessante an ihm so schnell feststellen konnten. Dann können Sie problemlos wieder auf sich selbst umschalten.

Wie sieht Ihr Liebes-Anschreiben nach dem Herzchen-Prinzip nun aus?

Lieber Unbekannter,

besonders angesprochen hat mich bei Ihrer Anzeige, dass Sie viele Interessen haben und unternehmungslustig sind. Ich bin neugierig geworden: Was unternehmen Sie gerne? Inlineskating haben Sie schon erwähnt – das würde ich auch gerne probieren. Sport ist mir wichtig: Ich jogge täglich und mache im Winter Eisschnelllauf. Was machen Sie beruflich? Wo leben Sie? Reisen Sie gerne?

Mir gefällt es, dass Ihnen gemeinsame Werte wichtig sind und Sie sich eine Familie wünschen.

Einen ersten Eindruck von mir können Sie von meinen Fotos bekommen. Das eine zeigt mich völlig erschöpft auf der Zielgeraden des Halbmarathons. Ich war sehr stolz auf mich, aber natürlich ist das andere Foto typischer für mich. Ich bin ein fröhlicher Mensch, der Harmonie liebt. Aktivitäten mit Freunden sind ganz wichtig für mich. Ich bin eine begeisterte Köchin und überrasche meine Freunde oft mit italienischen Spezialitäten. Aber wegen des Sports ist es mir auch wichtig, mich gesund und bewusst mit regionalen Produkten zu ernähren.

Im Moment arbeite ich als Physiotherapeutin in einem Klinikum und leite ein Team. Meine Arbeit macht mir viel Spaß.

Auch mein größter Wunsch ist es, wieder eine richtige Familie zu haben, deshalb habe ich mich auch dazu entschlossen, Ihnen zu schreiben. Aber ich will offen zu Ihnen sein: Ich habe eine achtjährige Tochter, die mir sehr wichtig ist und ohne die ich mir eine Familie nicht vorstellen kann. Ein künftiger Mann muss bereit sein, auch Carolina zu akzeptieren und ihr ein liebevoller Vater zu sein.

Jetzt habe ich so viel von mir erzählt und wüsste gerne mehr von Ihnen. Wenn mein Brief Sie anspricht, würde ich mich über eine Antwort freuen. Oder wir treffen uns zu einem Spaziergang? Oder einer Tasse Cappuccino in der Sonne? Kennen Sie den Botanischen Garten?

Vielleicht höre ich von Ihnen – das würde mich freuen. Wenn Sie sich anders entscheiden, dann wünsche ich Ihnen viel Erfolg.

Viele Grüße und ein schönes Wochenende.
Jessica Grunert

Max findet den Brief zu konservativ, was nicht zu Jessica passt. Auch Jessica ist skeptisch. Thorsten stört es, dass Jessica den Ingenieur siezt. Er findet «Du» offener. Sascha und Helene informieren die anderen, dass das in ihrer Szene ohnehin üblich sei. Julie findet den Brief nicht sexy, meint aber, dass er zu diesem konservativen Mann sicher passt. Ob sie ihm auch schreiben könne? Sie fände ihn gar nicht so schlecht. Sportlich, sieht gut aus, der ist sicher im Tennisclub und will Familie und ein Haus mit Garten. Und wenn der schon so alt ist, dann ist er beruflich auch erfolgreicher. Jessica ist das recht, ihr liegt ohnehin nichts an ihm.

Sie haben sicher gemerkt, dass die Auswertung von Zeitungsinseraten und eine maßgeschneiderte Reaktion darauf viel Arbeit und damit Zeit in Anspruch nehmen. Sie werden sinnvollerweise nicht nur auf eine Anzeige antworten. Sie erhalten Zuschriften, müssen darauf reagieren, alles mit Freundinnen ausführlich besprechen und sich dann treffen. Diese Treffen müssen ausgewertet werden. Aus einem Treffen werden mehrere, und dennoch können Sie noch nicht sicher sein, ob er der Richtige sein könnte. Und wenn Sie es sind, dann findet er vielleicht plötzlich heraus, dass Sie nicht die Richtige sind.

3. Partneragenturen

Mit den Partneragenturen geht es Ihnen sicher ebenso wie mit den Heiratsanzeigen. Sie sind vielleicht skeptisch, weil auch hier die Kandidaten und Kandidatinnen immer attraktiv, musisch interessiert und vermögend sind. Der Vollständigkeit halber möchte ich Ihnen aber auch dieses traditionelle Instrument der Partnersuche vorstellen. Erinnern Sie sich an den Eisberg? Dort konnten Sie sehen, dass die Partnervermittlung zwar zum offenen Liebesmarkt führt, aber auch schon etwas in Richtung des verdeckten Liebesmarktes zeigt. Offen, weil zumindest die Betreiber der Agentur Zugang zu Suchenden haben, verdeckt, weil nicht alle Menschen Zugang dazu haben, sondern nur eine kleine Anzahl von Menschen, die bereit sind, viel Geld zu bezahlen.

Eine Partnerschaftsagentur arbeitet ebenso wie eine Personalberatungsgesellschaft oder ein Headhunter. Man könnte es privates Headhunting nennen. Dafür spricht, dass Sie nicht selbst suchen müssen, sondern dass die Agentur es für Sie tut. Und dass die Agentur – zumindest sagen die Agenturen das – über einen großen Kandidatenpool und umfangreiche Informationen über die Kandidaten verfügt. Dagegen könnte sprechen, dass Sie zahlen müssen und dort vielleicht nicht Ihre Zielgruppe finden. Unter 2000 Euro läuft dort gar nichts, die Honorare können bis auf 50 000 Euro ansteigen. Manche Agenturen bestehen auf Vorkasse. Oft ist die Anzahl der Partnervorschläge Gegenstand des Vertrages, ebenso wie eine Laufzeit von drei bis 24 Monaten. Die Überprüfung von Stiftung Warentest ergab keine besonders guten Ergebnisse für die Agenturen. Bemängelt wurde, dass es selten Prospekte gab und die Vertragsbedingungen am Telefon nur ungern mitgeteilt wurden. Es gibt allerdings einen Gesamtverband der Ehe- und Partnervermittlungen e.V. GDE, dem nur seriöse Partnervermittlungen angehören sollen. Ob sich dieser Einsatz lohnt? Probieren Sie es aus. Verschaffen Sie sich vor Ort einen Eindruck. Sicher gibt es bei der großen Zahl von Partnervermittlungen ebenso seriöse wie unseriöse.

Spekulationen sind wenig hilfreich. Sie werden nur herausfinden, ob es sich lohnt, wenn Sie sich persönlich dort erkundigen. Lassen Sie sich nicht abschrecken von der Skepsis vieler Menschen, die alle etwas gehört haben über diese Agenturen, aber noch nie damit Erfahrungen gemacht haben. Ich kann Ihnen nur sagen, es *kann* sich lohnen. Vor allem, wenn Sie an einer konservativen Klientel interessiert sind. Den unkonventionellen Experimentalfilmer werden Sie dort ebenso wenig finden wie den in Einklang mit der Natur lebenden Ökobauern aus Schleswig-Holstein.

Eine Voraussetzung ist es natürlich, dass Sie etwas Geld übrig haben.

Vielleicht werden Sie fragen, wo denn der Unterschied zur Online-Partnerbörse sei? Die sei doch deutlich billiger? Und so eine Agentur mit Karteikärtchen sei doch letztes Jahrhundert? Ein Unterschied liegt darin, dass Sie Zeit sparen, weil Sie nicht selbst suchen müssen. Ein weiterer Unterschied ist, dass Sie in der Online-Partnerbörse darauf vertrauen müssen, dass die Angaben und Fotos eines wildfremden Menschen auch den Tatsachen entsprechen. In einer seriösen Partneragentur sollten Sie davon ausgehen können, dass die Kandidaten und Kandidatinnen von der Agentur geprüft wurden und Ihnen nur Angebote gemacht werden, die mit Ihrer Person und Ihren Bedürfnissen und der anderen Person abgeglichen wurden. Beruflich sehr eingespannte Kandidaten haben wirklich kaum Zeit, sich mit einer zeitintensiven Liebes-Marketing-Kampagne zu beschäftigen. Und wenn Sie sich einen Mann oder eine Frau auf dem Gipfel seiner oder ihrer Karriere wünschen, dann ist er oder sie vielleicht eher hier zu finden.

Ob es sich lohnt oder nicht, können Sie also nur selbst herausfinden. Eine Möglichkeit wäre es, dass Sie sich – alleine oder mit einer Freundin oder einem Freund – mehrere Agenturen ansehen, um sich einen Eindruck von den Räumlichkeiten und dem Personal zu verschaffen. Vereinbaren Sie einen Termin, und überlegen Sie vorab, welche Fragen Sie stellen wollen. Lesen Sie sich die Website sorgfältig durch und notieren Sie sich Fragen. Nehmen Sie Ihren Fragenkatalog mit, um nichts zu vergessen. Was wollen Sie wissen? Hier einige Fragen, die Sie in jedem Fall stellen sollten:

- *Wie viele Männer / Frauen haben Sie in Ihrer Kartei?*
- *Welche Altersgruppen finden sich bei Ihnen?*
- *Aus welchen Berufen kommen die Kandidaten?*
- *Gibt es auch Kandidaten aus dem Ausland? Aus welchen Ländern?*
- *Geben Sie eine Garantie, dass man einen Partner findet?*
- *Wie hoch sind die Kosten? Muss man vorher bezahlen oder bei Erfolg? Kann man in Raten zahlen?*
- *Wie lange suchen Sie für mich?*
- *Können Sie Referenzen nennen? Kann ich mit jemandem sprechen, der durch Sie einen Partner gefunden hat?*
- *Wie werde ich von Ihnen benachrichtigt?*
- *Wie kann ich sicher sein, dass es sich nicht um «Heiratsschwindler» handelt? Wie überprüfen Sie?*

Machen Sie einen Versuch, vor allem dann, wenn Sie wissen wollen, wie diese Eheanbahnungsinstitute funktionieren. Nehmen Sie sich drei bis fünf Institute vor und vergleichen Sie dann das Ergebnis. Bevor Sie allerdings einen Vertrag unterschreiben, sollten Sie sich mit Freunden beraten.

Ich gebe Ihnen noch einen Hinweis: Ich bin der Meinung, dass Sie alles, was ein solches Institut für Sie tun kann, auch selbst tun können. Das ist deutlich billiger. Und es macht mehr Spaß.

SUCHSTRATEGIEN AUF DEM VERDECKTEN LIEBESMARKT

4. Kontaktnetz / Multiplikatoren

Über diese Strategie haben Sie ausführlich in *Schritt 2* gelesen und sie – hoffentlich auch bereits erfolgreich – ausprobiert. Ich empfehle Ihnen, diese Strategie konsequent weiterzuführen.

5. Liebesgesuch in Printmedien

Auf ein Liebesinserat haben Sie schon geantwortet; zumindest haben Sie ein prototypisches Anschreiben verfasst. Jetzt können Sie es auch nochmal mit einem eigenen Liebesgesuch versuchen. Sie wissen ja durch die sorgfältige Liebesanzeigenanalyse, was unverständlich, was vielleicht lächerlich, was anmaßend oder was liebenswert ist. Ihr Liebesgesuch muss besser werden. Nutzen Sie dafür die Vorarbeit, die Sie in *Schritt 3: Wie definiere ich mein Ziel?* und in *Schritt 4: Wie erkenne ich meine Stärken und Schwächen?* sowie mit Ihrer Selbstbeschreibung für die Partnerbörse geleistet haben. Nur müssen Sie sich bei Ihrem Liebesgesuch deutlich kürzer fassen. Für Suchende sind die Anzeigen übrigens günstiger als für Anbieter. Recherchieren Sie die Preise im Internet.

Um die Formulierung eines solchen Gesuchs zu erleichtern, empfehle ich folgende Struktur. Sie werden sehen, dass es damit einfacher wird. Später können Sie das Liebesgesuch dann umstellen oder umformulieren. Aber Sie haben mit dieser Struktur zunächst alles aufgelistet, was für Sie wichtig ist.

Ich wünsche ... *eine Frau, einen Mann, die/der ..., und gerne ..., sich auch vorstellen kann ..., nochmal ..., über Aussehen, Charme, Geld, Jugend, Gebärfähigkeit, Kinderwunsch, Geduld, Humor, Kreativität ... verfügt*

oder

... ein Leben mit ..., in dem man ... tun kann, Neues wagen, einen behaglichen Lebensabend, noch einmal die große Leidenschaft ...

Ich biete ... *Aussehen, Charme, nette Eigenschaften, Finanzen, ein Häuschen im Grünen ..., Selbsterkenntnis, Zärtlichkeit, wilden Sex, Intellekt, musische Interessen, Erfahrungen aus früheren Beziehungen.*

Ich bin ... *36 Jahre, groß, nicht ganz schlank, aber viele Haare auf dem Kopf, Jurist, Gärtner, Zauberer, Controller, Friseur, Beamter, Großstädter, ..., zuverlässig, erotisch, sparsam ..., Bayer, Spanier ...*

Wie könnte ein Liebesgesuch unserer Julie aussehen?

Weiblich, ledig, jung sucht ...
... Mann für Familiengründung

Ich suche ...
einen Mann, der sich darauf freut, für seine Kinder, seine Frau und seinen Hund zu sorgen, seinen Beruf ernst nimmt, aber trotzdem nicht vergisst, dass das Leben schön ist. Wenn er gerne lacht und mit mir europäische Länder erkunden möchte, dann hätte ich Lust, ihn schnell kennenzulernen.

Ich biete ...
ein fröhliches Naturell verbunden mit Pflichtbewusstsein. Ich will nicht nur eine Ehefrau, sondern auch eine gute Freundin sein. Mit meinem BWL-Abschluss habe ich Lust, meinen Mann im Beruf zu unterstützen. Ich bin 24 Jahre alt, aber mein Mann kann gerne älter sein. Ich liebe Kinder und Tiere, feiere gern mit Freunden und freue mich auf einen Garten. Und für einen netten Mann würde ich sogar kochen lernen.

Was würde Thorsten in einem Liebesgesuch schreiben wollen?

Kinder nicht ausgeschlossen ...

Wer ich bin: ernsthaft und heiter, interessiert an Naturwissenschaften, Literatur und an klassischer Musik, Biokoch, gerne alleine und gerne unter Freunden, beziehungserfahren aber nicht -geschädigt möchte den Versuch wagen, wieder eine Familie zu gründen. Ich bin 54 Jahre alt, Lehrer und lebe in den Ferien in meinem Häuschen auf Teneriffa.

Wen ich suche: eine Frau mit vielen Interessen und dem Wunsch, (wieder) eine Familie zu gründen. Gerne kann sie Kinder mitbringen. Eine Frau, die mich vom Schreibtisch zu einer Fahrradtour holt. Die mich vom Physikexperiment zum Theater überredet. Die gerne zwischen Stadtleben und Landleben auf Teneriffa wechselt.

Vielleicht müssen Sie kürzen. Bitte vermeiden Sie die anzeigenüblichen Floskeln, aber fallen Sie nicht in das andere Extrem und werden bemüht originell. Ihr Gesuch soll sich abheben und wirklich einen Eindruck von Ihnen vermitteln. Überlegen Sie nun genau, in welchen Zeitungen Sie Ihr Gesuch veröffentlichen wollen, welche Medien Ihre Zielgruppe liest. Denken Sie nicht nur an die Kosten. Ein Liebesgesuch, das wenig aussagt, viele Abkürzungen enthält oder in einem Lokalblatt erscheint, das zwar günstige Anzeigenpreise, aber als Hauptzielgruppe Herren über achtzig hat, wird Ihnen wenig nutzen – es sei denn, Sie suchen genau das.

6. Direktbewerbung

Direktbewerbung?, werden Sie fragen. Ich soll einem attraktiven fremden Mann schreiben, dass ich ihn kennenlernen möchte? Oder einer wunderbaren Frau eine SMS schicken mit der Bitte, eine Liebesaffäre mit mir anzufangen? Weil Sie über Vorzüge verfügen, die diese Frau absolut glücklich machen werden? Nein, so wird das nicht funktionieren. Bei der Jobsuche ist Ihnen die Direktbewerbung auch als *Initiativbewerbung* bekannt. Und um Ihre Initiative geht es. Warum versuchen Sie es nicht einmal damit, unmittelbar dorthin zu gehen, wo Ihre Wunschpartner sich häufig aufhalten? Oder selbst eine Veranstaltung zu organisieren, zu der Sie Männer oder Frauen einladen (lassen), die Sie vorher noch nicht kannten. Oder sprechen in Ihrer Lieblingsbar den blauäugigen Barmann oder im Gartencenter die niedliche Blonde direkt an?

Genau so funktionieren Direktbewerbungen bei der Liebessuche. Sie lernen neue Männer oder Frauen kennen, Männer, die selbst auf der Suche sind, aber nicht wissen, wie sie vorgehen sollen. Frauen, die schon aufgegeben hatten, jemanden zu finden. Männer oder Frauen, die gerade nicht auf der Suche sind, aber durch Ihre bezaubernde Gegenwart daran erinnert werden, dass ein Leben zu zweit schön sein könnte.

Und wie kommen Sie an Adressen von Singles, denen Sie sich initiativ nähern können? Für Unternehmen gibt es Nachschlagewerke, in denen Sie nach Größe, Branche, Produkt und Postleitzahl Adressen auswählen können. Nach meinem Wissen gibt es kein Nachschlagewerk für unfreiwillige Singles. Ob Facebook eines ist? Oder Xing? Sie müssen also mehr kreative Energie in dieses Thema investieren. An neue Menschen zu kommen ist nicht schwierig. Sie haben doch die Multiplikatorensuche bereits perfektioniert. Sprechen Sie Ihre Freunde an. Jeder wird mindestens einen Single kennen, der Interesse haben könnte oder dessen Interesse Ihr Multiplikator werden könnte.

Wie können Sie die vielbesprochenen Zufälle im Zuge der Direktbewerbung provozieren? Sie haben drei Möglichkeiten:

1. Sie suchen gezielt Orte aus, an denen Sie Männer oder Frauen treffen könnten, die Ihrem Wunschprofil entsprechen.
2. Sie organisieren Events, bei denen Sie Singles unter einem Vorwand zusammenbringen mit dem Ziel, dabei *Ihren* Single zu finden.
3. Sie sprechen tatsächlich an jedem möglichen Ort Frauen oder Männer, die Ihnen gefallen, direkt an.

MÖGLICHKEIT 1: Orte der Liebessuche auswählen
Wenn Sie eine Frau sind und einen Mann suchen, dann sollten Sie sich überlegen: Wo kann ich häufig auf Männer treffen, die ähnliche Interessen haben wie ich? Wo treffe ich regelmäßig die gleichen Männer, damit es möglich ist, sich langsam kennen-

zulernen? Das Gleiche gilt für Männer, die Frauen suchen, Männer, die Männer suchen, und Frauen, die Frauen suchen. Die Auswahl der Orte wird also unterschiedlich ausfallen, obwohl es sicher auch Orte gibt, an denen für uns alle etwas zu finden ist.

Ein paar Beispiele:

Denken Sie zunächst über Gruppen nach, in denen Sie bereits Mitglied sind: Parteien, Sportvereine, Gewerkschaften, Kirchenkreise, Vertriebenenverband, berufliche Arbeitsgruppen, Bürgerinitiativen, Elternabende, Skat- oder Bridgerunden, Selbsthilfegruppen. Haben Sie hier schon ausgelotet, ob dort jemand Interessantes sein könnte? Haben Sie stets auf Ihr Äußeres geachtet, bevor Sie sich auf den Weg machen? Setzen Sie sich bewusst neben den attraktiven Vorsitzenden? Natürlich können Sie auch als Gast zu vielen dieser Gruppen gehen. Der Vorteil ist hier, dass Treffen regelmäßig stattfinden, Sie also die Chance haben, eine interessante Frau garantiert dort wiederzusehen.

Konferenzen, Messen, Seminare, Workshops sind auch sinnvolle Orte der Liebesanbahnung: Hier kommt man einfach ins Gespräch. Aber es kommt auf die Themen an. Bildungspolitik und Literaturwissenschaft sind eher frauenlastig, Gesundheits- und Wirtschaftspolitik können für Frauen und Männer ertragreich sein. Auf Buch-, Mode- oder Fitnessmessen finden Sie vornehmlich Frauen, auf Boots-, Handwerks- oder IT-Messen vermutlich mehr Männer. Auch bei den Seminaren sollten Sie auf das Thema achten. Diese Veranstaltungen haben nur den Nachteil, dass sie teuer sind und nicht regelmäßig stattfinden. Wollen Sie wöchentlich zweimal 60 bis 300 Euro ausgeben, um an einer Messe oder einem Seminar teilzunehmen? Und: Gibt es in Husum, Görlitz oder Deggendorf ausreichend Messen, Konferenzen oder Seminare?

Kirchentage, sportliche Wettkämpfe, Parteitage (mehrere

Tage, man muss übernachten!) eignen sich hervorragend für die Suche nach Wunschpartnern, oder was glauben Sie, warum Kirchentage so gut besucht sind?

Weitere Orte, an denen Sie Männer oder Frauen treffen können, sind: Adelsbälle, Vertriebenenverbände, die Landfrauen oder Katzenzüchtervereine. Schützenvereine, Grillfeste oder Kunstevents eignen sich ebenso wie Attac, Autorenlesungen, Stadtteilfeste, die Piratenpartei oder die Gruppe zur Einführung von Parkzonen in Ihrem Viertel. Den angesagten Markt am Samstag hatte ich schon erwähnt.

Zusammen mit Freunden werden Ihnen viele Orte oder Veranstaltungen einfallen, bei denen es Ihnen bislang nicht bewusst war, dass es sich um Orte der Liebessuche handeln könnte. Hier ist Kreativität gefragt.

Mit der Wahl des richtigen Ortes ist noch nicht alles gewonnen. Sie sollten gerüstet sein. Vor allem bitte nicht immer zu zweit losziehen. Alleine kommen Sie besser ins Gespräch. Sich schüchtern in der Ecke herumdrücken nützt nichts, Sie müssen durch interessante Beiträge auffallen oder zumindest in der Pause oder am Nebentisch durch intelligente Sätze Interesse wecken. Üben Sie sich in Smalltalk, achten Sie auf Ihr Äußeres. Machen Sie sich mit dem Thema der Veranstaltung vertraut. Informieren Sie sich über das Theaterstück, die Ausstellung, die Fußballmannschaft, mexikanische Küche, Energiesparen, Landfrauen oder die Einführung des Ethikunterrichts. Wie ich schon sagte, es macht nicht immer den besten Eindruck, wenn Sie keine Ahnung vom aktuellen Thema haben. Und, noch wichtiger, es wird auch deutlich schwieriger, einen Anknüpfungspunkt für das lockere Gespräch zu finden.

MÖGLICHKEIT 2: Events organisieren
Ich denke, das Prinzip ist klar: Jessica hat es erfolgreich vorgemacht, und auch Helene hat mit ihrer Gruppe «Lesben und Al-

ter» eine gute Idee entwickelt. Auch hier ist wieder das Thema ein Vorwand. Sie reden über Alter, Puddingrezepte, spielen Karten oder verkleiden sich. Aber das eigentliche Ziel ist, möglichst viele Singles zusammenzubringen, damit der Zufall wahrscheinlicher wird und der Blitz einschlägt. Denken Sie daran: Sie sind die Gastgeberin. Achten Sie darauf, dass sich niemand langweilt, dass die Teilnehmer etwas voneinander erfahren und sich alle wohlfühlen. Sie organisieren nicht gerne? Sie stellen Ihre Wohnung nicht gerne anderen Menschen zur Verfügung? Dann ist das keine gute Strategie für Sie. Dann überlegen Sie sich mit Freunden Aktivitäten außerhalb Ihrer Wohnung. Hier einige Beispiele:

- *Das nicht-perfekte Dinner in Ihrer Privatwohnung:* Sie laden Singles ein, die alle noch einen weiteren Single mitbringen, den der Einladende noch nicht kennt. Das Männer-Frauen-Verhältnis muss ausgeglichen sein, falls es ein heterosexuelles Dinner wird. Der finanzielle Rahmen sollte vorgegeben werden: Das gesamte Essen darf nicht mehr kosten als ...

- *Doggy-Bag-Party:* Kennen Sie Julklapp? Sehr beliebt bei Weihnachtsfeiern. Jede Person zieht vorab einen Namen und muss der Gezogenen ein Geschenk mitbringen. Bei der Doggy-Bag-Party bringen alle etwas zu essen in einer schönen Verpackung mit, wie bei einem Picknick, und jeder Gast darf sich eine Verpackung aussuchen. Hinterher kann natürlich getauscht werden. Das kann sehr kommunikativ sein.

- *Spieleabend:* mit acht bis zwölf Personen. Besonders geeignet: Bridgeabende. Klingt etwas altmodisch, aber das Spiel bietet viele Möglichkeiten zum gegenseitigen Kennenlernen. Sie müssen als Team spielen und ständig die Tische wechseln – ideal für neue Liebeskontakte.

- *Kulturabende:* Sie organisieren Kino- oder besser, weil kommunikativer, Galeriebesuche, bei denen Sie sich vorab etwas mit dem Thema oder den Künstlern vertraut gemacht haben. Anschließend folgt zwingend ein Glas Wein in einem kleinen Lokal.

- *Salsakurs:* Sie organisieren einen ein- oder zweitägigen Tanzkurs. Sicher können Sie sich auch bei einer Tanzschule zu einem Singlekurs anmelden, aber diese Kurse gehen zumeist über mehrere Wochen. Und wenn Sie gleich feststellen, dass dort niemand ist, der Sie auch nur im Entferntesten interessiert, dann wäre dieser Tanzkurs ein unproduktiver Umweg gewesen.

- *Chinesenrallyes, Picknicks, Sportevents, Scharaden.* Ja, Scharaden. Kennen Sie das nicht aus Romanen des 19. Jahrhunderts? Dann spielen Sie doch Scrabble. Sie wissen nicht, was das ist? Ich empfehle Wikipedia.

- *Dessertparty:* Jeder bringt einen Dessert mit. Stellen Sie sich einen Tisch vor mit Schüsseln voller Mousse au Chocolat, Tiramisu, Erdbeergrütze, Zitronensorbet, Vanillepudding, Pfirsich Melba, Orangen-Pistazien-Mascarpone, Haselnuss-Ricotta-Torte, Panna Cotta, Crème brulée, Pflaumen-Crumble, Zitronentarte ... Da würde es nicht mal etwas ausmachen, wenn man ohne neue Telefonnummer nach Hause gehen muss.

- *Xing:* Sind Sie schon Mitglied im Online-Netzwerk www.xing.de? Dort gibt es ein großes Angebot an Events, die Moderatoren in Ihrer Stadt organisieren. Daran nehmen natürlich nicht nur Singles teil, es kann sich aber trotzdem lohnen. Und Sie können Xing dazu nutzen, um potenzielle

Liebespartner kennenzulernen – natürlich unter einem VORWAND.

Ich bin mir sicher, dass Ihnen mit Freunden noch viele andere Events einfallen werden.

Wie sollen Sie an viele Singles kommen? Ganz einfach. So, wie ich an die vielen Dessertideen gekommen bin. Nachdem mir beim Schreiben die Namen für Desserts ausgingen, habe ich eine kurze Mail an Freundinnen und Freunde geschickt und sie gefragt, ob ihnen noch Desserts einfielen. Es haben nicht alle geantwortet, und dennoch hatte ich innerhalb von drei Stunden fast 50 Rezepte und bis zum nächsten Tag dann exakt 83 Rezepte. Klingt das nicht einfach?

Also, schicken Sie eine Mail an Ihre Freunde, dass Sie Singles suchen. Entweder Sie erzählen, dass Sie selbst auf der Suche sind und daher Single-Events organisieren wollen. Oder Sie erzählen, dass Ihre beste Freundin so alleine sei und Sie daher … Beides geht. Ich bin mir sicher, dass Sie Anrufe bekommen werden, dass Sie gefragt werden, ob denn Ihr alter Freund Theodor auch in Frage käme, ob die Mailempfängerin selbst bei dem Event mitmachen dürfe. Glauben Sie mir, Sie werden viele Singles genannt bekommen. Es müssen ja nicht 83 Singles sein, zehn reichen auch. Und dann hat das erste Event stattgefunden, und die anwesenden Singles – falls sie nach dem Event noch Singles sind – kennen auch wieder Singles, die wieder Singles kennen. Mit diesem Schneeballsystem schaffen Sie einen großen Pool von potenziellen Kandidaten und Kandidatinnen.

Das erscheint Ihnen mühsam? Zu viel Arbeit? So etwas macht Ihnen keinen Spaß? Dann bleiben Ihnen ja immer noch die Kirchentage und der Ortsverein der Grünen. Oder Sie sprechen einfach diese wunderbare Frau an, die Sie öfter vor dem Obststand bei Ihrem Supermarkt treffen. Und damit kommen wir zu Strategie 3, der Direktansprache.

MÖGLICHKEIT 3: Direktansprache

Das muss gut geübt werden: Sie sprechen Menschen bei Veranstaltungen, auf Partys, in Restaurants, Discos, bei Ausstellungen, vor oder nach dem Kino, im Supermarkt, auf dem Markt, im Bus oder in der U-Bahn, an der Haltestelle an. Nehmen Sie sich aber jetzt schon vor, täglich eine fremde Person anzusprechen. Nein, nicht sofort diesen tollen Typen, den Sie jeden Tag mit der *Frankfurter Rundschau* unter dem Arm in der U-Bahn treffen. Sondern die Verkäuferin, eine Sitznachbarin in der Straßenbahn, einen Mann, der vor Ihnen an der Fleischtheke wartet. Üben, üben, üben! Beginnen Sie mit lockeren Gesprächen mit Ihrem Zeitungsmann, der Kassiererin beim Discounter oder dem Mann, der sich nach einem Film neben Ihnen aus dem Samtsessel erhebt. «Das war ein beeindruckender Film», sagen Sie wie zu sich selbst, aber doch so, dass er sich angesprochen fühlen könnte, wenn er möchte. Er kann alt, jung, hässlich oder schön sein, oder es kann eine Frau sein. Sie üben nur.

Beginnen Sie bei Personen, die Ihnen nicht wichtig sind. Anfangs kommt es darauf an, Verlegenheit zu überwinden und unkompliziert Menschen anzusprechen. Wenn Sie geübt haben, wird sich das später bei einer potenziellen Wunschpartnerin positiv auswirken. Sagen Sie der Verkäuferin beim Discounter etwas über die Hitze oder das Fußballspiel oder über unfreundliche Kunden. Sie werden merken, dass sich Menschen darüber freuen, wenn ein persönliches Wort an sie gerichtet wird. Fragen Sie die Frau am Obststand, ob sie sich auch so über die Erdbeerzeit freue. Fragen Sie den Mann an der Theke, wie er den Sauerbraten mache, den er gerade gekauft hat? Und was es dazu gibt? Ihre Großmutter habe Klöße dazu gereicht, aber Sie fänden, dass Klöße doch so …, und er? Fragen Sie eine junge Frau, woher sie dieses süße T-Shirt hat, denn Ihre Schwester suche genau so etwas …

Ich habe einmal eine Punkerin auf der Damentoilette nach ihrer Irokesenfrisur gefragt. Nach einem aggressiven Blick, weil sie einen negativen Kommentar vermutete, strahlte sie über das ganze Gesicht und demonstrierte mir, wie man mit viel Einsatz von Betonspray eine Irokesenfrisur herstellt. Ich müsse mir nur die Haare auf dem Kopf oben länger wachsen lassen ... Wir schieden als Freundinnen. Wäre eine junge Frau mit Irokesenschnitt meine Wunschpartnerin gewesen, dann wäre ich seinerzeit meinem Ziel schon näher gekommen.

WAS HABEN WIR IN SCHRITT 5 GELERNT?

Sie haben einen Überblick über mögliche Suchstrategien erhalten. Auf dem offenen Liebesmarkt finden sich Online-Partnerbörsen, Partnervermittlungen und Liebesanzeigen in Zeitungen; auf dem verdeckten Liebesmarkt die Kontaktnetzstrategie, die wir schon vorher kannten, die Direktbewerbung und das Liebesgesuch in Printmedien. Sie können entscheiden, welcher Strategiemix zu Ihrer Person und Ihrer Situation passt. Sie wissen, dass Disziplin, Phantasie, Organisationstalent und auch etwas Mut dazugehören, wenn Ihre Liebessuche mit einem Erfolg enden soll.

Hausaufgaben:

- Suchen Sie sich zwei oder drei der Suchstrategien aus und machen Sie jeweils einen Versuch pro Woche damit.

- Nehmen Sie sich in jedem Fall vor – egal, welche Suchstrategie Sie zu Übungszwecken ausgewählt haben –, in den nächsten Wochen jede Woche mindestens drei fremde Männer oder Frauen anzusprechen. Sie dürfen mit «unwichtigen» Personen beginnen. Wenn Sie das gut beherrschen, dann sprechen Sie jede Woche mindestens drei Menschen in der Bar, im Restaurant, im Café, nach dem Kino, im Baumarkt oder vor der Tiefkühltruhe im Supermarkt an. Davon sollte Ihnen aber mindestens einer oder eine gefallen.

SCHRITT 6:
Wie präsentiere ich mich?

Jetzt ist es so weit. Sie betreten die Bühne. Sie haben sich vorbereitet und freuen sich – spätestens jetzt – darauf, den potenziellen Liebespartner kennenzulernen. Sie haben vielleicht Lampenfieber, weil Sie einen guten Eindruck machen wollen. Das gehört dazu, Sie sollen ja auch einen guten Eindruck machen.

Ob Ihr erstes Date nun über das Kontaktnetz kam, über die Online-Börse, eine Liebesanzeige in der Zeitung, Sie sollten sich *vorher* Gedanken darüber machen, wie Sie wirken wollen. Überlegen Sie, was Ihr Date gerne wissen will, was Sie wissen wollen, was jeden weiteren Kontakt ausschließen würde und wo Sie sich treffen wollen. Wenn Sie sich schon gesehen haben, ist diese erste Hürde genommen. Wenn Sie sich nur von Fotos und Mails kennen, dann wissen Sie zwar schon einiges, aber der erste reale Kontakt bleibt aufregend.

In *Schritt 6* besprechen wir Themen, die bei einem persönlichen Kennenlernen wichtig sind. Wie bereiten Sie sich vor? Wie treten Sie auf? Was ziehen Sie an? Mit welcher Einstellung gehen Sie zum ersten Date? Worüber reden Sie, worüber nicht? Wonach entscheiden Sie, ob Sie Ihr Date wiedersehen möchten? Wann melden Sie sich wieder? Wie lange warten Sie auf einen zweiten Anruf?

DAS SECHSTE TREFFEN

Dezember
Was hat sich in den letzten Monaten bei den Seminarteilnehmern ereignet? Ist Julie schon bei ihrem Wunschmann angekommen?

Ist Helene noch mit Beate glücklich? Blicken Max und Thorsten bei den vielen Verabredungen noch durch? Wie geht es Jessica und Sascha? Ist einer von beiden schon im siebten Himmel? Ich bin gespannt, was wir hören werden.

Ich sehe, dass schon etwas vorbereitet ist. Auf dem Tisch steht ein Beamer, und mein Lieblingsbild wurde von der Wand abgehängt. Daneben steht Sascha mit seinem Laptop. Die anderen blicken gespannt auf die weiße Wand.

«Ich denke, dass jetzt die Zeit für eine Zwischenbilanz gekommen ist. Wir haben alle viel unternommen und waren mehr oder weniger erfolgreich, und ich denke, um Zeit zu sparen, sollten wir einmal systematisch darstellen, welches Instrument wie gewirkt hat. Das ist ja auch für Sie und künftige Klienten und Klientinnen interessant. Sollen wir gleich anfangen?», fragt Sascha in meine Richtung.

Ich kann mir Sascha gut vorstellen, wie er vor erschütterten Führungskräften steht und ihnen mit aussagekräftigen Tabellen ungerührt die Schwachstellen in ihrem Unternehmen vor Augen führt. Sicher, Sascha soll anfangen.

«Ich habe unsere Kampagnen nach Person und nach Suchinstrument zusammengestellt, dabei auf die Häufigkeit von Dates geachtet und dann die Dates danach ausgewertet, ob gleich nach dem ersten Kennenlernen klar war, dass man sich nicht wiedersehen will, ob es zu mehreren Dates und vielleicht mehr geführt hat oder ob tatsächlich eine Liebesgeschichte daraus entstanden ist. Ich konnte hier nicht berücksichtigen, ob es eine wirkliche Liebesgeschichte von beiden Seiten war oder ob es eine Liebesgeschichte war und immer noch ist. Das würde zu kompliziert in der Darstellung. Für unsere Zwecke reicht die grobe Differenzierung, denke ich.» Sascha zeigt mit dem Laserpointer auf die Agenda. «Es muss niemand etwas mitschreiben, ihr bekommt alle die Datei, und für Sie habe ich auch eine gebundene Version angefertigt.» Sascha reicht mir eine perfekte Präsentationsmappe.

Suchstrategien nach Erfolg
«Da das jeder zu Hause in Ruhe durcharbeiten kann, gebe ich hier nur kurz ein Summary der wichtigsten Erkenntnisse: Es zeigt sich eindeutig, dass die Kontaktnetzstrategie die erfolgreichste war. Danach kommt unmittelbar die Direktbewerbung, und innerhalb der Direktbewerbung kommen die Events vor den Orten der Liebessuche und mit deutlichem Abstand die Direktansprache fremder Menschen. Ob das nun daran lag, dass wir zu schüchtern waren, Menschen anzusprechen, oder besser organisieren als ansprechen können, lässt sich mit dieser Erhebung nicht herausarbeiten.»

Kontakte / Dates pro Person
«Was die Kontakte betrifft, so ist Max der Gewinner mit siebzehn Dates über das Kontaktnetz, von denen wohl mehrere zu ‹mehr› führten, wobei Max allerdings meines Erachtens hier nicht ganz offen war.» Sascha wirft Max einen missbilligenden Blick zu. Max verfärbt sich dunkelrot, sieht Jessica an und rutscht in seinem Stuhl nach unten. «Danach führt dann Thorsten vor uns anderen, und zwar mit vierzehn Dates, zehn übers Kontaktnetz, von denen es nach seinen Angaben bei vier zu ‹mehr› kam. Vier ergaben sich über Events. Und mit zwei der Dates führt Thorsten zurzeit eine Liebesbeziehung. Das ist doch richtig, Thorsten?» Thorsten nickt stolz. «Danach kommt Julie, die aus Zeitgründen mehr im Internet aktiv war und es auf neun reale Dates gebracht hat. Davon führten drei zu ‹mehr›, und bei einem kam es zu einer Liebesbeziehung, die leider nicht schön beendet wurde, nicht, Julie?» Wir alle gucken auf Julie, die geheimnisvoll lächelt und – untypisch – nicht antwortet. Sascha räuspert sich. «Ja, also dann komme ich mit sieben Dates,

dabei drei über Orte der Liebessuche, drei übers Kontaktnetz, und davon kam es bei drei Dates zu ‹mehr›. Und dann noch ein Date über Events, und bei dem entwickelt sich gerade sehr viel mehr.» Sascha strahlt. «Den letzten Platz teilen sich Helene und Jessica. Helene hatte fünf Dates übers Kontaktnetz und Events, wobei wir nicht wissen, bei wie vielen es zu ‹mehr› kam. Allerdings kam es auch bei einem Date zu einer Liebesbeziehung. Stimmt das, Helene?» Helene verzieht keine Miene. «Nun, dann kommt Jessica mit ebenfalls vier Dates, von einem wissen wir, dass es zu ‹mehr› kam. Jessica hatte Dates über Events und Direktansprache. Und auch hier weiß ich nicht, wie der Stand momentan ist. Ich denke, das reicht erst mal als Übersicht. Ich habe mir gedacht, dass alle jetzt nochmal einen aktuellen Statusbericht abgeben.»

Wir klatschen und bedanken uns bei Sascha. Jessica läuft aus dem Raum, kommt zurück, trägt vorsichtig eine Torte mit brennenden Kerzen herein und strahlt. «Guckt mal, ich hab euch eine Torte aus Löffelbiskuits, Mascarpone und Aprikosenlikör gebacken, weil ich so glücklich bin. Ich habe den Mann meiner Träume gefunden.»

«Was? Wer ist denn dieser Mann?» Julie ist aufgeregt. «Der Jochen aus dem Baumarkt? Oder doch der Eishockeyspieler? Nun sag schon!»

«Ja, und seit wann läuft das denn? Du hast uns ja gar nichts erzählt.» Thorsten ist etwas ungehalten.

«Soll ich es sagen?» Jessica guckt Max an. Der nickt. «Ja, also es ist Max. Ich fand ihn immer schon toll, aber bei ihm hat das länger gedauert, aber jetzt auf den Fahrradtouren ...»

«Das stimmt nicht», protestiert Max. «Ich fand dich gleich toll, aber dachte, ich hätte nie eine Chance bei so einer Frau.»

«Aber du warst doch erst mit der Torhüterin aus dem Handballverein ..., wie hieß die nochmal?»

«Kinder, euer Geturtel könnt ihr später fortsetzen», sagt Helene. «Aber ich freue mich wirklich für euch.»

Alle springen auf und umarmen Jessica und Max, der ebenfalls strahlt. Ich freue mich auch. So ein schöner Erfolg direkt aus dem Seminar ergibt sich nicht so häufig.

«Und was habt ihr jetzt vor?», fragt Julie. «Wollt ihr zusammenziehen, oder was? Was sagt eigentlich Carolina?»

«Also, eigentlich geht es hier nur um einen Statusbericht», unterbricht Sascha. «Ich würde auch alles gerne genau wissen, aber vielleicht können wir das bei dem Essen tun, das jeder versprochen hat, wenn er seinen Traumpartner gefunden hat. Vielleicht kurz noch, was ihr beide jetzt geplant habt? Wollt ihr zusammenziehen?»

«Soll ich?», fragt Max. Jessica nickt und blickt verliebt auf ihren Max. «Nein, nicht hier, wir gehen in den Senegal. Ich werde da in drei Monaten bei einem Wasserprojekt der GTZ anfangen. Über Weihnachten fahren Jessica und ich mit Carolina dorthin und gucken uns alles an. Wir freuen uns unheimlich. Carolina freut sich auch auf die Schule dort. Vielleicht kann Jessica auch als Physiotherapeutin arbeiten oder unterrichten. Sie und Carolina haben schon angefangen, Französisch zu lernen.» Man sieht Max sein Glück an.

«Das ist ja wie bei deinem schönen Tag aus der Übung, Jessica. Glückwunsch. Ich bin richtig neidisch», sagt Sascha. «Soll ich dann mal weitermachen? Ihr wisst, dass ich mich ein bisschen um Vittorio kümmern wollte. Wir waren ein paarmal zu Ausstellungen, und er hat für mich und Freunde gekocht. Kambodschanisch, wirklich toll. Ich wusste die ganze Zeit nicht, woran ich mit ihm bin. Er war erst sehr zurückhaltend. Wir haben so viele gemeinsame Interessen, und er hat auch viel Verständnis für meine stressige Arbeitssituation. Er ist so gebildet und fürsorglich. Ihm ging es früher ähnlich, jetzt hat er aber …»

«Nur ein Statusbericht, Sascha. Wir hören dir bei unserem

nächsten Wochentreffen gerne ausführlich zu, welche wunderbaren Eigenschaften Vittorio hat. Was ist nun der Stand?», erinnert Thorsten.

«Sorry, du hast recht.» Sascha lacht. «Das wird dann aber eine lange Sitzung, denn er hat wirklich sehr viele wunderbare Eigenschaften. Also, eigentlich haben mich Jessica und Julie überredet, ich solle Vittorio einfach sagen, wie es mir geht. Wenn er kein Interesse hat, dann ist das eben so. Und dann habe ich mich getraut. Ich habe ihm nach viel Rotwein alles gesagt, na ja, und jetzt bin ich glücklich. Wir geben uns aber Zeit und werden auch nicht zusammenziehen. Wir wollen nichts überstürzen. Aber alle anderen Aktivitäten sind damit vom Tisch, kein Kai mehr und auch keine anderen. Wer will jetzt?»

«Ihr werdet wirklich total überrascht sein, ich war es ja selbst. Ihr glaubt nicht, was mir passiert ist.» Julie rückt auf ihre Stuhlkante. «Ich habe auch den Richtigen gefunden. Der Martin war ja ein Idiot und feige noch dazu. Aber das ist jetzt auch egal. Ihr wisst ja, da waren so ein paar Typen aus dem Internet, und dann war Prüfung, und ich habe das ein bisschen schleifenlassen. Und plötzlich kriege ich einen Brief aus Bad Doberan. Ich kenne da niemanden und wusste auch gar nicht, wo das liegt. Und wisst ihr, wer das war? Das war dieser katholische Ingenieur aus der Anzeige von Jessica. Ich hatte ihm doch auch geschrieben, weil Jessica gar nicht interessiert war. Dir hat er ja einen höflichen Absagebrief geschrieben. Ja, und er hat geschrieben, dass er mich süß fände, und er käme gerne nach Berlin. Jetzt haben wir uns öfter getroffen, er sieht super aus und verwöhnt mich. Er gefällt mir wirklich gut. Er ist nach der Wende da oben hingekommen und hat einen ausgebauten Hof in Bad Doberan. Ganz toll. Er ist aber kein Bauer und arbeitet auch nicht mehr als Ingenieur, sondern als Immobilienmakler und …»

«Julie, ich freue mich sehr für dich», sagt Sascha. «Aber die genauen Einzelheiten dann wieder bei unserem Treffen, wenn du uns zu McDonald's einlädst? Ist es denn ernst?»

«Auf jeden Fall, ich habe schon seine Eltern kennengelernt, die sind total nett, und sein Vater hilft mir bei einem Praktikumsplatz. Wir wollen uns Weihnachten verloben. Ist das nicht toll?» Julie strahlt und umarmt Jessica.

Bevor wir uns in die Feinheiten von Julies Verlobungskleid vertiefen, frage ich Thorsten, was es denn bei ihm zu erzählen gibt.

«Mir geht es heute nicht so gut», sagt Thorsten. «Ich weiß nicht, was ich machen soll. Anja ist schwanger.»

«Wow!», sagt Julie mit offenem Mund. «Wer war nochmal Anja? Die Dozentin? Aber war die nicht noch älter als du?»

«Genau, Julie, aber es geht um Anja, die Referendarin», sagt Thorsten. «Gestern Abend hat sie mich angerufen und mir gesagt, dass sie schwanger ist. Ich war wie vor den Kopf gestoßen und wusste nicht, was ich sagen sollte. Aber ich wollte sie nicht damit alleinlassen und habe vorgeschlagen, gleich vorbeizukommen. Aber sie wollte das nicht, komisch eigentlich, sie hat gesagt, sie muss das jetzt auch erst mal sackenlassen und nachdenken. Wir sind für morgen Abend verabredet.»

Alle schweigen. Das ist nun doch eine überraschende Wendung.

«Ich sehe jetzt zwei grundsätzliche Fragen auf dich zukommen», sagt Sascha und schreibt 1. und 2. auf das Flipchart. «Erstens war da doch auch noch Dagmar, die Dozentin. Ist die Beziehung zu ihr geklärt? Weiß sie das? Würdest du sie wegen Anja und dem Kind verlassen? Und zweitens: Freust du dich auf ein Kind? Du wolltest doch eine junge Frau und noch einmal eine Familie. Und wenn ja, ist dann Anja die Richtige?»

Alle nicken. Sascha hat die Situation befriedigend analysiert. Ein Unternehmensberater eben. Wir gucken gespannt auf Thorsten.

«Du hast recht, Sascha, darum geht es. Nein, Dagmar weiß noch nichts, sie ist noch in San Francisco auf der Konferenz. Sie hatte mir schon vorher gesagt, ich solle mein Verhältnis zu Anja klären. Sie müsse auch nachdenken. Inzwischen hat sie mir eine Mail geschickt, dass sie noch in der Wohnung einer Kollegin bleiben kann. Ich werde ihr dann wohl alles sagen müssen. Jetzt muss ich einfach zu Anja stehen, ich kann sie in dieser Situation nicht im Stich lassen. Anja ist so ein zartes, sensibles Wesen. Sie würde zusammenbrechen, wenn …»

«Thorsten, freust du dich denn auf das Baby?», unterbricht Jessica. «Sicher ist Anja zart, aber es geht doch auch darum, ob du wirklich das Baby möchtest.»

«Ja, ich glaube, ich freue mich», sagt Thorsten zögernd. «Es wird eine neue Herausforderung, jetzt in meinem Alter, aber man ist ja gereifter und wird weniger Fehler machen. Aber es wird schon viele Umstellungen bringen. Und was wird meine Tochter sagen?»

Begeisterung sieht anders aus. Vielleicht war Thorsten doch zu aktiv mit den neuen Methoden. Er hatte wohl mehr Erfolge, als er verkraften kann. Wie für ihn das Leben mit bald 55 mit einem kleinen Kind aussehen wird? Und einer 33 Jahre jüngeren Frau? Obwohl dieses Modell ja inzwischen Schule macht. Das ist vielleicht ein Beitrag zur Bevölkerungsentwicklung in Deutschland. Männer, die in den Vorruhestand gehen können, und junge Frauen mit Kinderwunsch am Beginn ihrer Karriere. Aber jetzt muss noch Helene berichten.

«Mir geht es schon seit einer Woche sehr schlecht», sagt Helene. «Ich hätte euch fast angerufen, aber ich konnte mich auch dazu nicht aufraffen. Beate hat mich verlassen. Einfach so.»

«Auch per Handy?», erkundigt sich Julie. Jessica und Sascha werfen ihr einen strengen Blick zu.

«Nein. Ich habe sie am Flughafen abgeholt, sie war ja wegen einer Skulpturenausstellung in Amsterdam. Wir haben dann zusammen in unserem Lieblingsrestaurant gegessen, und nach zwei Glas Wein hat sie mir gesagt, dass sie sich in Antje verliebt hat, die dort auf einem Hausboot wohnt. Antje sieht toll aus, Beate hat mir gleich Fotos gezeigt, und sie haut Skulpturen aus Beton. Aber das ist auch egal. Beate meinte dann, dass Antje die Liebe ihres Lebens sei, und nächste Woche fliegt sie mit ihr zu einer Ausstellung nach Schanghai. Und dann kam das Schlimmste.» Der beherrschten Helene kommen jetzt doch die Tränen. «Sie hat gesagt, dass ich doch zu spießig für sie sei. Küchen verkaufen, auch wenn die ganz chic seien, das passe einfach nicht zu ihr. Sie sei Künstlerin, und ich würde mich bestenfalls mit Design auskennen. Das hat mich wirklich getroffen.»

Julie läuft zu Helene und umarmt sie. «Ach, Helene, diese blöde Kuh, so was Gemeines. Du und spießig? Nie im Leben. Du bist so eine tolle Frau, du findest sofort wieder eine andere.» Alle nicken mitfühlend.

«Daran habe ich gar kein Interesse», schluchzt Helene. «Ich werde das mit der Liebessuche jetzt völlig seinlassen. Ich finde doch niemanden. Und das mit dem Kind war auch eine blöde Idee. Ich will einfach keine Enttäuschungen mehr.» Sie putzt sich die Nase und setzt sich aufrecht hin. «Ich werde mich jetzt nur noch um *cucina viva* kümmern. Ich habe die letzte Zeit viel zu viel für Beate getan und Zeit in der Uckermark verbracht. Könnte jemand von euch mitkommen, wenn ich meine Sachen bei Beate abhole?» Klar, Jessica und Julie machen das gerne.

«Ja, und weil wir gerade darüber reden: Ich suche eine Aushilfskraft für die Buchhaltung. Kennt ihr jemanden? Es sollte aber eine Frau sein.»

Julie verspricht, dass sie bei ihren Kommilitoninnen und in der Kneipe nachfragt.

Der Statusbericht ist beendet und lässt uns alle etwas nachdenklich zurück. Im Februar werden wir noch einen letzten Seminartermin haben, dann werde ich hoffentlich erfahren, wie diese Dramen sich entwickelt haben. Aber immerhin sind Jessica und Max glücklich, und auch Julie und Sascha blicken hoffnungsvoll in ihre Liebeszukunft.

DAS «BEWERBUNGSGESPRÄCH»

Bewerbungsgespräch? Geht es in diesem Buch nicht um Liebe? Glauben Sie mir, bei Ihrem ersten Date handelt es sich um ein Bewerbungsgespräch. Mehr oder weniger. Bei einem realen Bewerbungsgespräch ist der in Aussicht stehende Job vielleicht existenziell wichtig für Sie. Vielleicht ist es der Job, den Sie immer schon haben wollten. Und vermutlich ist die Verhandlungsmacht ungleich verteilt. Das ist bei Ihrem Date anders. Aber auch bei einem Date geht es darum, innerhalb relativ kurzer Zeit darüber zu entscheiden, ob man sich vorstellen könnte, eine Beziehung einzugehen. Und auch hier müssen Sie auf einer relativ dürftigen Informationsgrundlage entscheiden. Sie haben erfahren, welche Hobbys der andere hat, ohne zu wissen, wie wichtig diese Hobbys für ihn oder sie sind. Sie wissen nicht, welche Vorlieben und Abneigungen die andere hat. Sie wissen nicht, wie Ihre Aussagen oder Verhaltensweisen interpretiert werden. Sie wollen gefallen und tun oder sagen vielleicht genau die falschen Dinge. Und Sie müssen innerhalb von ein bis zwei Stunden entscheiden, ob Sie Ihr Gegenüber sexuell anziehend finden. Hat es in früheren Beziehungen nicht manchmal Wochen oder Monate gedauert, bis Sie diese gegenseitige leidenschaftliche Anziehung gespürt haben? Haben Sie Ihren Ex nicht ein Jahr lang gekannt, bis Sie sich zu Ihrer Überraschung nach einem Kinobesuch in die Arme gefallen sind? Und nun soll das so schnell gehen? Glauben Sie mir, auch viele Personalentscheidungen sind deshalb so schlecht, weil es fast unmöglich ist, innerhalb von ein bis zwei einstündigen Gesprächen herauszufinden, ob man gut zusammenarbeiten kann.

Ich will Sie nicht entmutigen, sondern entlasten. Einerseits können Sie sich gut auf das Date vorbereiten. Und andererseits sollten Sie sich von dem Druck befreien, während dieses ersten Treffens entscheiden zu müssen, ob mit diesem nicht ganz schlanken blonden Mann (Sie lieben durchtrainierte, dunkelhaarige Männer), der wenig redet (Sie lieben Männer, die eine ganze Gesellschaft unterhalten können) und Sie freundlich betrachtet, ohne dass seine Augen sich an Ihrem üppigen Ausschnitt festsaugen (Sie werden unsicher, wenn ein Mann nicht sofort Ihrer erotischen Ausstrahlung erliegt), eine Liebesbeziehung möglich ist. Haben Sie nicht bereits ausreichend negative Erfahrungen mit Männern, die exakt Ihrem optischen Ideal entsprachen? Und erinnern Sie sich nicht an diese wunderschöne Beziehung mit Jochen, der zwar nicht Ihrem optischen Ideal entsprach, aber witzig, intelligent, liebevoll und sehr erfreulich im Bett war?

Lassen Sie sich Zeit. Sie haben sich gut vorbereitet. Sie sehen attraktiv aus, sind neugierig, freuen sich auf eine neue Erfahrung und darauf, hinterher mit Freundinnen oder Freunden eine unterhaltsame Auswertung zu machen. Gehen Sie vorurteilslos an Ihr Date heran, aber behalten Sie im Hinterkopf, was Sie nicht akzeptieren würden. Und haben Sie den Mut zu sagen, dass Sie Herbert oder Jürgen wiedersehen wollen oder dass Sie einer Beziehung mit Gertraud oder Gisela keine Zukunft geben. Sie gehen nicht zu einer Prüfung. Es geht nicht darum, ob Sie ihm oder ihr gefallen. Zumindest nicht nur. Sie gehen zu dem Date, um herauszufinden, ob dieser Mann oder diese Frau *Ihnen* gefällt.

Was mögen Personalleiter? Männer? Frauen?

Das ist die Frage, die ich am häufigsten in meiner Beratungspraxis höre. Meistens in Bezug auf Personalleiter. «*Personalleiter mögen nicht ..., Personalleiter erwarten heute ..., man darf auf keinen Fall ...*» Derartige Informationen haben meine Klienten aus Bewerbungsratgebern oder von «Experten» aus ihrer Umgebung. Und wir sind umgeben von Experten. Jeder hat schon einmal gehört oder gelesen, was man bei Bewerbungen tun oder lassen muss. Und diese Experten gibt es erst recht beim Thema Liebe. Alle wissen genau, wie Frauen und Männer sind, was sie wollen und was sie ablehnen.

Wer glaubt, dass es hilfreich sei, wenn man als Bewerber weiß, was Personalleiter wollen, irrt sich. Merkwürdigerweise unterscheiden sich Personalleiter mit ihren Vorlieben und Abneigungen ebenso wie alle anderen Menschen. Und wenn Sie exakt das tun, was Personalleiter A will, dann landen Sie möglicherweise bei Personalleiter B, der andere Schwerpunkte setzt. Und das Gleiche kann Ihnen bei Ihren Dates mit Männern und Frauen passieren. Selbst wenn Sie wissen oder glauben zu wissen, was Männer mögen, wissen Sie immer noch nicht, was der Mann mag, dem Sie in der nächsten halben Stunde gegenübersitzen werden. Allen amerikanischen Forschungsergebnissen zum Trotz: Es gibt sicher statistisch relevante Gemeinsamkeiten, aber der einzelne Mann oder die einzelne Frau kann sich deutlich von anderen unterscheiden.

Und ganz unabhängig davon, ob es etwas gibt, was *alle Frauen* oder *alle Männer* mögen oder wie *alle Männer* oder *alle Frauen* sind, warum sollten Sie etwas tun, was *alle Männer* oder *alle Frauen* wollen? Sollten Sie sich auch bei Ihrem Date nicht lieber so verhalten, wie es Ihrer Persönlichkeit entspricht? Wie gesagt, schon die Annahme, dass es etwas gibt, was *alle Personalleiter* unabhängig von Branche, Alter und beruflicher Herkunft mögen, ist unzutreffend. Und noch unzutreffender ist die Vorstellung, dass es sinnvoll sei, sich im Bewerbungsgespräch in die Person zu verwandeln, die alle Personalleiter mögen, unabhängig davon, ob es dem eigenen Verhalten entspricht. Und glauben Sie mir, das Gleiche trifft auf Ihren Kontakt mit einer Frau oder einem Mann zu.

Nun wieder zu Ihrer Vorbereitung auf das Date. Wenn Sie nicht wirklich wissen können, was *alle Männer oder Frauen* mögen, dann können Sie sich ja gleich so verhalten, wie es Ihnen entspricht, und darauf vertrauen, dass Ihr Gegenüber schon feststellen wird, ob er Lust hat, sich weiter mit Ihnen zu treffen. Überlegen Sie nicht die ganze Zeit, was die oder der andere mag, denken Sie vor allem daran, was Sie selbst mögen. Wenn der andere das, was Sie mögen oder wie Sie sind, nicht mag, dann passt er nicht zu Ihnen.

Natürlich ist es sinnvoll, sich zu überlegen, was ein Mann sich wünscht, der Ihrem Wunschprofil entspricht. Aber herauszubekommen, was der Mann oder die Frau, die Sie interessiert, gerne möchte, hat nicht das Ziel, dass Sie sich in die erwünschte Person verwandeln, sondern es soll Ihnen bei der Entscheidung helfen, sich zu überlegen, ob Sie diese Person sind und ob Ihr Wunschmann auch zu Ihnen passt. Sie können dann etwas an sich ändern, wenn Sie möchten. Julie hat sich optisch an ihren Wirtschaftsanwalt angepasst, sie wollte das. Aber vielleicht entdecken Sie auch, dass Ihre bisherige Wunschperson doch nicht zu Ihnen passt, und modifizieren Ihr Ziel.

Vergessen Sie also bitte für die Dauer Ihrer Liebessuche – und möglichst auch danach – die Frage «Wie soll ich sein, damit er oder sie mich mag?». «Wer ist so, dass ich ihn mag, und wer passt zu mir» – das ist die Frage, die Sie sich stellen müssen. Fangen wir also damit an, uns auf die reale Begegnung mit Ihrem potenziellen Liebespartner vorzubereiten.

Die innere Einstellung

Hier empfehle ich das Gleiche wie bei einem beruflichen Vorstellungsgespräch: Es handelt sich nicht um eine Prüfung, die Sie bestehen müssen. Sie gehen dorthin, weil Sie mehr über den Mann (den Job und das Unternehmen) wissen wollen. Bislang hat vieles gepasst, nun wollen Sie sich mit eigenen Augen überzeugen. Sie gehen dort nicht hin mit der bangen Hoffnung, dass Sie gefallen müssen. Sie wollen überprüfen, ob Sie Lust haben, diesen Menschen besser kennenzulernen. Sie haben *Kriterien* erarbeitet, anhand derer Sie das überprüfen können. Und achten Sie auch auf Ihr Bauchgefühl. Sie merken, ob Sie sich entspannt unterhalten können oder ob die Situation peinlich und gezwungen bleibt. Sie werden feststellen, ob Merkmale, mit denen er sich angepriesen hat oder die Ihnen gefallen haben, auch in der Realität Bestand haben. Es ist Ihre Wunschliste, die es Ihnen leichtmachen wird, herauszufinden, ob Sie einem Mann oder einer Frau gegenübersitzen, der oder die das Potenzial für den oder die «Richtige(n)» hat.

Noch etwas zu Ihrer Einstellung: Machen Sie sich – wenigstens zeitweise – frei von der Überzeugung, dass Männer *so* und Frauen *so* sind. Das ist nicht leicht, wenn man der Indoktrinierung durch Alltagsexperten, Fernsehsendungen und Bestsellerlistenbücher ausgesetzt ist, in denen Stereotypen «wissenschaftlich» bestätigt werden. Meist durch – natürlich amerikanische – Ergebnisse evolutionsbiologischer und neurologischer Forschungen. Und Sie selbst haben natürlich auch die passenden Beispiele: Ihre verflossene Freundin, Ihr Ex, der Nachbar unter Ihnen, Ihre Kollegin oder auch die Schwiegermutter. Dass zu jedem Beispiel auch ein Gegenbeispiel zu finden ist, hilft hier wenig. Von welchen Erkenntnissen ich spreche? Hören Sie in Ihrer Umgebung sorgfältig zu oder lesen Sie die entsprechenden Buchtitel. Einige Beispiele:

- Frauen wählen *immer* den Mann aus, der in einer Gruppe den höchsten Status hat (Geld, Größe, Dominanz). Männer achten *immer* auf Merkmale für Reproduktionsfähigkeit (großer Busen, üppige Lippen). Ich empfehle zu diesem Thema unbedingt das Buch von Richard David Precht «Liebe, ein unordentliches Gefühl». Glauben Sie mir, ganz egal, wie Frauen und Männer in der Steinzeit ihr Leben organisierten (was ohnehin niemand weiß): Heute trifft das nicht immer zu, und wenn es doch zutrifft, dann müssen Sie sich dem nicht anpassen.

- Männer sind letztlich wie Kinder, Sie wollen von einer Frau gelenkt werden. Verlassen Sie sich nicht darauf!

- Frauen wollen verführt werden. Männer verführen. Letzteres stimmt leider nicht immer.

- Männer wollen immer nur Sex. Stimmt leider nicht. Frauen wollen immer nur Liebe. Stimmt erfreulicherweise immer weniger.

Ich will Ihnen nicht Ihre Lieblingsüberzeugungen nehmen, aber in der Zeit der Liebessuche können sie Ihr Verhalten störend beeinflussen. Sicher unterscheiden sich Männer und Frauen (oft). Aber was nützen Ihnen diese Überzeugungen oder Vorurteile gegenüber Männern und Frauen für Ihr Anschreiben, für die Ansprache im Baumarkt und für das erste Date bei Starbucks?

Was ziehe ich an?

Das ist zwar nicht die wichtigste, aber nach meiner Erfahrung die dringlichste aller Fragen, sowohl bei Vorstellungsgesprächen als auch bei Dates. Und in beiden Situationen ist mein Rat: etwas, das Sie gerne anziehen. In welcher Kleidung haben Sie eine gute Ausstrahlung? Wie schaffen Sie es, entspannt auszusehen? Auch auf den Anlass kommt an: Zu einem Spaziergang passen andere Schuhe als zu einer Vernissage in einer Galerie. In einem Coffeeshop gilt ein anderer Dresscode als in einem eleganten Lokal zum Abendessen.

Wie beim Vorstellungsgespräch denken Sie darüber nach, wie Sie wirken wollen. Vertrauenswürdig, unternehmungslustig, intellektuell oder sportlich? Unschuldig oder erfahren? Sicher, es muss zu Ihnen passen, aber ich denke, dass es auch bei Ihnen Variationsmöglichkeiten gibt. Bei Vorstellungsgesprächen empfehle ich eine relativ neutrale Kleiderwahl. Warum? Wenn Sie in einem eleganten grauen Hosenanzug kommen, dann wird – vermutlich – niemand etwas daran auszusetzen haben. Sie sehen einfach gepflegt aus. Wenn Sie in einem knallroten kurzen Kostüm ankommen, dann werden das einige chic finden, aber anderen könnte das unpassend erscheinen. Wenn Sie als Mann mit Hawaiihemd und Jutetasche zum Bewerbungsgespräch als Abteilungsleiter bei der Deutschen Bank erscheinen, dann kann es sein, dass Ihr künftiger Vorgesetzter sagt: «*Endlich mal ein Nonkonformist!*», aber es ist nicht sehr wahrscheinlich. Auch beim Liebes-Vorstellungsgespräch sollten Sie sich hinsichtlich Ihrer Kleidung etwas zurückhalten. Sie sollten attraktiv aussehen, aber nicht als Vamp auftreten. Sie sollten sich wohlfühlen, aber keinen Look tragen, der bestenfalls nach zehn Ehejahren, beim Grillen oder Umzug verziehen würde.

Beim ersten Date geht es noch nicht um Verführung, aber auch nicht um ein lockeres Treffen zwischen alten Freunden. Zunächst muss entschieden werden, ob beide sich gerne wiedersehen wollen. Manchmal entsteht schon beim ersten Date mehr, aber in den meisten Fällen ist der Wunsch, sich wiederzusehen, schon viel.

Noch einmal zur Optik. Sie müssen natürlich aussehen, ohne es zu sein. Ich rate Ihnen keinesfalls dazu, *authentisch* zu wirken. Frauen sollten natürlich und attraktiv wirken, ohne dass er die damit verbundene Mühe bemerkt. Und wenn ich Mühe sage, dann meine ich Mühe: Als Frau wissen Sie, wie viel Zeit der Look beansprucht, bei dem Sie aussehen, als ob Sie kurz unter der Dusche waren, dann die Haare geschüttelt haben und in das zufällig daliegende Kleid geschlüpft sind. Männer sehen das nicht. Wenn Männer hingegen so aussehen, als ob sie gerade aus der Dusche kommen und in die zufällig daliegende Jeans geschlüpft sind, dann entspricht das auch den Tatsachen. Wenn Sie als Frau also einem Mann ansehen, dass er sich bei seiner Optik Mühe gegeben hat, dann würdigen Sie das. Er wollte schön sein für Sie. Und noch einmal zum Natürlichen: Auch wenn Sie der sportliche Typ sind und eine ausgeblichene Feincordhose, ein ungebügeltes T-Shirt und ungewaschene Haare zu Ihrem Standardlook gehören – das sollte nicht Ihre Ausstattung beim ersten Date sein. Wie bei der Bewerbung um einen Job sollte man sich beim ersten Treffen ein wenig Mühe machen und nicht nur auf den guten Charakter und die feste politische Überzeugung vertrauen. Machen Sie sich beim ersten Mal die Mühe, natürlich auszusehen, ohne natürlich zu sein.

Wie trete ich auf?

Heiter, charmant, natürlich, zugewandt. Das ist schwierig, werden Sie sagen. Stimmt. Daher macht es auch Sinn, sich vorab zu überlegen, wie Sie sich verhalten und worüber Sie reden könnten. Was natürlich auch davon abhängt, was Sie als Interessen angegeben haben oder, noch wichtiger, was Ihr Gegenüber angegeben hat. Interessiert er sich für Politik, lesen Sie die heutige Tageszeitung. Interessiert Sie sich für Kunst, dann wissen Sie, wann die beiden angesagten Kunstausstellungen beginnen und wie die Pressestimmen dazu aussehen. Nein, es geht nicht darum, dass Sie sich vollkommen anpassen. Beim ersten Date wollen Sie ihm oder ihr einen schönen Nachmittag oder einen schönen Abend bereiten. Und dazu gehört ein wenig Interesse an den Interessen des anderen. Fragen Sie sich einfach einmal, wie sehr es Sie freuen würde, wenn er oder sie Ihre Begeisterung für Unterwasserfotos teilt und Sie sich über die neue Spiegelreflexkamera unterhalten könnten, die auch in 500 Meter Tiefe noch wunderbare Fotos macht. An das Wording erinnern Sie sich noch aus *Schritt 2*. Falls es zu diesem Thema kommen sollte: bitte keine Beschimpfungen verflossener Liebespartner. Übrigens sollten auch Krankheiten das Gespräch nicht dominieren!

Meine Empfehlung an Frauen: Sie haben ihn nicht in eine Venusfliegenfalle gelockt, um ihn zu verschlingen. Sie sollen anziehend wirken und den Wunsch nach mehr wecken. Beim ersten Treffen geht es um die *Entstehung von Wünschen* und noch nicht um die Erfüllung von Wünschen.

Und meine Empfehlung an Männer: Sie möchte beim ersten Mal nicht durch vielsagende Komplimente und intensive Berührungen verführt werden. Sätze, die beginnen mit «*Eine Frau wie du ...*», gefolgt von tiefen Blicken, sind unerwünscht. Und nicht jede Frau sucht den Macho, der seinen BMW-Schlüssel locker um den Zeigefinger kreisen lässt und von seinen Erfolgen bei Frauen und Chefs prahlt. Nein, auch Männer können sich dem Anlass entsprechend aufführen. Sie können sogar zugeben, dass sie unsicher sind und nicht sofort wissen, wie sie das Gespräch beginnen sollen. Und Männern und Frauen möchte ich noch einmal in Erinnerung rufen: Interesse wecken Sie vor allem, indem Sie Interesse am Gegenüber zeigen.

Der Einstieg

Beginnen Sie mit etwas Smalltalk. Smalltalk wird zu Unrecht oft als oberflächlich abgetan. Nein, Smalltalk erleichtert das Kennenlernen von Menschen, die sich nicht kennen. Es dient der Anbahnung einer ersten Beziehung zwischen Menschen, die wichtig ist, um sich dann eventuell noch weiter kennenzulernen. Dabei ist es gut, Gemeinsamkeiten herzustellen. «*Finden Sie nicht auch, dass ..., Geht es Ihnen auch so, dass hier ..., Kennen Sie hier auch niemanden ..., Ich war noch nie in diesem Café, und Sie?»* Sie können sogar sagen: *«Ich bin etwas nervös, das muss ich zugeben, wie geht es Ihnen mit dieser Situation?»* Beenden Sie Ihre Sätze möglichst mit einer offenen Frage, die sich nicht mit einem einfachen Ja oder Nein beantworten lässt. Sie müssen nicht originell sein. Ihre Aufgabe ist es, dieses Gespräch zu einem angenehmen Gespräch zu machen. Warum das Ihre Aufgabe ist und nicht die Ihres Gegenübers? Weil ich es nur Ihnen sagen kann. Wenn Sie Glück haben, wurde Ihrem Kontakt der gleiche Rat gegeben. Wer das Gespräch angenehm gestaltet, gefällt immer. Das ist bei Bewerbungsgesprächen ebenso wie bei Dates.

Was erzähle ich über mich?

Der Two-Minute-Spot

Mit dieser Übung quäle ich alle meine Klienten. Für die Vorbereitung eines Bewerbungsgesprächs müssen Sie in zwei Minuten alles erzählen, was für einen Personalleiter von Interesse sein könnte. In zwei Minuten? Da kann man doch gar nichts erzählen. O doch, man kann. Man kann, wenn man sich vorbereitet hat. Und in diesem Two-Minute-Spot geht es nicht darum, dass Sie minutiös berichten, was sie dann und dann getan haben. Es geht darum, dass Sie durch eine gutstrukturierte Darstellung einen Einblick in Ihre privaten und beruflichen Erfahrungen geben und ein Bild von Ihrer Person vermitteln. Und: Die Themen, die Sie für Schwachpunkte halten, erwähnen und begründen Sie bereits in diesem Two-Minute-Spot. Warum? Damit gleich alles geklärt ist und nachher niemand mehr danach fragt. So weit der «mündliche Lebenslauf» bei der Jobsuche.

Bei der Liebessuche wird das natürlich etwas anders ablaufen, aber auch darauf sollten Sie sich vorbereiten. Der andere möchte Sie doch kennenlernen: Sagen Sie also nicht: *«Geboren bin ich in Münster, und dann habe ich in Hannover Germanistik und Sport studiert, und nach dem Examen war ich in Eutin am Gymnasium. Da habe ich dann Thomas kennengelernt, und fünf Jahre später haben wir uns getrennt, und jetzt bin ich seit einem Jahr in Köln auch wieder an einem Gymnasium. Ich habe wenige Freunde hier. Ach ja, und dann mache ich an der Volkshochschule einen Französischkurs. Und samstags gehe ich eine Stunde joggen.»*

Zu diesem Zeitpunkt ist Thomas oder Elke bestimmt schon eingeschlafen. Vielleicht denken sie sogar, genau, so habe ich mir die Menschen aus Münster vorgestellt. Sie wollen doch nicht, dass das passiert?

Ihr Leben lässt sich mit ein bisschen Kreativität auch ganz anders darstellen: *«Ich komme aus Münster, da denkt ja jeder, das ist eine stockkonservative Stadt, aber das bin ich nicht. Und überhaupt, Münster kann auch total schön sein, und da ist auch mehr los, als man denkt. (Wahlweise: Bei Münster denkt man gleich an katholischen Konservatismus, und das passt auch gut zu mir.) Dann habe ich Germanistik und Sport studiert, weil ich immer schon gerne gelesen habe und ins Theater gegangen bin. Nicht mal das Studium hat mir meine Liebe zur Literatur ausgetrieben. Hast du schon x gelesen? Ein wunderbares Buch. Und Sport habe ich gewählt, weil ich mich gerne bewege und keine zusätzliche Fitness machen muss. Da war ich ganz pragmatisch. Thomas habe ich dann beim Marathon kennengelernt, und es war auch eine schöne Zeit mit uns. Ich bin ein bisschen traurig, dass es nicht gehalten hat, aber es war eine vernünftige Entscheidung, sich zu trennen. Es geht uns beiden jetzt besser. Ich habe mich dann für Köln entschieden, weil ich ein bisschen mehr Abwechslung ... nochmal etwas ganz Neues beginnen wollte, weil ich ein Mensch bin, der ... Noch habe ich nicht viele Freunde, aber ich gehe das jetzt aktiv an. In der Volkshochschule habe ich vor kurzem mit Französisch angefangen, weil ich so gerne nach Frankreich reisen möchte, ich koche so gerne französisch ... Und dann habe ich wieder angefangen zu joggen, um mich auf den Marathon vorzubereiten.»*

Das kommt Ihnen zu viel vor? Das kann man nicht in zwei Minuten erzählen? Man kann. Natürlich empfehle ich Ihnen nicht, das alles auswendig zu lernen und dann «abzuspulen». Ich möchte, dass Sie überlegen, wie Sie begründen können, was Sie getan haben oder was Sie vorhaben. Nicht, weil Sie das müssen, sondern weil Sie durch Ihre Begründungen (warum habe ich das getan oder bin dorthin gegangen?) dem anderen ein Bild von sich vermitteln können. Und, nicht unwichtig: Sie können genau das Bild vermitteln, das Sie von sich zeigen möchten.

Keinesfalls gehören ins erste Date: Bekenntnisse, ausufernde langweilige Darstellungen des eigenen Lebens- oder Liebesweges. Eine Aufzählung der abscheulichen Seiten Ihrer Verflossenen ist ebenfalls absolut tabu. Und jammern Sie bitte nicht. Wenn Sie glauben, dass Sie mit einer mitleiderregenden Darstellung Ihrer Einsamkeit oder Enttäuschung Zuneigung oder Interesse erwecken, dann liegen Sie falsch. Jammern erweckt bestenfalls Fluchtgefühle. Oder fühlen Sie sich wohl in Gegenwart von jammernden Freundinnen oder Freunden?

Und: Es ist verständlich, dass Sie etwas von Ihrem Date erfahren wollen. Aber unterziehen Sie ihn nicht einer Inquisition. Entwickeln Sie ein Gespür dafür, welche Themen er oder sie meidet und worüber er gerne spricht. *«Nun erzähl doch jetzt mal, warum deine letzten Beziehungen gescheitert sind»* ist keine wirklich glückliche Gesprächsanbahnung. Wenn Sie etwas von sich preisgeben, könnten Sie enden mit einem *«Und wie ist das bei dir?»*. Sie werden schon merken, ob Ihr Gegenüber darauf eingeht oder nicht.

Warum der erste Eindruck immer nur der erste Eindruck ist

Angeblich täuscht der erste Eindruck nie. Paare erkennen sich gleich schon beim ersten Mal am Geruch, heißt es. Ein Blick in die Augen, und man weiß, ob es passt. Glauben Sie das bitte nicht. Erste Eindrücke können täuschen. Manche Menschen halten an ihrem Eindruck nur fest, weil sie nicht bereit sind, ihr erstes Urteil zu revidieren. Haben Sie nicht schon erlebt, dass Sie einen Kollegen sehr angenehm finden, obwohl Ihr erster Eindruck gar nicht positiv war? Oder dass Sie zu Anfang von Jochen oder Manfred oder Susanne gar nicht so begeistert waren und Sie später unendlich glücklich mit ihnen waren (zumindest eine Zeitlang)? Geben Sie sich (und dem anderen) Zeit. Betrachten Sie Ihr Gegenüber mit Gelassenheit und lassen Sie ihn oder sie auf sich wirken. Wer weiß, vielleicht hat er Qualitäten, die sich erst beim zweiten oder dritten Treffen zeigen?

Kann ich gleich beim ersten Mal mit meinem Date ins Bett gehen?

Sicher, warum nicht? Man kann alles tun, worauf man Lust hat, solange es mit dem Einverständnis des anderen geschieht. Aber bei dem Ziel einer langfristigen Beziehung sollten Sie einiges berücksichtigen: Sie können auf Männer treffen, die eine spontane Bereitschaft für Sex als Zeichen für lockere Moralvorstellungen halten (ja, auch im 21. Jahrhundert noch). Sie können auf Männer treffen, denen das dann «zu nah» ist und die sich deshalb zurückziehen. Als Mann könnten Sie dabei einen mittelmäßigen Eindruck hinterlassen (was beim ersten Mal mit einer neuen Partnerin nicht ungewöhnlich ist) und müssen zur Kenntnis nehmen, dass die Frau sich nicht mehr meldet, weil guter Sex auf ihrer Prioritätenliste ganz oben steht. Früher Sex kann auch das Kennenlernen belasten. Er kann eine Nähe vortäuschen, die emotional noch nicht entstanden ist. Einer von beiden könnte sich jetzt mehr verpflichtet fühlen, als er es möchte.

Und an die Frauen noch einen Rat: Wenn Sie Lust auf Sex haben, dann spricht nichts dagegen. Wenn Sie aber dazu neigen, enttäuscht zu sein, wenn Sie von dem beteiligten Herrn nichts mehr hören (was häufig vorkommt), dann warten Sie lieber etwas ab, wie sich alles entwickelt. Und das bedeutet nicht, dass Sie warten, bis *er* sich meldet oder bis *er* die richtigen Signale sendet. Nein, ich meine damit, dass *Sie* prüfen, ob er Ihnen gefällt und ob *Sie* Lust haben, ihn wiederzutreffen.

Also fällt mein etwas altmodischer Rat so aus: Ich empfehle beim anfänglichen Kennenlernen in jeder Beziehung etwas Zurückhaltung. Bekenntnisse, absolute Offenheit, gegenseitige Wünsche, Sex und frühe Versprechungen – gehen Sie alles etwas langsamer an. Sie ersparen sich Enttäuschungen.

Was sage ich, wenn es nicht passt?

Dann sagen Sie, dass es nicht passt. Zeigen Sie, dass Sie das Nein-Sagen geübt haben. Sagen Sie schnell und liebenswürdig, warum Sie glauben, dass es nicht passt und dass Sie dem anderen alles Gute für die Zukunft wünschen. Das ist nur fair und für beide Seiten das Beste. Vertrösten Sie niemanden, lassen Sie sich nicht am Telefon verleugnen, suchen Sie nicht nach Ausreden. Denken Sie immer daran, wie es Ihnen gehen würde, wenn Sie mit derartigen Ausreden konfrontiert würden. Es ist kränkend.

Aber nun kommt wieder mein Einwand: Woran haben Sie gemerkt, dass es nicht passt? War seine Krawatte froschgrün, oder trug er gar keine? Hat er Ihnen den Stuhl nicht hingeschoben? Hat er gesagt, dass er Sie einladen möchte, und Sie als selbständige Frau haben das nicht nötig? Hat er *nicht* gesagt, dass er Sie einladen will? Mag sie Cameron Diaz, deren Filme

Sie scheußlich finden? Hat sie erzählt, dass sie mit ihrer Mutter alle Erlebnisse ihrer Liebessuche durchspricht? Und ist das überhaupt wichtig? Hatten Sie sich nicht ein Ziel und eine Wunschliste erarbeitet, anhand derer Sie die Eignung überprüfen wollten? Vielleicht trägt er normalerweise dezente Krawatten, und seine besten Freunde haben in der *Cosmopolitan* gelesen, dass Frauen froschgrüne Krawatten lieben? Vielleicht ist sie nervös und weiß nicht genau, was sie sagen soll? Gehen Sie gelassen an das erste Kennenlernen heran. Sie haben sich doch mit ihm (oder ihr) getroffen, weil vieles für ihn (oder sie) sprach. Die Gespräche am Telefon haben Ihnen gut gefallen. Ihr erster Eindruck war nicht hundertprozentig gut? Denken Sie daran, dass sich das ändern kann. Lassen Sie sich Zeit für die Entscheidung.

Was, wenn ich nicht gefalle?

Dann haben Sie – vielleicht – Pech gehabt, aber es ist kein Drama. Rufen Sie einfach den Nächsten an. Machen Sie nicht alles von einem Kandidaten oder einer Kandidatin abhängig. Vielleicht gefällt sie Ihnen, und Sie wollen sie wiedersehen. Aber vielleicht erwidert sie diesen Wunsch nicht. Es wird alles vorkommen in diesem Jahr der Liebessuche. Sie suchen einfach weiter. Und blicken Sie nicht zurück: Es ist völlig unwichtig, warum Sie ihr nicht gefallen haben. Sie können ja ohnehin nicht zu einem anderen Menschen werden, weil diese Frau Sie nicht mag. Dann sollten Sie eben eine andere Frau oder einen anderen Mann auswählen. Gehen Sie vor wie bei der Wohnung. Die Wohnung ist zu klein? Die nächste auf der Liste aufsuchen. Dem Vermieter reicht Ihre Bonität nicht? Er nimmt keine alleinstehenden Männer? Das hat nichts mit Ihnen zu tun. Er hat seine Wünsche, vielleicht Vorurteile und handelt danach. Nehmen Sie eine derartige Ablehnung nicht persönlich. Es hat eben nicht gepasst. Und was machen Sie stattdessen? Sofort weitermachen mit Ihrem Strategiemix. Keinen Gedanken daran verschwenden, dass genau dieser Mann Sie glücklich gemacht hätte, weil er auch sein Steak englisch mag oder weil sie auch Tiefseeangeln in Norwegen liebt. Er (sie) hat sich nicht wieder gemeldet, also vergessen Sie ihn (sie).

NACHBEREITUNG DES «BEWERBUNGSGESPRÄCHS»

Vielleicht wissen Sie nun definitiv, dass Sie diesen Menschen nicht wiedersehen wollen. Oder Sie werden gerne einmal mit dieser Frau ins Kino gehen, aber eine Liebespartnerin wird sie nicht werden. In diesem Fall ist alles klar. Aber stellen Sie sich diese Situation vor: Das Treffen war unterhaltsam, lustig oder sogar leicht erotisch, aber zu mehr kam es noch nicht. Alles ist noch offen. Wie gehen Sie jetzt vor? Auch diese Phase will sorgfältig geplant werden. Überlassen Sie alles Ihrem Date-Partner? Warten Sie, bis er endlich anruft? Oder bis sie sich meldet, weil Sie nicht drängen wollen? Nein, zeigen Sie Ihr Interesse. Sorgen Sie dafür, dass der Kontakt nicht abbricht. Sprechen Sie Einladungen zu Kino, Theater oder Spaziergängen aus, erwähnen Sie ein Event, zu dem Sie zufällig eine Karte übrig haben, oder rufen Sie spontan an und sagen, Sie hätten den ganzen Tag noch nichts gegessen und ob er oder sie Lust auf einen Teller Spaghetti habe?

Ich sage meinen weiblichen Klienten immer, dass die Zeiten vorbei sind, in denen sie auf männliche Telefonanrufe warten müssen. Nur möchte ich das etwas einschränken: Geben Sie dem anderen etwas Zeit. Lassen Sie ein paar Tage vergehen. Denken Sie in Ruhe darüber nach, ob Sie ihn oder sie wirklich wiedersehen wollen und warum. Wenn jemand interessiert ist, dann werden ein paar Tage nicht schaden. Und stellen Sie nicht alle anderen Aktivitäten während des Wartens ein. Leben Sie Ihr Leben weiter.

Es ist doch inzwischen aufgrund Ihrer vielen Aktivitäten sehr abwechslungsreich geworden. Aber nach ein paar Tagen können Sie ihn ohne weiteres anrufen. Und wenn er dann ausweichend reagiert oder nicht will, löschen Sie eben seine (ihre) Nummer.

Ein besitzergreifendes Vorgehen ist auch nicht zu empfehlen. Sagen Sie nicht bereits in der zweiten Nacht im Bett «*Mein Bruder würde dir gefallen*», «*Weihnachten fahre ich immer mit einer Clique nach Davos, vielleicht hast du ja Lust mitzukommen?*». Es waren zwei oder drei schöne Nächte, aber Sie haben noch keinen gemeinsamen Bausparvertrag. Das gilt übrigens auch für Männer. Frauen reagieren allergisch auf Bemerkungen wie «*Meine Mutter kann dir dann ja mal das Rezept für Königsberger Klopse zeigen, wenn wir Ostern ...*», «*Das gewöhne ich dir schon ab, wenn wir zusammenwohnen*».

Lassen Sie das. Sie könnten einen wertvollen Kandidaten verschrecken. Oder ihn oder sie in einer Sicherheit wiegen, die Sie vielleicht doch nicht wollen.

WAS HABEN WIR IN SCHRITT 6 GELERNT?

Sie haben einen Überblick darüber erhalten, woran Sie *vor* Ihrem ersten Date denken sollten. Sie wissen, dass Sie darauf vertrauen können, auf die passende Person auch den richtigen Eindruck zu machen. Sie wissen aber auch, dass Sie etwas dafür tun können, dass der richtige Eindruck entsteht. Sie haben sich darauf vorbereitet, was Sie in welcher Weise aus Ihrem bisherigen Leben erzählen oder in welcher Weise Sie das Gespräch heiter und anregend gestalten können. Sie gehen nicht zu einer Prüfung, sondern lassen sich überraschen von dem, was auf Sie zukommt. Sie sind zu nichts verpflichtet – billigen das aber auch Ihrem Date-Partner zu.

Hausaufgaben

- Überlegen Sie sich Orte, die sich gut für ein erstes Treffen eignen.

- Begutachten Sie Ihre Kleidung und bitten Sie Männer und Frauen Ihres Vertrauens um eine Einschätzung.

- Machen Sie sich mit Gesprächsthemen vertraut, mit denen Sie ein anregendes Gespräch führen können.

- Erarbeiten Sie schriftlich einen Two-Minute-Spot und üben Sie ihn mit Ihren Liebesmentoren oder anderen Freunden.

SCHRITT 7:
Die ersten hundert Tage

Ihre Liebessuche war erfolgreich. Sie haben die Frau oder den Mann gefunden, mit denen Sie Ihr Leben verbringen wollen. Oder Sie sind zumindest überzeugt davon, dass sich ein ernsthafter Versuch, der neuen Liebe Dauer zu verleihen, lohnt.

In *Schritt 7* werde ich darüber sprechen, worauf Sie achten sollten, wenn Sie das junge und noch fragile Glück bewahren wollen. Sie erfahren, welche Fehler Sie vermeiden können. Ich ermutige Sie aber auch, nicht zu vorsichtig zu sein und jede Spontaneität im Keim zu ersticken, aus lauter Sorge, dass Sie vielleicht den neuen Partner in die Flucht schlagen können. Es ist ohnehin eine Gratwanderung: Wie schaffen wir es, Rücksicht auf die Persönlichkeit und die Befindlichkeit des neuen Partners zu nehmen, ohne gleichzeitig alle unsere Bedürfnisse zu unterdrücken und ängstlich das Gesicht des Partners zu beobachten, ob sich vielleicht eine Verstimmung zeigt? Oder wie schaffen wir es, nicht jeden Wunsch des Partners als Versuch zu interpretieren, die eigene Persönlichkeit und Freiheit zu unterdrücken?

Und es gibt auch pragmatische Dinge, die bedacht sein wollen. Manche unter Ihnen werden es ganz gemächlich angehen, bei anderen geht ein Beziehungsstart rasant vonstatten. Für die etwas Rasanteren unter Ihnen: Überlegen Sie in Ruhe, ob Sie zusammenziehen wollen. Wessen Möbel dürfen bleiben, welche werden der Partnerschaft geopfert? Wie wird das Geld verwaltet? Wer bezahlt was? Wie organisieren Sie Ihren neuen Alltag?

Und, ganz wichtig: Welche Abmachungen sind sinnvoll, wenn es um verflossene Ehepartner oder Liebhaber geht? Um Kinder aus früheren Beziehungen? Oder gar die neuen Schwiegereltern? Oder die Schwiegereltern verflossener Beziehungen? Die neue und alte Verwandtschaft? Die alten und neuen und die gemeinsamen Freunde?

Man kann nicht alles planen, werden Sie sagen, und man sollte auch eine junge Beziehung nicht mit diesen Fragen belasten. Mein Rat ist es, sich zumindest einmal Gedanken darüber zu machen, selbst wenn Sie die Lösung dieser Probleme auf eine spätere Zeit verschieben.

DER SIEBTE HIMMEL

Stellen Sie sich vor: Sie haben Ihren neuen Partner gefunden, und Sie sind im siebten Himmel. Sie hatten es ja fast schon aufgegeben – Ihnen würde dieses Glück doch nicht mehr geschenkt werden. Sie kennen doch selbst so viele Singles, die so gerne wieder eine Liebesbeziehung hätten, aber es nicht schaffen. Obwohl sie doch schon alles, aber auch wirklich alles versucht haben. Von wegen. Wenn Sie mein Buch bis *Schritt 6* gelesen haben, dann wissen Sie, dass diese unfreiwilligen Singles oft gar nicht viel versucht haben. Und wenn sie etwas versucht haben, dann haben sie es häufig nur halbherzig getan und beim ersten oder zweiten Misserfolg aufgegeben. Aber Sie haben verstanden, dass Sie etwas tun konnten, und daher sind Sie auch wieder glücklich verliebt. Ich spreche nicht davon, dass Sie eine Woche eine herrliche Zeit mit einer Frau im Bett verbracht haben oder sich bereits seit zwei Monaten regelmäßig mit diesem sinnlichen Mann treffen. Ich spreche von dem Moment, in dem Sie sich beide sicher sind, dass Sie Ihr Leben miteinander verbringen wollen. Ob es ein ganzes Leben wird, das können Sie natürlich nicht wissen. Aber jetzt ist genau das Ihr Wunsch und Ihre Überzeugung. Jetzt stehen Sie mit diesem wunderbaren Mann oder dieser hinreißenden Frau vor der Frage, wie Sie an der Verstetigung Ihrer Beziehung arbeiten wollen. Bei diesem Partner passt alles, und daher wollen

Sie auf jeden Fall vermeiden, Fehler zu wiederholen, die Sie in der letzten Beziehung gemacht haben. Sie haben ja dazugelernt.

So ähnlich geht es übrigens Menschen, die nach einer gescheiterten Arbeitsbeziehung – ihnen wurde gekündigt – wieder einen neuen Job gefunden haben. Und diesmal genau den richtigen, denn sie haben bei der Suche nach diesem Job darauf geachtet, dass alles stimmte: die Größe des Unternehmens, die Branche, das Produkt, die Tätigkeit, die Kollegen, der Chef. Es hat eine Weile gedauert, und zwischendurch gab es Zeiten, in denen sie die Hoffnung aufgegeben hatten. Aber es hat geklappt. Und jetzt schleicht sich plötzlich ein Gefühl der Angst bei ihnen ein. Was, wenn ich diesmal wieder etwas falsch mache? Es hat ja schon einmal nicht geklappt. Welche Erwartungen werden an mich gestellt? Soll ich selbstbewusst auftreten oder lieber etwas vorsichtig sein und die Kollegen oder den Chef erst fragen, bevor ich etwas entscheide? Auf welche Anzeichen muss ich achten, damit ich gleich weiß, wenn die anderen mit mir unzufrieden sind? Sollte ich mich nicht besser an den Stil der anderen anpassen, als eigene Vorschläge zu machen oder meinen Arbeitsstil durchzuziehen? Muss ich nicht sofort zeigen, was alles in mir steckt? Mich immer nur von meiner besten Seite zeigen?

Diese Fragen und Sorgen können auch Menschen durch den Kopf gehen, die gerade wieder eine neue Beziehung eingegangen sind. Sie sind verunsichert. Und wir treffen nicht immer die besten Entscheidungen, wenn wir verunsichert sind. Was können Sie tun, um Fehler aus Verunsicherung zu vermeiden?

1. Diese Beziehung ist eine neue Beziehung

Sie müssen *nicht* darauf achten, nie wieder das tun, was Thomas oder Elfriede in der letzten Beziehung gestört hat. Sie sind nicht mehr mit Thomas oder Elfriede zusammen, sondern mit Daniel oder Lena. Auch Daniel oder Lena wird irgendetwas an Ihnen nicht gefallen, aber das merken Sie dann schon, keine Sorge. Sie können es mit noch so viel Aufmerksamkeit nicht verhindern. Es wird Ihre neuen Liebespartner viel mehr stören, wenn sie permanent auf eine Missfallensäußerung hin beobachtet werden. Außerdem ist die Situation eine andere: Sie sind älter, Sie haben einen anderen Job, Sie haben neue Erfahrungen gemacht, Sie wohnen vielleicht sogar schon in einer neuen gemeinsamen Wohnung.

2. Nicht jede Missfallensäußerung führt zu einer Trennung

Vielleicht missfallen Sie ihr, vielleicht ist er auch einmal sauer auf Sie. Vielleicht wird er wütend, vielleicht wirft sie ihm sogar scheußliche Dinge an den Kopf. Das ist normal, das passiert in jeder Beziehung. Wenn Sie jedes Mal befürchten, dass dann die Beziehung in Gefahr ist, dann gefährdet das die Beziehung mehr als das ursprüngliche Verhalten, das zu der Missfallensäußerung geführt hat.

3. Ihre neue Beziehung braucht Zeit und Geduld

Geben Sie der Beziehung Zeit. Erwarten Sie durchaus Streit, Irritationen und Anpassungsschwierigkeiten. Das ist normal, Sie müssen sich erst kennenlernen. Wenn es dann zu weniger Streit kommt, dann freuen Sie sich, weil Sie mehr erwartet haben. Wenn Sie allerdings das Paradies auf Erden erwartet haben, dann kann die erste Schlange oder der erste Biss in den Apfel dazu führen, dass Ihr Vertrauen in die Beziehung zusammenbricht. Das kann Ihre Beziehung nicht gebrauchen.

4. Anpassung löst nicht jedes Beziehungsproblem

Ich muss es leider sagen: Gerade Frauen neigen nicht nur dazu, sich Männer schönzureden, sondern auch dazu, sich (anfangs) in Beziehungen anzupassen. *«Wie flüssige Seide floss die Putlich um ihn»* lässt Martin Walser in «Der Lebenslauf der Liebe» die Ehefrau über die Geliebte ihres Mannes sagen. Ein schönes Bild. Selbst wenn nicht alle Frauen derart geschmeidig in ihrem Verhalten sind, neigen sie doch stark dazu, es dem neuen Mann recht machen zu wollen. Sie wollen zeigen, dass sie die Frau sind, die alles vermeidet, was die früheren Frauen in seinem Leben falsch gemacht haben. Und zusätzlich alles, was die Männer in ihrem Leben kritisiert hatten.

Lassen Sie es. Es schützt Ihre Beziehung nicht, sondern gefährdet sie eher. Vielleicht haben Sie sich ja schon in der Zeit des Kennenlernens zu sehr angepasst, das könnte sich jetzt rächen. Es geht nicht darum, dass wir den Mann oder die Frau unseres Herzens nicht glücklich machen sollen oder sie oder ihn nicht umsorgen dürfen. Es geht auch nicht darum, rücksichtslos einfach das zu tun, wozu wir Lust haben, auch wenn es den Partner ernsthaft stört. Es geht darum, nicht auf etwas zu verzichten, nur weil er etwas dagegen hat. Nicht das zu tun, was einem wichtig ist, weil sie dann sauer – oder schlimmer – traurig ist. Sie wollen ein gemeinsames Leben beginnen, da müssen beide die Möglichkeit haben, vieles von dem zu tun, was sie gerne tun.

ERWARTUNGEN KLÄREN UND VEREINBARUNGEN TREFFEN

Eine Freundin erzählte mir, dass sie und ihr heutiger Mann gleich in der ersten Woche miteinander klärten, dass er keine Rosen schenkt und dass sie am Sonntag keinen Braten auf den

Tisch stellt. Die beiden sind inzwischen seit dreißig Jahren zusammen und machen einen glücklichen Eindruck. Er schenkt immer noch keine Rosen, aber ist ein Genie in Sachen perfekte Klangtechnik in der Wohnung. Beide können zur Freude aller italienischen Restaurants im Umfeld von einem Kilometer immer noch nicht kochen.

Klären Sie, was Sie voneinander erwarten. Erzählen Sie sich, was Ihnen wichtig ist. Wenn Sie nicht wissen, ob eine Vereinbarung funktioniert, dann halten Sie sich drei Monate oder ein halbes Jahr daran und überprüfen dann, ob es gut gelaufen ist oder ob noch einmal etwas geändert werden muss. Das passiert auch im Unternehmen bei Zielvereinbarungen oder bei Vereinbarungen in Mediationsprozessen. Und zu den Vereinbarungen gehören auch banale Dinge wie das Hinuntertragen des Mülleimers oder die Frage, ob die Röcke oder Hosen jeden Abend umgehend in den Kleiderschrank gehängt werden müssen, aufgeschlagene Bücher neben dem Bett liegen dürfen oder ob jeden Abend indisch gekocht werden darf, wenn er doch Hautprobleme bekommt wegen der scharfen Gewürze. Und wer überhaupt kocht.

Sicher müssen Sie Kompromisse machen, dazu werden Sie auch bereit sein. Aber es wird Dinge geben, die Ihnen äußerst wichtig sind, die Sie nicht ertragen oder auf die Sie nicht verzichten könnten. Erinnern Sie sich an die Strohblumensträuße, die für Helene ein No-Go sind? Das mag dem einen unwichtig vorkommen, aber für manche Menschen ist diese Form der Ästhetik sehr wichtig. Für andere das sorglose Ausgeben von Geld und für wieder andere regelmäßige Sonntagseinladungen der Schwiegereltern. Setzen Sie sich möglichst regelmäßig zusammen und besprechen Sie, was stört. Greifen Sie nicht sofort ein, und versuchen Sie nicht, Ihre Vorstellungen auf der Stelle umzusetzen. Nehmen Sie sich etwas Zeit. Vielleicht stellt sich sogar heraus, dass die Vorgehensweise Ihrer Traumfrau auch vernünftig ist.

Obwohl das Training von Feedbackgesprächen zum Standardrepertoire des Weiterbildungsangebotes gehört, werden diese nur in wenigen Unternehmen regelmäßig eingesetzt. Machen Sie das in Ihrem «Beziehungsunternehmen» besser!

Zu ihr oder zu mir?

Wenn die Entscheidung füreinander gefallen ist, wenn Sie sich sicher sind, dass Sie ein gemeinsames Leben führen wollen, dann wird bald die Frage auftauchen, an welchem Ort und in welcher Wohnung Sie das Leben gemeinsam führen wollen. Junge Paare wollen vielleicht schnell die erste Wohnung miteinander einrichten. Wenn wir älter sind, haben wir vermutlich eine eigene Wohnung, an der wir hängen. Würde es Ihnen leichtfallen, Ihre Wohnung aufzugeben? Eine Wohnung, in der Sie schon sehr lange wohnen, die genau nach Ihrem Geschmack eingerichtet ist und in der viele Erinnerungen aus Ihrem Leben ihren Platz haben. Würde es Ihnen leichtfallen, diese Wohnung zu verlassen und in die Wohnung der neuen Frau in Ihrem Leben zu ziehen? Würden Sie es akzeptieren können, wenn der neue Mann Ihres Herzens zu Ihnen zieht? Sie Ihre Möbel mit seinen mischen müssen, obwohl er helle Fichtenmöbel liebt und Sie Bauhaus-Klassiker in freundlichem Schwarz sammeln?

Sie sehen, hier tauchen Probleme auf. Das Thema einer gemeinsamen Wohnung sollte sehr sorgfältig geplant werden. Es ist schwierig für den Partner, der hinzuzieht, sich in einer Umgebung wohlzufühlen, in der vielleicht noch viele Erinnerungen an einen anderen Menschen vorhanden sind. Bei jedem Handgriff, den Sie anders als der Vorgänger machen, kann es zu Irritationen kommen. Wenn Ihre neue Lebensgefährtin den Sessel, auf dem Sie vorher immer ferngesehen haben, ans Fenster rückt, dann kann das zu Ärger führen. Nicht gleich, aber nach einer Weile. Und wie fühlen Sie sich, wenn Sie in ein Schlafzimmer einziehen, an das Ihre jetzige Partnerin vermutlich nicht nur negative Erinnerungen hat?

Eine für beide neue Wohnung kann eine Option sein. Dort können Sie sich gemeinsam einrichten, dort sind keine Erinnerungen, die nach einer Weile belastend werden können, selbst wenn Sie das in den Wochen der ersten Leidenschaft nicht glauben können. Wenn aus finanziellen oder anderen Gründen eine der beiden Wohnungen doch zum gemeinsamen Lebensmittelpunkt werden soll, dann kann es helfen, die Wohnung gemeinsam vollkommen umzugestalten. Nutzen Sie die Zimmer anders, streichen Sie die Wände in einer neuen Farbe, trennen Sie sich beide von einem Teil Ihrer Möbel. Ihre Beziehung ist neu, dann sollte auch die Umgebung neu sein.

Umgang mit Alltag

Der Alltag kommt, da können Sie sicher sein. Aber das muss Sie nicht enttäuschen, im Gegenteil, wollten Sie das nicht, den gemeinsamen Alltag? Jeden Abend Rosenblätter im Bett können ganz schön nerven, wenn Sie eigentlich in Ihrem kuscheligen Baumwollschlafanzug ins Bett hopsen und mit einer Freundin telefonisch den Film mit Andy Garcia kommentieren wollten. Jeden Abend ein Candle-Light-Dinner mit Stoffservietten und dekantiertem Wein wird Sie auch nicht erfreuen, wenn Sie in Ihren alten Jeans, einer Pizza und Bier den Krimi zu Ende lesen wollten, den Sie in der U-Bahn angefangen hatten.

Lassen Sie den Alltag zu. Dazu gehört auch, dass wir den Partner akzeptieren, wenn er sich von seiner «ungeschminkten» Seite zeigt, mit ganz normalen Angewohnheiten und auch Seiten, die wir nicht so ganz wunderbar finden. Erwarten wir das nicht auch für uns von unserem Partner? Niemand kann die Schokoladenseite Tag und Nacht zeigen. Sie wollten sich doch freuen, wenn er einfach da ist. Sie wollten nachts nicht mehr alleine schlafen, sondern von Ihrer geliebten Nervensäge die kalten Füße in den Rücken geschoben oder die gemeinsame Bettdecke weggezogen bekommen. Längerfristig könnte man diese kleinen Störungen auch mit dem Erwerb einer zusätzlichen Bettdecke und Schlafsocken aus der Welt räumen – was natürlich eine unromantische Lösung ist.

Umgang mit Geld

Am besten wäre es, wenn Sie weiterhin mit Geld so umgehen, wie Sie es für sich allein getan haben. Zwei Konten, jeder erledigt seine Geldgeschäfte für sich. Das wird natürlich häufig schwierig: Zunächst muss gemeinsam für den Haushalt gesorgt werden. Wollen Sie eine gemeinsame Kasse einrichten? Wenn ja, wie viel legt jeder in die Kasse? Vielleicht haben Sie unterschiedliche Vorstellungen über die Höhe von Haushaltsausgaben? Sie haben bis jetzt immer beim Discounter eingekauft, während sie darauf besteht, dass teure und gute Bioprodukte gekauft werden müssen? Kauft einfach jeder mal ein in der Erwartung, dass sich das dann schon ausgleicht? Und was, wenn einer von Ihnen beiden deutlich mehr Geld verdient als der andere? Geben dennoch beide das gleiche Geld, oder ist das unfair? Wer bezahlt die Telefonrechnung? Wo er doch viel weniger telefoniert als sie? Wer den Strom? Wer ist für Reparaturen zuständig? Wer bezahlt die gemeinsame Urlaubsreise? Wessen finanzielle Möglichkeiten legen die Kosten der Reise fest?

Glauben Sie mir, zu Anfang scheinen diese Themen nicht wichtig zu sein. Aber mit der Zeit und vor allem, wenn die ersten Konflikte auftauchen, dann werden sie kommen. Auch hier also meine Empfehlung, dieses Thema gleich zu Beginn zu besprechen. Im Guten lässt sich alles regeln.

Sie sind nicht nur zu zweit in der Beziehung

Eltern und andere Verwandte

Und damit meine ich nicht nur den historischen Satz von Prinzessin Diana in ihrem Fernsehinterview – «*We were three of us in this relationship. It was a bit crowded.*» Wir sprechen ja über die ersten hundert Tage, und da sollten noch keine zusätzlichen Beziehungen bestehen. Obwohl auch das vorkommt, wie Prinzessin Diana feststellen musste und ich es auch von Freundinnen weiß.

Nein, es geht mir um die vielen Menschen, die wir miterwerben, wenn wir uns auf eine Beziehung einlassen. Das sind zunächst die Eltern, manchmal sogar mehrere Elternpaare im Zeitalter der Patchworkfamilien. Geschwister, Freunde und Freundinnen, verflossene Beziehungspartner und Kollegen. Und vor allem die Kinder aus vorherigen Beziehungen.

Bei meinem Buch handelt es sich nicht um einen Beziehungsratgeber, dennoch möchte ich darauf hinweisen, dass alle diese Menschen eine große Rolle für den Glücksfaktor in Ihrer Beziehung spielen werden. Mit dem beziehungsqualifizierten Umgang mit Verwandten, Freunden und Verflossenen könnte man mehrere Bücher füllen. Hier nur so viel: niemals, aber auch niemals ein schlechtes Wort über alle diese Menschen. Es steht Ihnen nicht zu, und außerdem wird Ihr Partner es Ihnen übelnehmen. Vielleicht nicht sofort, aber später bestimmt. Sicher kann es sein, dass er oder sie sich über seine oder ihre Verwandten beschwert, das ist auch in Ordnung. Aber Sie stimmen dem nie zu. Sie können ihm über den Kopf streichen und sagen: «*Das ist sicher nicht schön für dich, Liebling.*» Oder wenn sie über ihre Mutter schimpft, empfiehlt sich ein: «*Ach, Schätzchen, du hattest es auch nicht immer leicht. Und trotzdem bist du eine so wundervolle Frau geworden.*» Bitte anschließend in den Arm nehmen. Das reicht. Denken Sie daran, Sie befinden sich in den ersten hundert Tagen. Nach zwanzig Jahren Ehe kann man schon mal zustimmen, wenn sie ihren Bruder nervig findet oder wenn er stöhnt, weil es wieder diesen matschigen Kartoffelsalat bei seiner Mutter gibt. Aber in der Regel gilt: *Wir* dürfen unsere Verwandten kritisieren, aber das sollte niemand anderes tun. Dann müssen wir sie nämlich verteidigen. Und besonders wichtig für Frauen: Gewinnen Sie seine Mutter. Und für Männer: Gewinnen Sie ihren Vater. Sie werden sehen, dass sich das wirklich lohnt.

Freunde und Freundinnen und Verflossene
Sowohl sie als auch er möchten sich weiterhin mit eigenen Freunden treffen. Und ich empfehle sogar, Sie sollten das tun. Anders als häufig empfohlen, sind Ehefrauen oder Ehemänner nicht die besten Freunde. Sie sind unsere Liebespartner. Das bedeutet aber auch, dass sie Verständnis für den anderen haben, wenn er sich zum Sport, einem Barbesuch oder sie sich zu einem Frauenabend verabschiedet. Und auch hier gilt: niemals ein schlechtes Wort über die Freunde. Glauben Sie mir, Sie gewinnen nichts, wenn Sie als Frau seine Freunde schlechtreden. Und Männer sollten daran denken, dass Frauen es ebenfalls nicht mögen, wenn die beste Freundin als schwatzsüchtige Intrigantin diffamiert wird. In der ersten Zeit der Verliebtheit wird er die Freunde weniger sehen, aber später wird er das bedauern, und das werden Sie spüren. Und für Frauen noch ein ganz besonderes No-Go: niemals die Freundinnen der Freunde schlechtmachen. Auch das spricht nicht für Sie. Vor allem werden dann die Freundinnen bei seinen Freunden schlecht über Sie reden, und das wird die Meinung seiner Freunde beeinflussen, und das könnte in eine Unterhaltung mit Ihrem Liebespartner einfließen …

Und, ganz wichtig – auch wenn es schwerfällt: Sie haben die Größe, niemals eine Kritik an seiner Verflossenen oder ihrem Verflossenen zu äußern. Wenn er sie kritisiert, dann hören Sie ihm einfach zu oder murmeln etwas wie: «*Ich fand sie so aber sehr nett. Sie hat doch so eine herzliche Art.*» Wenn sie ihren Ex kritisiert, dann sagen Sie ebenfalls nichts oder werfen ein begütigendes «*Er hat dir doch aber sehr liebevoll geholfen bei der Matheklausur, bei deinem alten VW-Käfer, während der Krankheit deiner Mutter ...*» ein.

Nicht schlecht über Verflossene zu reden heißt natürlich nicht, dass Sie nicht mit Argusaugen über mögliche Annäherungsversuche der Verflossenen wachen. Da sollten Sie nicht großzügig sein. Handeln Sie, zeigen Sie ihr oder ihm deutlich und charmant, dass Sie jetzt an seiner oder ihrer Seite sind. Auch günstig kann es sein, die Verflossene oder den Verflossenen zum Freund zu machen. Aber das vielleicht nicht in den ersten hundert Tagen.

Vergleiche mit Verflossenen oder Müttern
Lassen Sie es einfach.

Kinder
Kinder aus verflossenen Beziehungen sind ein schwieriges Kapitel. Vielleicht ergeht es Ihnen etwas besser, weil Ihre neue Frau oder Ihr neuer Mann bereits erwachsene Kinder haben. Aber vertrauen Sie nicht darauf. Auch diese können eine erhebliche Belastung darstellen. Dass Sie, wie oben erwähnt, niemals ein schlechtes Wort über seine oder ihre Kinder äußern, versteht sich inzwischen von selbst. Ich kann Ihnen nur sagen, versuchen Sie, die Kinder zu gewinnen, was Ihnen ja umso leichter fallen sollte, wenn sie nicht in Ihrem Haushalt wohnen. Oder noch besser in einer anderen Stadt. Oder im Ausland, das wäre richtig gut ... Übrigens empfiehlt sich auch die Beziehung zu einem Ausländer oder einer Ausländerin schon aus diesem Grund: Eltern aus den Falklands oder Papua-Neuguinea können nicht jeden Sonntag mit einem Frankfurter Kranz vor der Tür stehen.

Was aber ist mit minderjährigen Kindern? Nun, in diesem Fall sollten Sie zumindest die Grundüberzeugung mitbringen, dass Kinder eine Bereicherung sind. Das sind sie zwar nicht immer, wie wir wissen, aber Sie gehen mit einer solchen Überzeugung positiv an die Sache heran. Auch hier könnte man über den Umgang mit Kindern von Verflossenen mehrere Bücher füllen. Eins sollten Sie in jedem Fall wissen: Sie geben ihm oder ihr Zeit mit den Kindern. Beschweren Sie sich nicht, wenn er mit seinen Kindern in den Zoo geht, weil er nur jedes zweite Wochenende die Kinder sehen darf. Nein, machen Sie auch mal etwas allein mit Ihren Kindern aus der vorherigen Beziehung, das wird ihnen guttun. Wenn seine Kinder in Ihrer gemeinsamen Wohnung übernachten, dann achten Sie darauf, dass die Kinder es dort schön haben. Ideal wäre ein eigenes Zimmer, was sich aber nicht jeder leisten kann. Aber dann zumindest eine gemütliche Ecke. Und nehmen Sie sich auch Zeit für seine Kinder. Kochen Sie ihre Lieblingsgerichte, malen Sie mit ihnen, lesen Sie Geschichten vor. Aber versuchen Sie nicht, in Konkurrenz mit der Mutter zu treten. Vielleicht unternehmen Sie etwas mit den Kindern, das sie noch nicht kennen. Führen Sie sie in Ihr Hobby ein oder in eine Sportart, die Sie selbst gerne machen. Sie sollen sich wohlfühlen, ohne dass Sie versuchen, es besser zu machen als die Mutter. Und auch hier gilt: Versuchen Sie, mit ihr solidarisch zu sein, reden Sie mit ihr über die Kinder, fragen Sie die Mutter um Rat. Denn wenn Sie eine langfristige Beziehung mit ihm wünschen, dann wird die Beziehung zu Ihren Instant-Kindern auch eine langfristige sein.

Was aber, wenn seine Kinder immer bei Ihnen wohnen? Oder wenn die Wohnung zum gemeinsamen Lebensmittelpunkt wird, in der bereits ihre drei Kinder wohnen? Dann sollten Sie sehr viel Liebe für ihn oder sie mitbringen, gute Nerven, Geduld und viel gute Laune. Ich hatte Ihnen anfangs nahegebracht, nicht aufzugeben, wenn etwas schwierig ist, und diesen Rat brauchen Sie jetzt wirklich. Grundsätzlich kann ich nur sagen, dass Vereinbarungen und Regeln in diesen Fällen besonders wichtig sind. Es muss klar sein, dass die Kinder Rechte und Pflichten haben, aber dass das für die Erwachsenen ebenso gilt. Und das bedeutet auch, dass Sie als Beziehungspartner ein Recht auf gemeinsame Zeit haben. Vernachlässigen Sie Ihren Liebespartner nicht, weil Sie ein schlechtes Gewissen gegenüber den Kindern haben. Achten Sie darauf, dass die Beziehung zwischen Ihnen und Ihrem Partner gut läuft. Es ist schwierig, eine Liebesbeziehung aufrechtzuerhalten, wenn ständig Kinder anwesend sind, viel zu früh ins Schlafzimmer laufen, sich streiten, keine Schulaufgaben machen wollen oder sich über das Essen beschweren, weil ihr richtiger Vater nie Zwiebeln an den Gurkensalat macht.

Und denken Sie daran, dass Kinder nicht dumm sind. Sie wissen ganz genau, wie man Eltern manipulieren kann. Und wie gut das bei geschiedenen Eltern läuft, weil sie ohnehin schon ein schlechtes Gewissen haben. Daher sollten Sie sich einig sein über die Erziehungsmethoden und nicht gegeneinander arbeiten. Wenn Sie sich nicht einig sind, dann tragen Sie den Streit darüber nicht in Anwesenheit der Kinder aus. Und lassen Sie sich nicht verunsichern durch ein wütendes «*Du hast mir gar nichts zu sagen. Du bist nicht mein Vater (meine Mutter)!*». Beim eigenen Vater hätten sie andere Worte gewählt, aber der Widerstand wäre der gleiche gewesen. Bestehen Sie weiterhin darauf, dass der neunjährige Sohn Punkt acht im Bett sein muss oder die 15-jährige Tochter spätestens um Mitternacht zu Hause sein muss. Denken Sie überhaupt nicht dauernd daran, dass alles nur passiert, weil Sie nicht der «richtige» Vater sind. Das alles würde bei den leiblichen Eltern auch passieren. Sie nehmen es nur anders wahr.

Am besten wird es laufen, wenn sich alle beteiligten Erwachsenen disziplinieren und untereinander einigen, wie sie mit den Kindern umgehen wollen. Dann bieten Sie den Kindern keine Möglichkeit der Manipulation. Und diese fühlen sich in beiden

Elternhäusern wohl, weil die gleichen Regeln gelten und nicht schlecht über die Abwesenden geredet wird.

Haustiere
Er hat zwei Katzen? Sie hat einen Dobermann? Hier gibt es keine Kompromisse. Wenn sie eine Katzenallergie hat, dann können Sie einfach nicht zusammenbleiben. Wenn er Dobermänner in einer Dreizimmerwohnung im vierten Stock ohne Fahrstuhl nicht gut findet, dann passt es mit Ihnen einfach nicht. Sie finden, das sei zu rigide? Sie sind der Meinung, wenn er Sie wirklich liebt, dann trennt er sich auch von seinen Katzen? Vielleicht tut er das, aber glauben Sie mir, ein Mann, der sich von Katzen trennen kann, hat einfach kein Herz. Wenn er sich von Katzen trennen kann, dann wissen Sie, was auch Ihnen blühen kann ...

DAS LETZTE TREFFEN MIT MEINEN SEMINARTEILNEHMERN

Februar
Ich bedaure es ein bisschen, dass ich meine Teilnehmer bald schon nicht mehr sehen werde. Und natürlich bin ich gespannt, wie erfolgreich sie waren. Wer ist glücklich mit der neuen Liebe? Wer ist wieder alleine und auch glücklich? Bei wem habe ich meine Zweifel, ob diese Partnerschaft lange bestehen wird? Ich gucke mich um und stelle fest, dass alle zufrieden aussehen. Ich bitte um eine letzte Runde, in der alle erzählen, wie ihre Liebessituation jetzt aussieht und ob ihnen das Seminar etwas gebracht hat.

«Auf jeden Fall», ruft Jessica. «Ohne das Seminar hätte ich doch nie Max kennengelernt. Wir sind beide total glücklich. Und Carolina auch. Sie sagt, dass ich viel besserer Laune bin, seitdem wir mit Max zusammen sind. Und das mit meinem Wunsch nach etwas Neuem ist auch in Erfüllung gegangen. Wir haben schon die Flüge gebucht, und ich lese dauernd Bücher über den Senegal. Max hat ungefähr zwanzig davon gekauft. Ja, und dann finde ich, dass ich auch viel für mein Leben gelernt habe. Gerade die Multiplikatorenstrategie kann man in vielen anderen Situationen auch anwenden. Das hilft nicht nur bei der Liebessuche. Und ich habe mich selbst besser kennengelernt und kann mich besser durchsetzen.»

Max lacht. «Das kann man wohl sagen. Sie übt bei mir.»

«Gar nicht», Jessica guckt verliebt. «Ich wollte aber noch sagen, dass ich das mit euch toll fand. Und dass ich so viele unterschiedliche Menschen kennengelernt habe. Wir sollten uns unbedingt weiter treffen.»

«Das fände ich auch super», sagt Julie. «Ihr müsst mich und Johannes alle in Bad Doberan besuchen. Zimmer haben wir genug, der Hof ist riesig. War mein Verlobungskleid nicht toll? Ja, ich bin auch glücklich. Jetzt habe ich nur noch zwei Prüfungen, dann habe ich es geschafft. Und meine Noten sind toll, er ist ganz stolz auf mich. Vielleicht mache ich dann auch noch den Master in Rostock. Oder kriege ein Kind. Oder beides, mal sehen. Auf jeden Fall kriege ich zur Hochzeit einen Hund. Und ihr müsst alle zur Hochzeit kommen. Sie natürlich auch.»

Ich erinnere Julie daran, dass wir auch noch wissen wollen, was sie im Seminar gelernt hat.

«Klar. Also, total viel. Erst mal sehe ich jetzt anders aus, und das gefällt mir auch. Dann haben mich alle ein bisschen erzogen, das hat euch ja Spaß gemacht, aber ich habe davon profitiert. Und dann sind Ihre Tipps super. Die probiere ich überall aus, und sie wirken. Ich erzähle das auch allen Freundinnen. Jasmin will übrigens zum nächsten Seminar kommen. Na, und vor allem habe ich damit auch Johannes gefunden. Ich hätte mir so nie die

Arbeit gemacht und so lange an einem Brief herumgetüftelt. Aber das hat sich gelohnt. Überhaupt, in meiner Anarchokneipe hätte ich Johannes nie kennengelernt. Also, ich fand es toll, auch mit euch. Und wenn mich Johannes mal verlassen sollte oder ich ihn leid bin, dann wüsste ich auch, wie ich mir wieder einen angle!» Alle lachen.

«Ich mache mal weiter», sagt Thorsten.

«Unbedingt, wir wollen doch wissen, wie das mit dem Baby jetzt ist.» Jessica ist gespannt.

«Ja, also, das mit dem Baby hat sich erledigt. Ihr erinnert euch, dass Anja mich erst zwei Tage später treffen wollte, weil sie darüber nachdenken musste. Das hat sie getan. Also, das Baby ist nicht von mir, sondern von Thomas, dem Theologen, mit dem sie vor mir zusammen war.»

«So viel zu den zarten, sensiblen Frauen, die immer gleich zusammenbrechen», sagte Helene bissig. «Die halten was aus.» Jessica nickt.

«Anja hatte mir erzählt, dass es mit ihm aus wäre, aber das war es dann wohl nicht. Sie wollte wohl Schluss machen, aber das war so schwierig, na ja, wie das eben so ist. Und jetzt geht sie mit Thomas nach Erfurt. Er ist jetzt fertig mit dem Studium und hat dort eine Pfarrstelle gefunden. Sie kann dann in Erfurt ihre Referendariatszeit beenden.»

«Also, Thorsten, das ist uns doch völlig egal, und das sollte es dir auch sein!» Sascha ist empört. «Wie geht es dir denn jetzt? Bist du traurig? Oder wütend, weil sie dich betrogen hat?»

Thorsten lehnt sich entspannt auf seinem Stuhl zurück. «Soll ich euch was sagen? Ich bin erleichtert. Mir geht es gut. Ich habe zwei Tage lang immer nur darüber nachgedacht, wie es mir mit einem Baby und Anja gehen würde. Nochmal Windeln und Pubertät und eine Frau, die mit dem Haushalt unzufrieden ist. Also, Thomas hat mir einen großen Gefallen getan. Klar, einen

Moment lang war ich sauer, weil sie mich betrogen hat. Aber die Aussicht, dass die schwangere Anja dann glücklich nach Erfurt verschwindet, war so herrlich, dass das keine Rolle mehr spielte. Ich glaube, sie hat mir die Erleichterung angesehen, denn sie hat dann doch ein bisschen säuerlich geguckt. Aber wir sind natürlich als gute Freunde auseinandergegangen. Das dazu. Ja, und das Seminar? Mir hat es extrem viel gebracht. Ich sehe besser aus, habe neue Freunde gewonnen und verstehe besser, welche Eigenschaften an mir nerven können. Aber vor allem habe ich meine Ängste, auf fremde Menschen zuzugehen, überwunden. Und ich habe sogar gemerkt, dass ich auf Frauen attraktiv wirken kann. Und deshalb geht es mir jetzt viel besser als vor einem Jahr. Das ganze Jahr hat total viel Spaß gemacht, ich habe so viele Menschen kennengelernt. Mir geht es wie Julie: Wenn ich mal wieder eine Frau finden wollte, dann wüsste ich genau, wie ich es anstellen sollte.»

«Und was ist mit der Dozentin in San Francisco?», fragt Max. «Weiß die denn schon alles? Und wie hat sie reagiert?»

«Ach ja, Dagmar», sagt Thorsten. «Ich habe ihr vor mehreren Wochen eine lange Mail geschickt und ihr alles erklärt, das mit dem Baby, und dass ich nun doch keines bekomme und dass ich sie liebe und sie doch die Einzige sei.»

«Thorsten, der Don Juan», sagt Helene. «Wer hätte das gedacht.» Alle lachen. «Und was hat sie geantwortet?»

«Ganz kurz. Sie hat geschrieben: ‹Ach, du Armer, das ist ja alles nicht einfach für dich. Mir geht es hier sehr gut, ich kann noch zwei weitere Monate bleiben. Wenn ich zurück bin, dann melde ich mich. Pass auf dich auf.› Das war alles. Seither habe ich nichts von ihr gehört. Aber ich habe ihr auch nicht geschrieben. Soll ich euch was sagen? Ich bin froh, dass ich wieder alleine bin. Ich kann tun, was ich will, treffe mich jetzt öfter mit meiner Frauensuchgruppe. Wir nennen uns weiter so, aber in Wirklichkeit geht es uns sehr gut miteinander. Fast alle Mathe und Physik. Also, das Seminar war wirklich gut. Und ihr seid auch toll.»

«Ganz kurz, Jessica hat eigentlich schon alles erzählt», sagt Max. «Ich bin auch selbstbewusster geworden, gehe direkt auf Menschen zu und habe viel mehr Freunde als vorher. Fast schon zu viele. Dass Jessica mein großes Glück ist, das wisst ihr ja alle. Ich kann das Seminar allen empfehlen, die an sich zweifeln. Es sind ja nicht nur die guten Tipps zur Frauensuche, sondern es hat mir auch gutgetan, zu hören, dass ich ein ganz netter Mensch bin. Das war eigentlich alles. Ach so, ja, und ich würde euch natürlich auch gerne wiedersehen.»

«Dann ich», sagt Sascha. «Ich kann mich meinen Vorrednern nur anschließen. Die Methode ist nützlich und ergebnisorientiert. Ich habe viel davon gelernt, auch für meinen Beruf. Und dann bin ich weniger schüchtern. Und vielleicht auch nicht mehr so rechthaberisch. Und ich weiß besser, was ich will, und vertrödele meine Zeit nicht mit Bekanntschaften, die mich doch nicht glücklich machen. Und dann seid ihr richtig gute Freunde geworden. Ich muss sagen, ich hatte vorher fast keine Heterofreunde, aber der Sport mit Max und das Schachspielen mit Thorsten macht richtig Spaß. Und ich bin natürlich auch sehr froh, dass Thorsten nicht mehr so ...»

«Sascha!», unterbricht ihn Helene.

«Ich meinte doch, dass er jetzt so gut aussieht. Ja, und ihr wollt sicher wissen, wie es mit Vittorio weitergegangen ist. Es ist gut weitergegangen. Wir sind jetzt zusammen, und ich fühle mich sehr wohl mit ihm. Es ist vielleicht nicht dieses totale Verliebtsein wie anfangs mit Patrick, es ist mehr Alltag, aber das wollte ich ja. Er ist so liebevoll. Und so klug. Und ...»

«Sascha!», mahnt Helene wieder.

«Ist ja gut. Wir wollen nicht gleich zusammenziehen, wir

haben ja beide sehr schöne Wohnungen. Und wir wollen es langsam angehen lassen. Jeder hat seine eigenen Freunde, ich habe beruflich viel zu tun, und Vittorio reist sehr viel. Ja, was soll ich sagen? Ich bin glücklich.»

Als Letzte ist Helene an der Reihe. Ihr ging es ja nicht so gut, nachdem Beate sie verlassen hatte. Aber sie sieht erstaunlich gelassen, fast fröhlich aus.

«Ich hatte euch ja von Beate erzählt, also, das ist jetzt alles nicht mehr schlimm. Mein Leben ist auch wieder ruhiger ohne sie. Ich lebe jetzt friedlich wieder allein, und dabei geht es mir auch gut. Ich kann dich verstehen, Thorsten. Das Seminar fand ich sehr gut, von der Methode her und den Empfehlungen. Auch die Übungen zur Selbst- und Fremdwahrnehmung waren sehr nützlich für mich. Ich habe nochmal ein ganz anderes Bild von mir bekommen. Ich bin auch offener geworden und habe schöne Projekte mit Freundinnen angefangen, die ich auch weiterführen werde.

Ja, also, eine Liebesbeziehung habe ich zurzeit nicht. Das brauche ich auch nicht. Ich kümmere mich jetzt sehr intensiv um *cucina viva*, und es läuft auch wieder richtig gut. Dabei hilft auch Nasrin sehr. Julie hatte mir Nasrin für die Buchhaltung empfohlen. Sie ist richtig gut. Sie sieht ja ein bisschen abenteuerlich aus, aber irgendwie steht ihr das. Sie hat mich auch überredet, ein paar zusätzliche Farben in das Programm aufzunehmen, sie meinte …»

«Wie, jetzt verkaufst du zusätzlich auch hellgraue Küchen?» Thorsten lacht.

«Unsinn.» Auch Helene lacht. «Nein, sie hat ganz recht, meine Fixierung auf Grau war doch ein bisschen einseitig. Ist euch nicht aufgefallen, dass ich jetzt ein grünes T-Shirt unter dem grauen Jackett trage? Das war auch Nasrins Idee.»

Für eine abenteuerlich aussehende Teilzeitjobberin hat aber

Nasrin ganz schön viel Einfluss auf Helene. Nur gut, dass Helene kein Interesse mehr an einer Beziehung hat ...

«Und Nasrin wird kurzfristig bei mir einziehen. Sie hat wenig Geld und hatte ihr Studium fast geschmissen. Ich habe sie ermuntert, doch weiterzumachen, sie hat so viel Potenzial. Und meine Wohnung ist ja riesig, da stört sie gar nicht. Es ist ja auch nur für die nächste Zeit.»

«Aha», sagt Sascha. Thorsten und Max grinsen. «Sag mal, Helene, was ist das eigentlich für ein merkwürdiger Stift, mit dem du da schreibst?»

Das ist mir auch schon aufgefallen. Helene schreibt mit einem rosa Plastikkugelschreiber, an dessen Ende ein rosa Puschel befestigt ist. Ungewöhnlich für Helene. Jetzt wird Helene doch rot.

«Den habe ich ...»

«... auch von Nasrin!», rufen alle anderen im Chor.

Ein Jahr später ...

Als ich nach der Pause zurück in die Berliner *Bar jeder Vernunft* gehen will, steht plötzlich Helene vor mir. Wir umarmen uns. Helene sieht hinreißend aus, nicht zuletzt, weil sie ihren eleganten grauen Hosenanzug mit einem leuchtend grünen Pashmina kombiniert hat. «Ich muss wohl nicht fragen, ob es Ihnen gutgeht», sage ich. «Das sieht man einfach.» Helene lacht. «Das stimmt, mir geht es wirklich gut. Trinken Sie ein Glas Sekt mit uns?» Sie zieht mich an einen der Tische und stellt mir ihre Begleiterinnen vor. «Das ist meine Freundin Eleonore.» Ich werde herzlich begrüßt von einer attraktiven Frau mit kurzen blonden Haaren. «Und neben ihr sitzt Nasrin, von ihr hatten Sie schon gehört.» Nasrin lacht mich an. Sie ist jung, hübsch und wurde ganz offensichtlich modisch von Julie inspiriert, bevor diese von Sascha und Helene stilistisch beraten wurde. Nasrin rückt zur Seite und reicht mir ein Glas Sekt.

«Sie wollen sicher wissen, wie es uns allen geht», sagt Helene. «Zufällig war gerade letzte Woche unser zweimonatiger Jour fixe, daher bin ich auf dem neuesten Stand. Julie hat ihren Abschluss mit Auszeichnung gemacht und einen roten Käfer-Cabrio von Johannes geschenkt bekommen. Sie hat sich dort oben schon eingelebt – aber das ist ja für Julie nie ein Problem. Im August sind wir alle zur Hochzeit eingeladen, Jessica ist Trauzeugin! Sie kommen doch auch? Hat Julie schon bei Ihnen angerufen? Sie will Ihnen ganz viele Kommilitoninnen ins nächste Seminar schicken. Jessica und Max nehmen extra ihren Jahresurlaub und kommen dazu aus dem Senegal. Die beiden sind total glücklich, Carolina auch, und Max wird seinen Vertrag nochmal verlängern, weil es ihnen so gut gefällt. Sascha ist richtig zufrieden und glücklich mit Vittorio. Er arbeitet nicht mehr so viel, weil Vittorio darauf gedrängt hat. Ich glaube, Vittorio gibt ihm Halt. Wen habe ich vergessen? Ach ja, Thorsten. Der ist auch sehr zufrieden. Er lebt weiterhin solo, hat aber eine lockere Beziehung zu Dagmar, die wieder aus San Francisco zurückgekommen ist. Ich habe den Eindruck, für beide ist das genau richtig. Dagmar ist sehr unabhängig, die hat überhaupt keine Lust zu so einer engen Beziehung. Ich glaube ja, dass Thorsten weiterhin von Zeit zu Zeit junge Referendarinnen in Mathematik und Physik unterstützt. Dagmar interessiert das nicht wirklich, und Thorsten geht es mit dieser Konstellation sehr gut.» Helene lacht. «Und jetzt wollen Sie sicher wissen, wie es mir geht? Damals sollte ja Nasrin gerade zu mir ziehen. Das hat sie dann auch gemacht, und wie Sie das alle erwartet haben, hatten wir eine kurze Liebesbeziehung. Aber es wurde schnell klar, dass es mit uns nicht klappt, übrigens ganz freundschaftlich, nicht, Nasrin?»

«Klar», sagt Nasrin und beißt in ein Lachsbrötchen. «Und dann hatte ich das große Glück, Eleonore zu begegnen. Eine Freundin hatte einen Single-Kulturabend organisiert und da …» Helene und die blonde Frau werfen sich einen verliebten Blick zu. Ich bin glücklich. Wir leben schon ein halbes Jahr zusammen, übrigens wohnt Nasrin auch bei uns. Wollen wir es schon erzählen?» Helene guckt Eleonore und Nasrin an. Eleonore lacht, und Nasrin nickt mit vollem Mund. «Nasrin ist schwanger. Sie wird weiter bei uns wohnen. Wir können jetzt unser Kind zu dritt aufziehen.»

Dank

Ich möchte allen Freundinnen, Kindern und Klienten und Klientinnen danken, dass sie mich bei diesem Buch unterstützt haben: durch Geschichten, wie sie ihre Liebespartner kennengelernt haben, durch Misserfolgserlebnisse, die mir bestätigt haben, wie man es nicht machen sollte und vor allem durch den Wunsch, unbedingt zu erfahren, wie sie sich auf die Suche nach einer neuen Liebe machen können.

Ganz besonders möchte ich mich bei Martina Bandoly und Renate Hof bedanken, die sich die Mühe gemacht haben, sorgfältig das Manuskript zu lesen und hilfreiche Kommentare abzugeben. Das ist vor allem zu würdigen, weil beide zurzeit keinesfalls eine neue Liebe suchen.

Und das Wichtigste: Ich wünsche mir, dass mein Buch Carlotta, Isabella, Henriette, Caroline, Marie Louise und Lewin Spaß macht.

Berlin, September 2010
Janine Berg-Peer

Liebe und Partnerschaft bei rororo

**Warum wir aufeinander fliegen –
und wie wir dabei Bruchlandungen vermeiden**

**Michael Mary
Lebt die Liebe, die ihr habt**
Wie Beziehungen halten
rororo 62451

**Katarina Rathert
Die Weddingplanerin**
Torten, Tanten, Turbulenzen
rororo 62595

**H.-W. Bierhoff/E. Rohmann
Was die Liebe stark macht**
*Die neue Psychologie der
Paarbeziehung.* rororo 61669

**Robin Norwood
Wenn Frauen zu sehr lieben**
*Die heimliche Sucht, gebraucht
zu werden.* rororo 19100

**Wolfgang Schmidbauer
Die Angst vor Nähe**
rororo 60430

Die heimliche Liebe
*Ausrutscher, Seitensprung,
Doppelleben.* rororo 61129

**Peter Lauster
Die Erotikformel**
*Leidenschaftlich leben in
Liebesbeziehungen.* rororo 62022

**Phillip von Senftleben
Das Geheimnis des perfekten
Flirts**
So werden Sie unwiderstehlich

rororo 62397

Weitere Informationen in der Rowohlt Revue *oder unter* www.rororo.de

Psychologie bei rororo

Hilflos, unfähig, k. o. – oder doch lieber o. k.?

Renate Klöppel
Die Schattenseite des Mondes
Ein Leben mit Schizophrenie
rororo 61941

Eric Berne
Spiele der Erwachsenen
Psychologie der menschlichen Beziehungen. rororo 61350

Shakti Gawain
Stell dir vor *Kreativ visualisieren*
rororo 61684

Thomas A. Harris
Ich bin o. k. – Du bist o. k.
Eine Einführung in die Transaktionsanalyse. rororo 16916

**Amy Bjork Harris/
Thomas A. Harris**
Einmal o. k. – immer o. k.
Transaktionsanalyse für den Alltag. rororo 18788

Laurence J. Peter/R. Hull
Das Peter-Prinzip
oder Die Hierarchie der Unfähigen
rororo 61351

Wolfgang Schmidbauer
Hilflose Helfer
Über die seelische Problematik der helfenden Berufe
rororo 19196

Raymond Hull
Alles ist erreichbar
Erfolg kann man lernen

rororo 61352

Weitere Informationen in der Rowohlt Revue *oder unter* www.rororo.de

Das für dieses Buch verwendete FSC®-zertifizierte Papier
Lux Cream liefert Stora Enso, Finnland.